Un Certain Style
ou un style certain?

Introduction à l'étude du style français

PAUL BARRETTE
UNIVERSITY OF ILLINOIS

MONIQUE FOL
BOSTON COLLEGE

NEW YORK

OXFORD UNIVERSITY PRESS

LONDON 1969 TORONTO

Copyright © 1969 by Oxford University Press, Inc.
Library of Congress Catalogue Card Number 69-17771

Printed in the United States of America

Préface

L'étudiant américain arrivé au terme de l'étude élémentaire de la langue française suit généralement un cours où il espère apprendre à s'exprimer clairement. Mais un cours de ce genre doit répondre aux besoins d'étudiants ayant des formations différentes les unes des autres. Jusqu'ici on a essayé de résoudre ce problème en incorporant aux textes une révision complète de la grammaire élémentaire, l'accent portant sur une comparaison de la langue française à la langue anglaise. La comparaison est en effet utile au niveau élémentaire, mais la poursuivre à un niveau supérieur ne fait qu'élargir encore le problème. Il est important que l'étudiant arrive à penser et à sentir en français, qu'il acquière un sens critique sans toujours avoir recours à des comparaisons linguistiques.

Les auteurs ont pensé que, malgré des inégalités de préparation, tous les élèves avaient atteint un certain niveau de connaissance après les cours élémentaires, et qu'il était inutile de réviser complètement la matière de ces cours. Ils ont donc décidé de présenter d'abord quatre chapitres qui permettront aux élèves de combler leurs lacunes afin qu'un équilibre s'établisse dans la classe. Tout en assimilant le contenu de ces quatre chapitres (dont les lectures ont été extraites d'un même texte afin de moins dérouter le lecteur), l'étudiant qui travaille seul pourra se mettre au niveau de la classe en révisant la grammaire élémentaire exposée dans l'appendice, en préparant les exercices portant sur cette grammaire, et en étudiant leurs corrections qui se trouvent à la fin de l'appendice. Dans cet appendice l'étudiant trouvera en plus une étude détaillée de certaines questions qui sont souvent ou négligées ou traitées insuffisamment dans les cours élémentaires: l'emploi du passé simple, de l'imparfait, et du passé composé; du subjonctif; du passif; des prépositions. Ces questions sont réparties en sections qui correspondent aux chapitres V à X.

Un Certain Style ou un style certain? se compose de dix chapitres: les sept premiers sont consacrés à l'étude de la prose; le huitième en analyse l'ultime forme: le poème en prose; il forme aussi avec les deux derniers chapitres une introduction à la poésie. Chaque chapitre comprend une lecture suivie d'un questionnaire, une analyse de style accompagnée d'exercices, et un thème dont le sujet rappelle celui de la lecture sans que la traduction soit cependant un exercice d'imitation.

L'analyse de style permet aux étudiants d'étudier de près *les mots* (signification, propriétés, fonctions grammaticales, valeur psychologique, effets sonores, déplacements possibles, etc.) et *la phrase* (les propositions, les rapports qui s'établissent entre elles, les modifications qu'elles peuvent subir, etc.) ainsi que certains procédés stylistiques relevant de la rhétorique.

Les auteurs remercient deux professeurs de l'Université de Californie à Berkeley, Ronald Walpole, sans l'encouragement duquel le présent livre n'aurait jamais pu être écrit, et Bertrand Augst, dont la constante attention leur a permis de mener à bien leur projet. Ils sont reconnaissants aussi des soins du professeur Bruce Mainous de l'Université d'Illinois, de M. Walter Glanze, et de Mme Althea Doyle et tous les Assistants du Français 3C de l'Université de Californie.

Vanves, France, et Wellesley, Mass.   P. B.

Février 1969   M. F.

Table des matières

CHAPITRE 1

Lecture

Zola, *Thérèse Raquin* (*Le Passage du Pont-Neuf*), 3

Style

La Langue française, 5

    L'Évolution des mots et des formes, 5
    Le Vocabulaire, 6
    L'Évolution des sons, 8
    La Portée des mots: Le Sens, 8
    Les Espèces de mots: Signification et propriétés, 10

La Traduction et ses difficultés

Shakespeare, *Romeo and Juliet*, 17

Thème

Stevenson, *The Strange Case of Dr. Jekyll and Mr. Hyde*, 18

CHAPITRE 2

Lecture

Zola, *Thérèse Raquin* (*Les Raquin*), 20

Style

Le Vocabulaire (suite), 24
    La Dérivation impropre, 24
    La Dérivation propre, 24

Les Sons (suite), 28
    Classification des sons, 28
    La Répétition des sons, 30
    La Reproduction des sons, 31

L'Accent, 32
    L'Accent final, 32
    L'Accent d'insistance, 34
    Le Rythme, 34

L'Intonation (facultatif), 35
    Le Groupe rythmique, 36
    La Phrase, 37

La Traduction et ses difficultés

Ronsard, *Les Amours d'Hélène*, XLIV, 38

Thème

Dickens, *A Tale of Two Cities*, 41

CHAPITRE 3

Lecture

Zola, *Thérèse Raquin* (*Le Meurtre*), 42

Style

Analyse de la phrase: Les Fonctions des mots, 47
    Les Fonctions nominales, 47
    Les Fonctions verbales, 49

Précision de l'expression, 50

La Traduction et ses difficultés

Shakespeare, *Romeo and Juliet*, 57

Table des matières

Thème

Wilde, *The Picture of Dorian Gray,* 61

CHAPITRE 4

Lecture

Zola, *Thérèse Raquin* (*Avant le meurtre, La Nuit du mariage, Quelques mois plus tard*), 63

Style

La Proposition, 67
- La Proposition simple, 67
- La Proposition complexe, 68

La Traduction et ses difficultés

Problèmes particuliers, 72

Thème

Poe, "The Black Cat," 75

CHAPITRE 5

Lecture

La Jalousie, 76

Mme de La Fayette, *La Princesse de Clèves,* 76

Prévost, *Histoire du Chevalier des Grieux et de Manon Lescaut,* 79

Voltaire, *Zadig ou la Destinée, histoire orientale,* 81

Proust, *A la recherche du temps perdu* (*Albertine*), 84

Robbe-Grillet, *La Jalousie* (*Franck*), 87

Style

Modification de l'ordre grammatical, 90

La Place de l'adjectif qualificatif, 92

x UN CERTAIN STYLE

La Traduction et ses difficultés

Les Faux-amis, 96

Thème

Lawrence, *Lady Chatterley's Lover,* 99

CHAPITRE 6

Lecture

Chateaubriand, *Le Génie du christianisme* (*Les Nuits d'Amérique*), 100

Éléments de style

Les Figures de rhétorique, 102

Thème

Thoreau, *Walking,* 108

CHAPITRE 7

Lecture

Pascal, *Les Pensées et opuscules* (*L'Infini de la nature*), 110

Éléments de style

Conseils pour la rédaction, 113

Thème

Conklin, "Science and the Faith of the Modern," 120

CHAPITRE 8

Lectures

Bertrand, *Gaspard de la nuit* (*Un Rêve*), 122

Alain-Fournier, *Miracles* (*L'Amour cherche les lieux abandonnés*), 124

Table des matières

Introduction à la poésie, 128

La Versification, 129
    COMPTE DES SYLLABES, 129
    LE MÈTRE, 130
    CÉSURE, HÉMISTICHE, ÉLISION, ET ENJAMBEMENT, 132
    LA RIME, 133

Thème

Shelley, *A Defence of Poetry,* 137

CHAPITRE 9

Lectures

Baudelaire, "L'Albatros," 138

Musset, "La Nuit de mai," 140

Introduction à la poésie (suite), 142

Le Rythme, 142

Formes, 144

Thème

Burke, *The Philosophy of Literary Form,* 149

CHAPITRE 10

Lectures

Heredia, "Les Conquérants," 151

Hugo, "Les Djinns," 153

Villon, "Ballade des pendus," 157

Banville, "Ballade des pendus," 160

Thème

Poe, *The Poetic Principle,* 162

Passages supplémentaires, 163

Appendice grammatical, 175

    I. The Indefinite Article, 177
    II. The Definite Article, 178
    III. The Partitive Article, 181
    IV. Nouns, 185
    V. Adjectives, 190
    VI. Adverbs, 195
    VII. Comparison of Adjectives and Adverbs, 197
    VIII. Possessives, 201
    IX. Demonstratives, 203
    X. Subject Pronouns, 206
    XI. Object Pronouns, 207
    XII. Disjunctive Pronouns, 210
    XIII. Relative Pronouns, 212
    XIV. Interrogatives, 214
    XV. Indefinite Pronouns, Adjectives, and Adverbs, 218
    XVI. Summary of Verb Forms, 223
    XVII. Use of Verb Tenses, 247
    XVIII. Imperfect, Passé Composé, and Passé Simple, 270
    XIX. The Subjunctive, 276
    XX. The Subjunctive (continued), 280
    XXI. The Passive Voice, 287
    XXII. Prepositions, 292
    XXIII. Prepositions (continued), 304

    Corrections des exercices de l'Appendice grammatical, 315

    Table des principaux auteurs cités, 343

    Index, 345

*Un Certain Style
ou un style certain?*

1

Lecture

Le Passage du Pont-Neuf

Au bout de la rue Guénégaud, lorsqu'on vient des quais, on trouve le passage du Pont-Neuf, une sorte de corridor étroit et sombre qui va de la rue Mazarine à la rue de Seine. Ce passage a trente pas de long et deux de large, au plus; il est pavé de dalles jaunâtres, usées, descellées, suant toujours une humidité âcre; le vitrage qui le couvre, coupé à angle droit, est noir de crasse.

Par les beaux jours d'été, quand un lourd soleil brûle les rues, une clarté blanchâtre tombe des vitres sales et traîne misérablement dans le passage. Par les vilains jours d'hiver, par les matinées de brouillard, les vitres ne jettent que de la nuit sur les dalles gluantes, de la nuit salie et ignoble.

A gauche, se creusent des boutiques obscures, basses, écrasées, laissant échapper des souffles froids de caveau. Il y a là des bouquinistes, des marchands de jouets d'enfant, des cartonniers, dont les étalages gris de poussière dorment vaguement dans l'ombre; les vitrines, faites de petits carreaux, moirent étrangement les marchandises de reflets verdâtres; audelà, derrière les étalages, les boutiques pleines de ténèbres sont autant de trous lugubres dans lesquels s'agitent des formes bizarres.

A droite, sur toute la longueur du passage, s'étend une muraille contre laquelle les boutiquiers d'en face ont plaqué d'étroites armoires; des objets sans nom, des marchandises oubliées là depuis vingt ans s'y étalent le long de minces planches peintes d'une horrible couleur brune. Une marchande de bijoux faux s'est établie dans une des armoires; elle y vend des bagues de quinze sous, délicatement posées sur un lit de velours bleu, au fond d'une boîte en acajou.

Au-dessus du vitrage, la muraille monte, noire, grossièrement crépie, comme couverte d'une lèpre et toute couturée de cicatrices.

Le passage du Pont-Neuf n'est pas un lieu de promenade. On le prend pour éviter un détour, pour gagner quelques minutes. Il est traversé par un public de gens affairés dont l'unique souci est d'aller vite et droit devant eux. On y voit des apprentis en tablier de travail, des ouvrières reportant leur ouvrage, des hommes et des femmes tenant des paquets sous leur bras, on y voit encore des vieillards se traînant dans le crépuscule morne qui tombe des vitres, et des bandes de petits enfants qui viennent là, au sortir de l'école, pour faire du tapage en courant, en tapant à coups de sabots sur les dalles. Toute la journée, c'est un bruit sec et pressé de pas sonnant sur la pierre avec une irrégularité irritante; personne ne parle, personne ne stationne; chacun court à ses occupations, la tête basse, marchant rapidement, sans donner aux boutiques un seul coup d'oeil. Les boutiquiers regardent d'un air inquiet les passants qui, par miracle, s'arrêtent devant leurs étalages.

Le soir, trois becs de gaz, enfermés dans des lanternes lourdes et carrées, éclairent le passage. Ces becs de gaz, pendus au vitrage sur lequel ils jettent des taches de clarté fauve, laissent tomber autour d'eux des ronds d'une lueur pâle qui vacillent et semblent disparaître par instants. Le passage prend l'aspect sinistre d'un véritable coupe-gorge; de grandes ombres s'allongent sur les dalles, des souffles humides viennent de la rue; on dirait une galerie souterraine vaguement éclairée par trois lampes funéraires. Les marchands se contentent, pour tout éclairage, des maigres rayons que les becs de gaz envoient à leurs vitrines; ils allument seulement, dans leur boutique, une lampe munie d'un abat-jour, qu'ils posent sur un coin de leur comptoir, et les passants peuvent alors distinguer ce qu'il y a au fond de ces trous où la nuit habite pendant le jour. . . .

Il y a quelques années, en face de cette marchande, se trouvait une boutique dont les boiseries d'un vert bouteille suaient l'humidité par toutes leurs fentes. L'enseigne, faite d'une planche étroite et longue, portait, en lettres noires, le mot: *Mercerie,* et sur une des vitres de la porte était écrit un nom de femme: *Thérèse Raquin,* en caractères rouges. A droite et à gauche s'enfonçaient des vitrines profondes, tapissées de papier bleu.

Émile Zola (1840-1902), *Thérèse Raquin.*

Chapitre 1: Style

QUESTIONNAIRE

Questions précises:
1. A quoi Emile Zola compare-t-il le passage du Pont-Neuf?
2. Qu'est-ce que les boutiquiers ont plaqué sur la muraille?
3. Quels sont les marchands dans ce lieu lugubre?
4. Qui vend des bagues?
5. Quelle est l'utilité du passage du Pont-Neuf?
6. Qui le traverse?
7. Pourquoi les boutiquiers regardent-ils les passants d'un air inquiet?

Questions générales:
1. Quelle atmosphère se dégage de la description du passage du Pont-Neuf? Quels sont les mots qui permettent de créer cette atmosphère?
2. Analysez la structure de l'extrait du point de vue des idées. Quel est le sujet de chaque paragraphe? Quels en sont les mots-clés? *
3. Comment Zola traite-t-il le passage du temps? Relevez les mots essentiels à cet égard.
4. Sentez-vous la présence de l'auteur dans ce passage?

Style

La Langue française

Toute langue ne reflétant que l'esprit d'une civilisation change avec les transformations sociales, économiques, et politiques du groupe qui la parle. Le français, issu du latin, a évolué dans le domaine des mots, des formes et des sons.

L'ÉVOLUTION DES MOTS ET DES FORMES

Le système des mots en latin était trop complexe pour un usage quotidien au sein d'un groupe aussi large que celui de l'empire romain. Le latin

---

* Un *mot-clé* est un mot essentiel sans lequel l'auteur n'aurait pu traduire adéquatement sa pensée. Ainsi dans le troisième paragraphe *caveau, verdâtres, ténèbres, trous, lugubres, poussière, l'ombre,* et *souffles froids,* sont les mots qui permettent á Zola de nous évoquer l'atmosphère *mortelle* du passage du Pont-Neuf.

comptait en effet pour les noms trois genres, cinq déclinaisons, et six cas, et pour les verbes, différentes terminaisons pour exprimer une même idée. Ainsi, le futur avait deux formes:

 cant*abo* je chanterai (1ère conjugaison)
 aud*iam* j'entendrai (4ème conjugaison)

et la forme passive pouvait avoir un sens actif:

 am*or* je suis aimé
 hort*or* j'encourage

Il y eut un mouvement inconscient vers la simplification. Peu à peu certaines formes latines disparurent tandis que d'autres se modifièrent. Ainsi au Moyen Age le français ne comportait en général que deux genres et deux cas; le système des conjugaisons lui aussi était simplifié, mais, plus récalcitrant, il resta toujours un peu complexe. Depuis le Moyen Age cet inévitable procédé de simplification s'est poursuivi pour en arriver au français moderne qui lui-même n'est pas exempt de modifications.

Le Vocabulaire

Vers l'an 600 av. j.-c. les Grecs s'établirent dans le midi de la France, et pendant sept ou huit siècles leur langue se fit entendre dans les ports de la Méditerranée. Le grec a laissé peu de traces datant de cette époque: quelques noms de ville (Marseille, Nice, Monaco) et quelques mots que l'on trouve encore en provençal. Les tribus celtiques, parmi lesquelles figurent les Gaulois qui donnèrent au pays son nom, envahirent l'Occident vers 500 av. j.-c. Au premier siècle av. j.-c. ces peuples celtiques s'y trouvaient toujours établis, mais ils étaient mal organisés et les Romains eurent peu de peine à les vaincre (conquête de César: 51 av. j.-c.). La langue des vainqueurs se répandit vite, grâce aux soldats, au gouvernement, aux écoles établies par les romains, aux marchands, et plus tard, lorsque la religion chrétienne fut devenue la religion de l'empire, par les hommes d'église; elle remplaça le parler celte tout en retenant quelques-uns de ses éléments: noms de lieux (par exemple, Paris, où s'était établie la tribu des Parisii, Lyons, Reims, etc.), noms de plantes (l'if, le chêne, la bruyère), noms se rattachant aux champs et à la maison (boue, bouleau, arpent, bercer, chemise).

 Au cours des premiers siècles après j.-c. eut lieu une lente décomposition de l'empire romain. En même temps les invasions de tribus germaniques se firent de plus en plus fréquentes, et en 476 l'empire romain tomba. Au cinquième siècle la Gaule se vit partagée entre trois tribues ger-

Chapitre 1: Style

maniques: les Visigoths, les Burgondes, et les Francs. Ceux-ci étaient les plus forts. Avec Clovis comme chef, ils conquirent les deux autres tribus. Clovis et ses Francs se firent baptiser, assurant ainsi la continuation du latin, la langue ecclésiastique. De l'époque des invasions germaniques et de la domination des Francs (qui donnèrent au pays son nom actuel) il reste en français beaucoup de termes militaires (épieu, guerre, gonfanon), de couleurs (bleu, brun), et de psychologie (franc, honte).

Après ces invasions, l'événement le plus important pour le français du point de vue politique et linguistique fut l'avènement de Charlemagne. Ce grand roi rétablit l'empire d'Occident (il fut couronné empereur par le pape Léon III en 800). Pendant son règne eut lieu la renaissance dite carolingienne, un renouvellement d'intérêt portant sur l'enseignement, l'art et la langue latine. Cette purification de la langue latine donna libre essor à la langue du peuple.

Le latin «classique» (après avoir été contaminé pendant des siècles par des idiomes populaires) devint la langue des savants, le français (le gallo-romain) devint la langue du peuple, c'est-à-dire, une langue à part qui a poursuivi son développement avec peu d'encombres pour devenir, au 12e siècle, une langue capable de se créer une littérature nationale.

Mais au cours des siècles l'inexorable procédé d'emprunts se poursuivit, facilité par les guerres et le commerce dans les Croisades du onzième au treizième siècles. Les Français furent exposés à la civilisation orientale et arabe et le vocabulaire s'enrichit alors dans le domaine des sciences (chiffre, alchimie, élixir) et du commerce (coton, safran).

Quelques siècles plus tard, au contact de l'Italie, d'autres mots firent leur apparition dans la langue française, des termes reflétant la culture florissante de ce pays: arcade, banquet, burlesque, carnaval, soldat, sonnet, stance. Pendant cette époque le français avait continué à puiser dans la langue latine; avec le renouvellement des études hélléniques de nombreux termes inspirés par le grec furent créés: analogie, apathie, hypothèse, métamorphose, etc. Aux dix-septième, dix-huitième, et dix-neuvième siècles on importa des mots anglais: budget, club, jury, parlement, congrès, boxe, bifteck.

De nos jours, le même phénomène se poursuit: smoking, shampooing, pipeline, jazz, font tous partie de la langue courante. Et le français n'hésite pas à puiser aux sources traditionnelles (grecque et latine) dès qu'il faut nommer un nouvel objet inconnu de toute langue vivante: téléphone, phonographe, photographie, automobile, aéroport, atome, schizophrénie. Ces mots s'appellent des «néologismes.»

La dérivation des mots fera l'objet d'une étude plus approfondie au chapitre suivant.

L'Évolution des sons

L'être humain tend à suivre «la loi du moindre effort.» Les quelques remarques précédentes ont mis en relief cette tendance. Mais la simplification s'étend également aux sons. La prononciation latine avait un accent d'harmonie (c'est-à-dire, de mélodie). Peu à peu cet accent se transforma en un accent d'intensité (c'est-à-dire, de force).

Il existe en anglais moderne un accent de ce genre: lorsque nous entendons par exemple le mot *extraordinarily,* prononcé par un Anglais nous entendons un accent placé sur -*or*- et le -*arily* tend à être avalé. (L'Américain mettrait plutôt l'accent sur -*ar*-.) Si cette évolution continuait dans le même sens nous pourrions supposer qu'à l'avenir seule une partie de cette terminaison subsisterait ou que même elle serait entièrement disparue.

Pour illustrer cette évolution prenons l'expression latine: *mea dómina,* qui a abouti à *'m* en passant par les étapes suivantes:

latin:	mea dómina
français:	madáme
anglais:	mádam
américain populaire:	má'am
Sud des E.U.:	'm (yes'm)

Il est rare qu'un mot échappe à ce procédé d'érosion phonétique. Le français abonde en exemples d'homonymes, ce qui est dû entièrement à ce phénomène d'affaiblissement: sans (vient de *sine*), cent (vient de *centum*), sang (vient de *sanguinem*), et aussi seing, saint, sein, ceint, sain et parfois cinq—tous prononcés de la même façon bien que provenant des mots latins différents.

La Portée des mots: Le Sens

Tout écrivain essaie de communiquer ses idées au lecteur aussi clairement que possible. Si le vocabulaire est déficient, comme cela arrive souvent, pour traduire ces idées, il ne lui reste qu'à se fabriquer un nouveau vocabulaire en se servant des outils à sa disposition, c'est-à-dire, des mots et des structures de la langue. Par conséquent, pour bien comprendre et pour bien écrire une langue, il faut connaître toutes les *nuances* que les mots peuvent prendre.

Dans la phrase chaque mot a une signification et une valeur grammaticale.

Signification

Pour trouver la signification d'un mot il est nécessaire de connaître:

— les *sens* du mot, qui indiquent les différents emplois de ce mot dans la phrase. A cet effet consulter une édition récente du *Petit Larousse illustré,* Librairie Larousse, Paris, et n'importe quelle édition du *Dictionnaire de la langue française* d'Émile Littré.

— les *synonymes* qui marquent les écarts de signification (c'est-à-dire la différence de sens qui sépare ces mots synonymes). A cet effet consulter le *Dictionnaire des synonymes* de René Bailly, Librairie Larousse.

En consultant les dictionnaires indiquées nous pouvons commencer à définir le mot en éliminant des possibilités de signification, mais il nous reste à le placer dans la phrase. Quel rôle y joue-t-il? Un rôle purement grammatical? un rôle «psychologique»? En le préférant à ses synonymes l'auteur nous renseigne-t-il sur ses intentions? Dans quelle mesure l'emploi des mots est-il gouverné par des règles grammaticales rigides, dans quelle mesure la liberté de l'écrivain peut-elle s'exercer ici?

La signification *totale* du mot n'apparaîtra que lorsque sa valeur grammaticale et sa valeur «psychologique» auront été soigneusement analysées.

Valeur grammaticale *

Afin que tous les étudiants soient au courant et qu'ils se servent de la même terminologie grammaticale, nous avons cru utile de présenter ici une courte introduction à la terminologie grammaticale française suivie d'exercices qui en faciliteront l'emploi.

Le mot se classe dans une ESPÈCE. Il est nom, adjectif, pronom, verbe, adverbe, préposition, conjonction ou article:

Ex. «Des *trous lugubres*»
trous: nom
lugubres: adjectif

---

* Pour l'étude de la valeur grammaticale des mots les auteurs se sont inspirés des oeuvres de Georges Galichet: *Méthodologie grammaticale* (Paris: Presses universitaires de France, 1953); *Grammaire française expliquée* (Paris: Charles Lavanzelle et Cie, 1957).

Il a des PROPRIÉTÉS particulières. Par exemple un nom peut être:

propre lorsqu'il ne s'applique qu'à un seul être ou objet (*Thérèse Raquin*, le Pont-Neuf, la France).

commun lorsqu'il correspond à tout un groupe d'êtres ou d'objets (le passage, la rue, une marchande).

Il a une FONCTION puisqu'il entre en rapport avec les autres mots de la phrase:

> Ex. «*Le passage de Pont-Neuf* n'est pas un lieu de promenade.» («*Le passage du Pont-Neuf*» est le *sujet* du verbe être.)

LES ESPÈCES DE MOTS: SIGNIFICATION ET PROPRIÉTÉS

Le Nom *

Définition: Le nom est le mot qui sert à désigner les êtres, les objets et les idées.

> Ex. marchande, boutique, humidité, clarté

Propriétés: Le nom peut être propre ou commun (voir ci-dessus). Il peut être aussi:

> *concret:* il désigne un être, un objet, un acte réel («des *trous* lugubres»)
>
> *abstrait:* il désigne un état, une qualité, une idée («l'unique *souci*»)
>
> *individuel:* il désigne un être, un objet particulier («les *étalages*»)
>
> *collectif:* il désigne un ensemble d'êtres ou d'objets («un *public* de gens affairés»)

Il a un *genre;* il peut être *masculin* (le vitrage) ou *féminin* (la rue)

Il a un *nombre;* il peut être *singulier* (une boutique) ou *pluriel* (des cartonniers)

Remarque: l'article permet généralement d'identifier le genre et le nombre des noms.

Des mots d'une autre espèce peuvent être employés comme noms: le beau, le boire, le reçu, le parler.

* Voir l'appendice grammatical § 4.

Chapitre 1: Style 11

EXERCICES

1. Indiquez les *propriétés* des nom en italique:

Ex. «Ce *passage* a trente pas de long . . .»
passage: nom commun, masculin, singulier, concret *

(a) «Au bout de la rue Guénégaud, lorsqu'on vient des *quais,* on trouve le passage du Pont-Neuf, une sorte de *corridor* étroit et sombre.»
(b) «Par les beaux *jours* d'*été,* quand un lourd *soleil* brûle les *rues,* une *clarté* blanchâtre tombe des *vitres* sales.»

2. Étudiez de près le *sens* des noms en italique. (Il est évident que ces noms ne présentent pas tous le même intérêt au point de vue de l'analyse littéraire du texte.) Faites entrer dans une nouvelle phrase chacun de ces mots en les employant dans le même sens:

Ex. «Toute la journée c'est un bruit sec et pressé de *pas* sonnant sur la pierre avec une irrégularité irritante.»
nouvelle phrase: Effrayée, j'entendis ses *pas* dans l'escalier; allait-il enfoncer la porte?

(a) «. . . on trouve le passage du Pont-Neuf, une sorte de *corridor* étroit et sombre . . .»
(b) «. . . une *clarté* blanchâtre tombe des vitres sales . . .»
(c) «. . . les boutiques pleines de *ténèbres* sont autant de *trous* lugubres dans lesquels s'agitent des *formes* bizarres.»
(d) «A droite et à gauche s'enfonçaient des vitrines profondes, tapissées de *papier* bleu.»

3. Donnez les *synonymes* des noms en italique. Faites entrer chacun de ces mots dans une nouvelle phrase. Marquez clairement les écarts de signification.
(a) «Le passage du Pont-Neuf n'est pas un *lieu* de promenade.»
(b) «. . . chacun court à ses *occupations.* . . .»

Le Verbe

Définition: Le verbe est le mot qui exprime:

l'action faite ou subie par le sujet («chacun *court* à ses occupations» — il *a été exécuté* lundi dernier).

l'existence ou l'état du sujet («il y a quelques années, en face de cette marchande, se *trouvait* une boutique» — il *semble* las).

---

* Il n'est pas d'usage d'indiquer que le nom est *individuel.* Lorsque le nom est *collectif* la précision est nécessaire.

12 UN CERTAIN STYLE

Propriétés: le verbe a une VOIX, un MODE et un TEMPS et appartient à un GROUPE.

Les *voix* "sont les formes que prend le verbe pour exprimer le rôle du sujet dans l'action.» * On distingue:

la voix *active:* le sujet fait l'action.

> Ex. «Les boutiquiers *regardent* d'un air inquiet les passants qui, par miracle, *s'arrêtent* devant leurs étalages.»

la voix *passive:* le sujet subit l'action.*

> Ex. Le passage *«est traversé* par un public de gens affairés.»

Les *modes* «sont les diverses manières de concevoir et de présenter l'action exprimée par le verbe.»† On distingue quatre modes: l'indicatif, le conditionnel, l'impératif, et le subjonctif.

Les *temps* «sont les formes que prend le verbe pour indiquer à quel moment de la durée se situe le fait dont il s'agit.» ‡

Les verbes sont classés en *groupes* d'après la façon dont ils se conjuguent. On distingue:

les verbes du premier groupe (infinitif en *-er,* présent de l'indicatif en *-e:* chanter)

les verbes du deuxième groupe (infinitif en *-ir:* finir)

les verbes du troisième groupe (infinitif en *-ir, -oir,* et *-re:* cueillir, voir, croire)

Le verbe a un *nombre* («elle y vend» — «ils allument») et une *personne* (1ère, 2ème, 3ème — je viens des quais, tu viens des quais, il vient, nous venons, etc.)

Les verbes peuvent être *pronominaux: réfléchis:* elle se couche; *réciproques:* elles se détestent les unes les autres; *essentiellement pronominaux:* elle se repentit; *accidentellement pronominaux:* elle se parle à elle-même (mais, elle parle à ses amis).

EXERCICES

1. Indiquez les *propriétés* des verbes en italique:

> Ex. «L'enseigne (. . .) *portait* en lettres noires le mot MERCERIE . . .»
> *portait:* verbe du 1er groupe, à la voix active, au mode indicatif, à l'imparfait, à la 3ème personne du singulier.

---

* Maurice Grevisse, *Le Bon Usage, cours de grammaire française et de langage français,* 5ème ed. (Gembloux, Belgique: Duculot, 1953), p. 473.
* Voir l'appendice grammatical § 21.
† Grevisse, p. 476.
‡ *Ibid.,* p. 478.

Chapitre 1: Style 13

(a) «Au bout de la rue Guénégaud, lorsqu'on *vient* des quais, on *trouve* le passage du Pont-Neuf, une sorte de corridor étroit et sombre qui *va* de la rue Mazarine à la rue de Seine.»
(b) «. . . des objets sans nom, des marchandises oubliées là depuis vingt ans, *s'y étalent*.»
(c) «Une marchande de bijoux faux *s'est établie* dans une des armoires.»
(d) «. . . sur une des vitres *était écrit* un nom de femme.»

2. Étudiez de près le *sens* des verbes en italique. Faites entrer dans une nouvelle phrase chacun de ces mots en les employant dans le même sens.
(a) «On le *prend* pour éviter un détour.»
(b) «. . . on y voit encore des vieillards *se traînant* dans le crépuscule morne qui *tombe* des vitres . . .»
(c) «. . . on *dirait* une galerie souterraine.»
(d) «. . . et les passants peuvent alors *distinguer* ce qu'il y a au fond de ces trous . . .»

3. Donnez les *synonymes* des verbes en italique. Faites entrer chacun de ces mots dans une nouvelle phrase. Marquez clairement les écarts de signification.
(a) «A gauche *se creusent* des boutiques obscures, basses, écrasées, laissant *échapper* de souffles froids de caveau.»
(b) «Au bout de la rue Guénégaud (. . .) on *trouve* le passage du Pont-Neuf.»

Dans la PHRASE, le NOM et le VERBE sont les mots les plus importants; ensemble ils peuvent former une phrase exprimant une idée complète:

    Ex. Thérèse pleure.

Les autres espèces de mot servent:

    soit à PRECISER le sens du nom (l'article et l'adjectif) et du verbe (le pronom personnel et l'adverbe)

    soit à RELIER les mots entre eux (les prépositions, les pronoms relatifs et les conjonctions)

L'Article *

L'article est un mot qui sert à *préciser* le sens du *nom*.

    Ex. «*Une* marchande de bijoux faux»
          La marchande de bijoux faux
          Des marchandes de bijoux faux

L'article indéfini *une,* l'article défini *la* et l'article partitif *des* nous renseignent sur le genre et le nombre du mot qu'ils annoncent et le précisent.

* Voir l'appendice grammatical §§ 1, 2 et 3.

L'Adjectif *

Comme l'article, l'adjectif sert aussi à *préciser* le sens du *nom*.

Définition: L'adjectif est un mot qui sert soit à qualifier le nom auquel il est joint, soit à introduire ce nom dans la phrase.

>Ex. «Par les *beaux* jours d'été»
>«Des vitres *sales*»

Propriétés: Il existe deux sortes d'adjectifs:

les adjectifs *qualificatifs* qui nous renseignent sur les qualités des noms auxquels ils se rapportent.

>Ex. «Une humidité *âcre*.»

les adjectifs *déterminatifs* qui introduisent le nom et qui, très souvent, le déterminent.

>Ex. «*Ce* passage a trente pas de long.»

Ils se divisent en:

>adjectifs possessifs: *Mon* livre est sur la table.
>adjectifs démonstratifs: Je n'aime plus *cette* robe.
>adjectifs numéraux: J'ai une *seconde* voiture.
>adjectifs interrogatifs: *Quel* livre avez-vous acheté?
>adjectifs indéfinis: J'ai le *même* livre que toi.

Remarque: Dans le présent manuel ce sont surtout les adjectifs qualificatifs qui retiendront notre attention puisque leur rôle stylistique est des plus importants. Il suffit de se reporter au texte d'Émile Zola pour s'en rendre compte; examinons, par exemple, la phrase suivante:

>«Par les *vilains* jours d'hiver (. . .) les vitres ne jettent que de la nuit sur les dalles *gluantes,* de la nuit *salie* et *ignoble*.»

Les noms *jours, dalles* et *nuit* sont mis en relief par leur qualificatifs (nous verrons ultérieurement de quelle manière et dans quelle mesure) qui permettent à l'auteur de créer une atmosphère saisissante.

Remarquons que l'adjectif qualificatif s'accorde en *genre* et en *nombre* avec le nom qu'il qualifie (les vilain*s* jour*s* — les boutique*s* écras*ées*), qu'il a des *origines diverses* qui permettent des effets de style (*ignoble*: adj. ordinaire; *salie:* part. passé; *gluante:* part. présent), qu'il peut être employé à divers degrés de signification (positif: *obscur;* comparatif: *aussi obscur que;* superlatif: *le plus obscur*).

---
* Voir l'appendice grammatical §§ 5, 7, 8, 9, 14 et 15.

Chapitre 1: Style

EXERCICES

1. Indiquez les *propriétés* des adjectifs en italique:
(a) «... Les vitres ne jettent que de la nuit sur les dalles *gluantes,* de la nuit *salie* et *ignoble.*»
(b) «... chacun court à *ses* occupations ...»
(c) «*Ces* becs de gaz, pendus au vitrage ...»

2. Étudiez de près les *sens* des adjectifs en italique. Faites entrer chacun de ces mots dans une nouvelle phrase en les employant dans le même sens.
(a) «... les vitrines (...) moirent étrangement les marchandises de reflets *verdâtres* ...»
(b) «... les boutiques pleines de ténèbres sont autant de trous *lugubres* dans lesquels s'agitent des formes *bizarres.*»
(c) «Les marchands se contentent (...) des *maigres* rayons que les becs de gaz envoient ...»

3. Donnez les *synonymes* des adjectifs en italique. Faites entrer chacun de ces mots dans une nouvelle phrase. Marquez clairement les écarts de signification.
(a) «Toute la journée c'est un bruit *sec* et *pressé* ...»
(b) «... de dalles jaunâtres, *usées,* descellées, suant toujours une humidité *âcre* ...»

L'Adverbe *

Définition: L'adverbe est un mot invariable qui qualifie ou détermine le verbe. Il joue donc, par rapport au verbe, un rôle identique à celui que l'adjectif joue par rapport au nom.

Ex. «... les étalages gris de poussière dorment *vaguement* ...»

Certains adverbes se rapportent à un autre adverbe (il parle *trop* vite) ou à un adjectif (elle est *assez* triste).

Une *locution adverbiale* est un ensemble de mots ayant les fonctions d'un adverbe (*tout de suite*).

Propriétés: les adverbes qui *qualifient* sont:
    les adverbes de MANIÈRE (comment)
Les adverbes qui *déterminent:*
    les adverbes de QUANTITÉ (beaucoup, davantage, guère, etc.)
    Ex. «... les boutiques pleines de ténèbres sont *autant* de trous lugubres.»
    les adverbes de TEMPS (auparavant, aussitôt, maintenant, etc.)

* Voir l'appendice grammatical §§ 6 et 7.

Ex.   . . .   *Quand* le soleil brûle—t—il les rues?

les adverbes de LIEU (ailleurs, dessus, loin, partout, etc.)

Ex. «. . . des objets sans nom, des marchandises oubliées *là* depuis vingt ans.»

les adverbes d'AFFIRMATION (oui, soit, certes, vraiment, etc.), de NÉGATION (non, pas, point, nullement, etc.) et d'INTERROGATION (quand?, d'où?, etc.)

EXERCICES

1. Relevez tous les adverbes dans le texte de Zola. Indiquez leurs *propriétés*.

2. Étudiez de près le *sens* des adverbes en italique. Faites entrer dans une nouvelle phrase chacun de ces mots en les employant dans le même sens.
(a) «Il y a là des bouquinistes, des marchands de jouets d'enfant, des cartonniers, dont les étalages gris de poussière dorment *vaguement* dans l'ombre.»
(b) «. . . chacun court à ses occupations, la tête basse, marchant *rapidement*.»
(c) «Au-dessus du vitrage la muraille monte, noire, *grossièrement* crépie.»

3. Donnez les *synonymes* des adverbes suivants. Faites entrer chacun de ces mots dans une phrase. Marquez clairement les écarts de signification.
(a) «. . . elle y vend des bagues de quinze sous, *délicatement* posées sur un lit de velours bleu . . .»
(b) «Il est traversé par un public de gens affairés dont l'unique souci est d'aller *vite* et droit devant eux.»
(c) «. . . ils allument *seulement* dans leur boutique, une lampe munie d'un abat-jour.»

Le Pronom personnel

Dans l'absence d'un nom comme sujet du verbe, le pronom personnel indique la personne, le nombre, et le genre du sujet.

Ex.   «*Il* est pavé de dalles jaunâtres.»
     «*Elle* y vend des bagues de quinze sous.»

Pour un traitement plus complet du pronom personnel, voir l'appendice grammatical §§ 10-12.

D'autres espèces de mots

Les espèces de mots qui servent à RELIER les mots entre eux sont les *prépositions*, les *conjonctions*, et les *pronoms relatifs*. Pour des discussions de ces trois espèces, voir l'appendice grammatical §§ 22, 23, et 13.

La Traduction et ses difficultés

La traduction d'un texte se rapprochant de celui de la lecture (mais ne l'imitant pas) permettra à l'étudiant de constater s'il sait employer le vocabulaire qu'il vient d'acquérir et s'il peut se servir des éléments présentés au cours de chaque chapitre. A ce stade elle est donc essentielle. Mais elle présente des difficultés que nous essayerons de définir en examinant trois vers de Shakespeare tirés d'un extrait de *Romeo and Juliet* que les étudiants retrouveront au chapitre III.

> Juliet: Thou know'st the mask of night is on my face
> Else would a maiden blush bepaint my cheek
> For that which thou hast heard me speak tonight.

Ces vers ont été traduits de la façon suivante par le Tourneur en 1778, par Montégut en 1870, et par Duval en 1908.

Shakespeare	*le Tourneur*	*Montégut*	*Duval*
Thou know'st	—	tu le sais	—
the mask of night	sans ce voile des ténèbres qui	le masque de la nuit	le masque de la nuit
is	couvre	est	dissimule
on my face	mon visage	sur mon visage	ma figure
else would a maiden blush bepaint my cheek	tu verrais le rouge de la pudeur enflammer mes joues	sans cela une rougeur virginale colorerait mes joues	sans cela une rougeur virginale couvrirait ma joue
for that which thou hast heard me speak tonight.	au souvenir du secret que tu m'as entendu confier à la nuit.	pour les paroles que tu m'as entendu prononcer ce soir.	pour les paroles que tu m'as entendu prononcer cette nuit.

Si nous comparons systématiquement les trois textes nous constatons que Montégut et Duval ont donné une traduction presque *littérale:* en effet, à l'exception du verbe «dissimule» (Duval) les autres mots français reflètent fidèlement l'anglais. Par contre le Tourneur essaye de traduire *littérairement:* 1. "the mask of night" devient «le voile des ténèbres»; 2. le verbe «couvre» continue l'image du voile et le "maiden blush" est transformé en «pudeur» — un sentiment traditionnellement virginal; 3. le «rouge» associé au feu enflamme les joues de Juliette; 4. la dernière partie ne conserve absolument aucun des éléments shakespeariens mais présente plutôt une adaptation très libre du passage.

Nous touchons ici au coeur du problème de la traduction que Vinay et Darbelnet résument ainsi: «Au moment de traduire, le traducteur rapproche deux systèmes linguistiques, dont l'un est exprimé et figé, l'autre est potentiel et adaptable.»*

Le traducteur, tour à tour, conserve le mot étranger qui ne comporte aucun équivalent dans la langue dans laquelle il traduit (Ex.: un *rodeo* — les *cow-boys* n'existent pas en France), copie la construction originale (Ex.: la science-fiction), y reste fidèle ou s'en écarte pour mieux communiquer une idée étrangère à un public qui ne peut la comprendre qu'à travers une référence familière (Ex.: *he has a smooth tongue,* «c'est un beau parleur» — une traduction littérale attirerait l'attention d'un français sur le sens concret du mot *langue*). C'est là que le travail du traducteur devient particulièrement complexe; l'emploi des procédés stylistiques spéciaux pour rendre l'effet créé dans la langue originelle présuppose la connaissance de toutes les nuances d'un mot ou d'une expression, de toutes les constructions possibles.

Seuls les lectures, le maniement judicieux des dictionnaires et la pratique formeront lentement l'étudiant à cette discipline illustrée par les exemples qui suivent dans ce chapitre et dans les suivants.

Thème

Remarque: Le professeur pourra, s'il le désire, réduire la longueur de la traduction.

It chanced [1] on one of these rambles that their way led them down a by-street [2] in a busy quarter of London. The street was small and what is

---

* J. P. Vinay et J. Darbelnet, *Stylistique comparée du français et de l'anglais* (Paris: Didier, 1958), p. 46.

[1] Employez *arriver.*

[2] Employez *petite rue.*

Chapitre 1: Thème 19

called quiet, but it drove a thriving trade [3] on the week-days. The inhabitants were all doing well,[4] it seemed, and all emulously [5] hoping to do better still, and laying out the surplus of their gains in coquetry; so that the shop fronts stood along that thoroughfare with an air of invitation,[6] like rows of smiling saleswomen. Even on Sunday, when it veiled its more florid charms and lay comparatively empty of passage, the street shone out in contrast to its dingy neighbourhood, like a fire in a forest; and with its freshly painted shutters, well-polished [7] brasses, and general cleanliness and gaiety of note, instantly caught and pleased the eye of the passenger.

Two doors from one corner,[8] on the left hand going east, the line was broken by the entry of a court; and just at that point, a certain sinister block of building [9] thrust forward [10] its gable on the street. It was two storeys high; showed no window, nothing but a door on the lower storey and a blind forehead of discoloured wall [11] on the upper; and bore in every feature, the marks of prolonged and sordid negligence. The door, which was equipped with neither bell nor knocker, was blistered and distained.[12] Tramps slouched into the recess [13] and struck matches on the panels; children kept shop [14] upon the steps; the schoolboy had tried his knife on the mouldings; and for close on a generation, no one had appeared to drive away these random visitors or to repair their ravages.

Mr. Enfield and the lawyer were on the other side of the by-street; but when they came abreast of the entry, the former lifted up his cane and pointed.[15]

"Did you ever remark that door?" he asked; and when his companion had replied in the affirmative, "It is connected in my mind," added he, "with a very odd story."

Robert Louis Stevenson, *The Strange Case of Dr. Jekyll and Mr. Hyde,* 1886

[3] Drove . . . trade: *était le siège d'un commerce prospère.*
[4] Employez *faire de bonnes affaires.*
[5] Employez *à l'envi.*
[6] Stood . . . invitation: *qui bordaient cette voie avaient l'air de vous inviter.*
[7] Employez *astiquer.*
[8] [The] corner: *l'angle de la rue.*
[9] Block of building: *un bloc d'un édifice.*
[10] Thrust forward: employez *surplomber (la rue).*
[11] A blind . . . wall: *une façade aveugle au mur décoloré.*
[12] Blistered and distained: *boursouflée et déteinte.*
[13] Employez *enfoncement.*
[14] Kept shop: *jouaient à la marchande* ou *fréquentaient.*
[15] Employez *montrer (du bout de sa canne).*

2

Lecture

Les Raquin

Vers midi, en été, lorsque le soleil brûlait les places et les rues de rayons fauves, on distinguait, derrière les bonnets de l'autre vitrine, un profil pâle et grave de jeune femme. Ce profil sortait vaguement des ténèbres qui régnaient dans la boutique. Au front bas et sec s'attachait un nez long, étroit, effilé; les lèvres étaient deux minces traits d'un rose pâle, et le menton, court et nerveux, tenait au cou par une ligne souple et grasse. On ne voyait pas le corps, qui se perdait dans l'ombre; le profil seul apparaissait, d'une blancheur mate, troué d'un oeil noir largement ouvert, et comme écrasé sous une épaisse chevelure sombre. Il était là, pendant des heures, immobile et paisible, entre deux bonnets sur lesquels les tringles humides avaient laissé des bandes de rouille.

Le soir, lorsque la lampe était allumée, on voyait l'intérieur de la boutique. Elle était plus longue que profonde; à l'un des bouts, se trouvait un petit comptoir; à l'autre bout, un escalier en forme de vis menait aux chambres du premier étage. Contre les murs étaient plaquées des vitrines, des armoires, des rangées de cartons verts; quatre chaises et une table complétaient le mobilier. La pièce paraissait nue, glaciale; les marchandises, empaquetées, serrées dans des coins, ne traînaient pas çà et là avec leur joyeux tapage de couleurs.

D'ordinaire, il y avait deux femmes assises derrière le comptoir, la dame, qui avait dépassé la cinquantaine, s'enferma au fond de cette soli-

20

Chapitre 2: Lecture

jeune femme au profil grave et une vieille dame qui souriait en sommeillant. Cette dernière avait environ soixante ans; son visage gras et placide blanchissait sous les clartés de la lampe. Un gros chat tigré, accroupi sur un angle du comptoir, la regardait dormir.

Plus bas, assis sur une chaise, un homme d'une trentaine d'années lisait ou causait à demi-voix avec la jeune femme. Il était petit, chétif, d'allure languissante; les cheveux d'un blond fade, la barbe rare, le visage couvert de taches de rousseur, il ressemblait à un enfant malade et gâté.

Un peu avant dix heures, la vieille dame se réveillait. On fermait la boutique, et toute la famille montait se coucher. Le chat tigré suivait ses maîtres en ronronnant, en se frottant le tête contre chaque barreau de la rampe.

En haut, le logement se composait de trois pièces. L'escalier donnait dans une salle à manger qui servait en même temps de salon. A gauche était un poêle de faïence dans une niche; en face se dressait un buffet; puis des chaises se rangeaient le long des murs, une table ronde, tout ouverte, occupait le milieu de la pièce. Au fond, derrière une cloison vitrée, se trouvait une cuisine noire. De chaque côté de la salle à manger, il y avait une chambre à coucher.

La vieille dame, après avoir embrassé son fils et sa belle-fille se retirait chez elle. Le chat s'endormait sur une chaise de la cuisine. Les époux entraient dans leur chambre. Cette chambre avait une seconde porte donnant sur un escalier qui débouchait dans le passage par une allée obscure et étroite.

Le mari qui tremblait toujours de fièvre, se mettait au lit; pendant ce temps, la jeune femme ouvrait la croisée pour fermer les persiennes. Elle restait là quelques minutes, devant la grande muraille noire, crépie grossièrement, qui monte et s'étend au-dessus de la galerie. Elle promenait sur cette muraille un regard vague, et, muette, elle venait se coucher à son tour, dans une indifférence dédaigneuse.

Madame Raquin était une ancienne mercière de Vernon. Pendant près de vingt-cinq ans, elle avait vécu dans une petite boutique de cette ville. Quelques années après la mort de son mari, des lassitudes la prirent et elle vendit son fonds. . . .

Elle loua, moyennant quatre cents francs, une petite maison dont le jardin descendait jusqu'au bord de la Seine. C'était une demeure close et discrète qui avait de vagues senteurs de cloître; un étroit sentier menait à cette retraite située au milieu de larges prairies; les fenêtres du logis donnaient sur la rivière et sur les côteaux déserts de l'autre rive. La bonne tude, et y goûta des joies sereines, entre son fils Camille et sa nièce Thérèse.

Camille avait alors vingt ans. Sa mère le gâtait encore comme un petit garçon. Elle l'adorait pour l'avoir disputé à la mort pendant une longue jeunesse de souffrances. L'enfant eut coup sur coup toutes les fièvres, toutes les maladies imaginables. Madame Raquin soutint une lutte de quinze années contre ces maux terribles qui venaient à la file pour lui arracher son fils. Elle les vainquit tous par sa patience, par ses soins, par son adoration.

Camille, grandi, sauvé de la mort, demeura tout frissonnant des secousses répétées qui avaient endolori sa chair. Arrêté dans sa croissance, il resta petit et malingre. Ses membres grêles eurent des mouvements lents et fatigués. Sa mère l'aimait davantage pour cette faiblesse qui le pliait. Elle regardait sa pauvre petite figure pâlie avec des tendresses triomphantes, et elle songeait qu'elle lui avait donné la vie plus de dix fois.

Pendant les rares repos que lui laissa la souffrance, l'enfant suivit les cours d'une école de commerce de Vernon. Il y apprit l'orthographe et l'arithmétique. Sa science se borna aux quatre règles et à une connaissance très superficielle de la grammaire. Plus tard, il prit des leçons d'écriture et de comptabilité. Madame Raquin se mettait à trembler lorsqu'on lui conseillait d'envoyer son fils au collège; elle savait qu'il mourrait loin d'elle, elle disait que les livres le tueraient. Camille resta ignorant, et son ignorance mit comme une faiblesse de plus en lui.

A dix-huit ans, désoeuvré, s'ennuyant à mourir dans la douceur dont sa mère l'entourait, il entra chez un marchand de toile, à titre de commis; il gagnait soixante francs par mois. Il était d'un esprit inquiet qui lui rendait l'oisiveté insupportable. Il se trouvait plus calme, mieux portant, dans ce labeur de brute, dans ce travail d'employé qui le courbait tout le jour sur des factures, sur d'énormes additions dont il épelait patiemment chaque chiffre. Le soir, brisé, la tête vide, il goûtait des voluptés infinies au fond de l'hébétement qui le prenait. . . .

Émile Zola, Thérèse Raquin.

QUESTIONNAIRE

Questions précises:
1. Pourquoi les ténèbres régnaient-ils dans la boutique?
2. La jeune femme était-elle jolie?
3. Quels étaient ses traits les plus marquants?
4. Thérèse occupait-elle seule la boutique?

Chapitre 2: Lecture 23

5. Camille avait-il l'air séduisant?
6. De quoi se composait la mercerie?
7. Thérèse paraissait-elle heureuse?
8. Son indifférence dédaigneuse se justifie-t-elle?
9. Quelle était l'ancienne profession de Madame Raquin?
10. Pourquoi a-t-elle vendu son fonds de commerce?
11. Où est-elle allée s'installer ensuite?
12. Comment Madame Raquin a-t-elle disputé son fils à la mort?
13. Camille était-il toujours souffrant?
14. A-t-il poursuivi ses études?
15. Qu'a-t-il appris à l'école?
16. Pourquoi est-il rentré chez un marchand de toile?
17. Était-ce un bon emploi?
18. Pourquoi se portait-il mieux?

Questions générales:

1. Comment l'auteur donne-t-il l'impression que ses personnages vivent dans un univers étouffant?
2. Quelles sont les caractéristiques principales de cet univers?
3. Avez-vous en tête un portrait précis des personnages? Décrivez-les.
4. Relevez dans cet extrait les mots et expressions qui se rapportent à la lumière et aux ténèbres. Quelle est leur importance?
5. Quels sont les conflits que l'auteur nous laisse déjà prévoir?

Questions sur le vocabulaire:

1. Indiquez les *propriétés* des mots en italique.
(a) «Plus bas, *assis* sur une chaise, un homme d'une *trentaine* d'années *lisait* ou causait à demi-voix *avec* la jeune femme.»
(b) «*Ses* membres grêles *eurent des* mouvements lents *et* fatigués.»
(c) «... *puis* des chaises se rangeaient le long des *murs*, une table ronde, *tout ouverte*, occupait le *milieu* de la pièce.»

2. Étudiez de près le *sens* des mots en italique. Faites entrer dans une nouvelle phrase chacun de ces mots en les employant dans le même sens.
(a) «Ce profil sortait *vaguement* des *ténèbres* qui *régnaient* dans la boutique.»
(b) «... elle venait se coucher *à son tour*, dans une indifférence *dédaigneuse*.»
(c) «Elle regardait sa pauvre petite *figure pâlie* avec des *tendresses* triomphantes...»

3. Donnez les *synonymes* des mots en italique. Faites entrer chacun de ces mots dans une nouvelle phrase. Marquez clairement les écarts de signification.
(a) «Madame Raquin *soutint* une *lutte* de quinze années contre ces maux terribles qui venaient *à la file* pour lui arracher son fils.»
(b) «Sa science *se borna* aux quatre règles...»

(c) «A dix-huit ans, *désoeuvré*, s'ennuyant à mourir dans la *douceur* dont sa mère l'entourait, il entra *chez* un marchand de toile . . .»

Style

Le Vocabulaire (suite)

Le français s'est encore enrichi au moyen de *la dérivation* qui se décompose en deux procédés: le premier, *la dérivation impropre*, permet de donner aux mots déjà en usage de nouveaux emplois; le second, *la dérivation propre*, permet de former des mots à l'aide d'éléments ajoutés, soit au commencement du mot (*les préfixes*), soit à la fin du mot (*les suffixes*).

LA DÉRIVATION IMPROPRE

Des *noms* peuvent être formés avec différentes espèces de mots:

pronom:	le moi
adjectif:	le vrai
participe présent:	un habitant
participe passé:	un reçu
infinitif:	le parler

Cet enrichissement ne se limite pas aux noms; des adjectifs peuvent devenir adverbes, prépositions, etc.

LA DÉRIVATION PROPRE

1. Les Suffixes

ORIGINES

L'origine latine: La plupart des suffixes sont d'origine latine et certains d'entre eux possèdent deux formes, l'une dite savante, l'autre dite populaire; ainsi le suffixe latin *-aturam* a donné deux suffixes français: *-ure* (populaire) — clôture — et *-ature* (savant, la terminaison se rapprochant plus de la forme latine), — filature.

L'origine grecque: Des mots scientifiques ont été créés à l'aide de suffixes grecs *-ite* (bronchite), *-ose* (névrose), *-ique* (anesthésique).

Autres origines:
> langues germaniques: *-ard* (vantard), *-aud* (noiraud)
> dialectes du Midi: *-ade* (débandade)
> italien: *-esque* (arabesque)

CLASSIFICATION

Les suffixes qui servent à former des noms:
> suffixes ajoutés à des noms:
> *-ée* (pincée) — le contenu.
> *-erie* (mercerie) — l'endroit.
> *-aire, -ier, -ière, -oire* (dictionnaire, plumier, saucière, baignoire) — le contenant.
>
> suffixes ajoutés à des adjectifs:
> *-eur, -ise, -té,* etc. (laideur, franchise, saleté) — idée de qualité.
>
> suffixes ajoutés à des verbes:
> *-ade, -ation, -son, etc.* (cavalcade, aviation, guérison) — action, résultat de l'action.

Les suffixes qui servent à former des adjectifs:
> suffixes ajoutés à des noms:
> *-able, -ible, -er, -eux,* etc. (charitable, paisible, mensonger, vaniteux)
>
> suffixes ajoutés à des adjectifs:
> *-et, -elet, -ot,* etc. (pauvret, aigrelet, pâlot)
>
> suffixes ajoutés à des verbes:
> *-able, -ible, -if,* etc. (aimable, visible, pensif)

Les suffixes qui servent à former des verbes:
> *-er* et *-ir* (bavarder, noircir)

Le suffixe qui sert à former des adverbes:
> *-ment* (lentement)

2. *Les Préfixes*

LES PRÉFIXES D'ORIGINE LATINE

anté- (avant): antédiluvien
bi-, bis- (deux fois): biscuit
cir-, cum-, con-, com- (autour de, environ): circonférence
con-, com- (union, simultanéité): communion, concours
ex- (extraction, hors de, éloignement): exclure; (superlatif): extraordinaire

in-, im- (un sens négatif) : inaction, immoralité ; (un sens inclusif) : incarcérer
pro- (pour) : procurer
ré- (répétition) : recréer
sub- (sous, marque un degré d'infériorité) : subjectif, subconscient
super- (sur) : superficiel, superlatif
trans-, tres-, tré- (au-delà de) : transformer, très, trépasser, transatlantique

LES PRÉFIXES D'ORIGINE GRECQUE

a- (privatif) : anormal, acéphale
amphi- (des deux côtés) : amphithéâtre, amphibie
ana- (en arrière, à travers, à l'écart, en haut, de nouveau) : anachorète, anachronisme
anti- (contre) : antidémocratique, anticlérical
cata- (en bas) : cataracte, catastrophe
dia- (à travers) : diagramme, diagonale
épi- (sur) : épidémie, épigramme
hyper- (exagération) : hyperbole, hypertrophie
para- (à côté de) : parabole, paraphrase ; (opposition) : paradoxe
péri- (autour) : périphrase, périphérie
syn-, sym- (avec) : synonyme, syntaxe

3. Éléments des mots composés

Beaucoup de mots savants sont formés de mots ou de radicaux latins et grecs, qui servent de préfixes ou de suffixes.

PRÉFIXES D'ORIGINE LATINE

multi- (nombreux) : multimillionaire
omni- (tout) : omnipotent, omniprésent
semi- (à demi) : semi-voyelle

SUFFIXES D'ORIGINE LATINE

-cide (tuer) : parricide
-cole (cultiver) : agricole

PRÉFIXES D'ORIGINE GRECQUE

aéro- (air) : aéroport
auto- (soi-même) : autobiographique
biblio- (livre) : bibliothèque
bio- (vie) : biographie

Chapitre 2: Style   **27**

céphalo- (tête): céphalopode
chrono- (temps): chronologie
ciné- (mouvement): cinéma
cosmo- (monde): cosmopolite
crypto- (caché): cryptographie
dactylo- (doigt): dactylographie
déca- (dix): décasyllabe
démo- (peuple) démocrate
géo- (terre): géographie
graphe- (écriture): graphologie
hémi- (demi): hémistiche, hémisphère
hétéro- (autre): hétéroclite
homo- (semblable): homonyme
mélo- (musique): mélodrame
métro- (mesure): métrique, métronome
micro- (petit): microcéphale
miso- (haïr): misanthrope

mono- (seul): monogame, monothéiste
morpho- (forme): morphologie
nécro- (mort): nécrologie
néo- (nouveau): néologie
ortho- (droit): orthographe
pédo- (enfant): pédiatre
pan- (tout): pantomime
philo- (qui aime): philanthrope
phono- (son): phonétique
photo- (lumière): photocopie
poly- (nombreux): polygame
proto- (premier): prototype
pseudo- (faux): pseudonyme
psyche- (âme): psychanalyse
techno- (art, science): technologie
télé- (au loin): télévision
théo- (dieu): théologie

SUFFIXES D'ORIGINE GRECQUE

-anthrope (homme): philanthrope
-chrome (couleur): polychrome
-crate (autorité): démocrate
-cycle (cercle): bicyclette
-drome (course): aérodrome
-gramme (lettre, poids): épigramme
-graphe, -graphie (écriture, dessin): dactylographie

-logue, -logie (science, discours): philologue
-mane, -manie (folie): cleptomanie, mélomanie
-onyme (nom): homonyme
-phone, -phome (son, voix): dictaphone
-pole (ville): métropole

EXERCICES

A. Cherchez dans les listes précédentes les mots correspondant aux définitions suivantes. Par exemple: l'ami des hommes—philanthrope.
1. qui a plusieurs femmes   2. analyse de l'âme   2. amour de la science des mots.   4. petite tête   5. qui déteste les gens   6. science, étude des formes   6. d'une seule couleur   8. qui adore un seul dieu   9. faux nom   10. passion pour la musique   11. amateur de livres   12. appareil qui sert à voir à une distance   13. l'assassin de son père   14. tout puissant   15. présent partout   16. contre le clergé   17. sans moralité   18. machine

28 UN CERTAIN STYLE

qui imprime le son   19. celui qui est au dessus des autres   20. celui qui a plusieurs millions   21. qui va sur l'eau et sur la terre   22. qui a la forme de l'homme   23. le récit de sa vie   24. qui parle deux langues.   25. qui a deux têtes

Les Sons (suite)

Les sons d'une langue ont une puissance évocatrice; un mot comme *cri* même hors de contexte a une expressivité évidente due à la combinaison des sons qu'il comporte: consonne explosive palatale *c* [k], consonne gutturale vibrante *r* [r], et voyelle aiguë *i* [i]. Il ne crée pas du tout le même effet que le mot *calme* * qui, bien qu'il commence par le même son *c* [k], évoque la quiétude et la tranquillité grâce à la juxtaposition du *a* [a], la voyelle la plus sonore, la plus naturellement prononcée, de la consonne liquide *l* [l] et de la consonne nasale *m* [m].

CLASSIFICATION DES SONS †

La langue française a seize voyelles:

a. les voyelles orales

i	[i] m*i*	o (o fermé)	[o] b*eau*
é (e fermé)	[e] b*é*b*é*	ou	[u] f*ou*
è (e ouvert)	[ɛ] p*è*re	u	[y] v*u*
a (a fermé)	[a] p*a*tte	eu (eu fermé)	[ø] f*eu*
a (a ouvert)	[ɑ] p*â*te	eu (eu ouvert)	[œ] s*eu*l
o (o ouvert)	[ɔ] b*o*l	e (eu sourd)	[ə] m*e*

b. les voyelles nasales

a ouvert nasal: *an* [ɑ̃] b*an*c
e ouvert nasal: *in* [ɛ̃] l*in*
o ouvert nasal: *on* [ɔ̃] b*on*
eu ouvert nasal: *un* [œ̃] *un*

---

*Calme: en français le *l* se prononce distinctement.
† Les auteurs s'inspirent ici la classification figurant dans la *Grammaire française, à l'usage des classes de 4e, 3e, 2e, et 1re suivie des Éléments de Versification,* par Gaston Cayrou, Pierre Laurent, Jeanne Lods, 13ème éd. (Paris: Librairie Armand Colin, 1961), pp. 2-3.

Chapitre 2: Style

et dix-sept consonnes:

a. *les consonnes labiales (c.-à-d. prononcées à l'aide des lèvres)*:

p	[p]	*p*ère
b	[b]	*b*ébé
f	[f]	*f*ée
v	[v]	*v*u
m	[m]	*m*ère

b. *les consonnes dentales (c.-à-d. prononcées à l'aide des dents)*:

t	[t]	*t*es
d	[d]	*d*es
s	[s]	*s*uave
z	[z]	*z*ouave
n	[n]	*n*ain
l	[l]	*l*in

c. *les consonnes palatales (c.-à-d. prononcées à l'aide du palais)*:

c	[k]	*c*oeur
g	[g]	*g*arçon
ch	[ʃ]	*ch*ien
j	[ʒ]	*j*uge
r	[r]	*r*at
gn	[ɲ]	di*gn*e

Remarques: 1. On appelle consonnes sourdes ou non-voisées celles qui ne sont pas accompagnées de la vibration des cordes vocales quand on les prononce: p, t, k, f, s, ch.

2. On appelle consonne sonores ou voisées celles qui, quand on les prononce, sont accompagnées de la vibration des cordes vocales: b, d, g, v, z, j.

3. On appelle m, n, et gn consonnes nasales parce que le souffle est dévié et qu'il s'échappe en partie par le nez.

4. On appelle l et r consonnes liquides parce que la prononciation de ces consonnes est coulante.

De plus, le français compte trois sons qu'on appelle semi-voyelles (ou semi-consonnes). Celles-ci sont:

ou	(de oui)	[w]	L*ou*is
u	(de lui)	[ɥ]	l*u*i
i	(dit yod)	[j]	b*i*en

Les sons *i* et *é* sont aigus, clairs, pénétrants;

è et *a* sont éclatants;

o est grave;

u, eu, et *ou* sont sourds;

et les sons nasals sont chantants.

En ce qui concerne les consonnes

l consonne liquide, exprime la fluidité, un écoulement;
r consonne vibrante: «une sorte de roulement»;
s et *f*, consonnes sifflantes: un souffle;
ch et *j*, consonnes chuintantes: un chuchotement;
p, t, k, b, d, g, consonnes explosives: un éclatement;
v et *z:* un bourdonnement.

Dans le chapitre précédent nous avons vu qu'un écrivain choisit les mots qui vont former *son* vocabulaire en étant conscient de leurs propriétés, de leur sens, de leurs synonymes et qu'il enrichit, à l'aide de mots ou de propositions, des phrases simples, leur donnant ainsi une plus grande portée. Mais l'écrivain peut aussi mettre *les sons* à la disposition de son style.

La Répétition des sons

La répétition des sons lorsqu'elle est judicieuse * produit un effet stylistique qui contribue à informer le lecteur des intentions de l'auteur. Considérons les exemples suivants:

1. «C'est la pl*aine,* la pl*aine* bl*ême*
   Intermi*n*ablem*en*t, toujours la *même*.»
                                     Verhaeren

La répétition de la voyelle orale *è* [ɛ], de la consonne dentale et nasale *n* [n] suivie de la voyelle orale *eu sourd* [ə], de la consonne labiale et nasale *m* [m] suivie de la voyelle orale *eu sourd* [ə], évoque la désolation d'une plaine qu'on imagine infinie par des sons *aigus* [ɛ] suivis de sons *sourds* et prolongés [n, m, ə].

2. Les sang*l*ots *longs*
   Des vio*lons*
   De l'aut*omn*e
   Blessent mon c*o*eur
   D'une langu*eur*
   Mo*n*ot*on*e.
                 Verlaine

La répétition de la consonne dentale liquide *l* [l], de la voyelle nasale [ɔ̃], de la voyelle *o ouvert* [ɔ] associée à la consonne dentale et nasale *n* [n]

---

* La *cacophonie* est la rencontre malencontreuse de certains sons: Ex. «le rat fut à son pied par la patte attaché» — La Fontaine.

Chapitre 2: Style

et de la voyelle orale *eu ouvert* [œ] associée à la consonne palatale liquide vibrante *r* [r] évoque la "douce" mélancolie du poète par une impression de *fluidité prolongée* (l, r, a, ɔ̃, n).

3. «C'est un bruit sec et pressé de pas sonnant sur la pierre avec une irrégularité irritante» — Zola (voir chap. I).

La répétition des sons *r, e, c (ec), p, s* permet à Zola d'évoquer parfaitement le martèlement des pas des gens pressés qui emploient le passage du Pont-Neuf.

EXERCICES

1. Indiquez quels sont les effets produits par la répétition de certains *sons* dans les phrases suivantes. (*Attention:* quelques-unes de ces répétitions sont déplorables. Lesquelles et pourquoi?)
(a) Le vierge, le vivace et le bel aujourd'hui . . . (Mallarmé)
(b) L'aurore se leva. Horreur, il était mort!
(c) Mais qu'en sort-il souvent? Du vent. (La Fontaine)
(d) A cette heure la ville dort et je pleure sur mes malheurs.
(e) La gigantesque horreur de l'ombre herculéenne. (José Maria de Hérédia)
(f) Je chancèle dans la nacelle.
(g) Ah! traître! Trahir ta tribu!
(h) Pour qui sont ces serpents qui sifflent sur vos têtes? (Racine)
(i) A gauche, se creusent des boutiques obscures, basses, écrasées, laissant échapper des souffles froids de caveau. (Zola)
(j) Au-dessus du vitrage, la muraille monte, noire, grossièrement crépie, comme couverte d'une lèpre et toute couturée de cicatrices. (Zola)
(k) Il était là pendant des heures, immobile et paisible . . . . (Zola)

2. Relevez dans le texte quelques autres exemples de répétitions de sons. Expliquez-en les effets.

LA REPRODUCTION DES SONS

Certains mots permettent d'évoquer des bruits particulier (le cri du coq: *cocorico;* le chant des oiseaux: *gazouiller;* le bruit de l'eau: *clapotis,* etc.). On les appelle des *onomatopées.*

EXERCICES

1. Trouvez-vous des onomatopées dans le texte du chapitre II?
2. Insérez les onomatopées suivantes dans des phrases qui en feront ressortir la valeur harmonique.

crac	glouglou	ronronner
croasser	chuchoter	scier
crisser	tic-tac	siffler
clapotement	râcler	roucouler

3. Relevez dans le texte les dix mots dont la valeur harmonique vous a frappé le plus. Justifiez votre choix. (Exclure s'il a lieu les onomatopées.)

4. Employez les mots de l'exercice 3 dans de nouvelles phrases.

L'Accent*

L'ACCENT FINAL

L'accent final en français est stable; il porte toujours sur la dernière syllabe prononcée du mot ou du groupe de mots: † ci*vil,* civili*sé,* civilisa*tion.* (L'accent anglais, par comparaison, est instable, c.-à-d. que l'accent se déplace: *ci*vil, *ci*vilized, ci*vi*lian, civili*za*tion.)

Remarque: Dans des mots comme *sta*ble, *por*te, l'accent tombe sur *sta-* et *por-,* la seule et unique syllabe prononcée, donc, la dernière, le *e* final étant muet.

L'accent anglais est un accent d'intensité et de force. Le mot anglais *civilization* porte un accent principal sur *-za-* et un accent secondaire sur *ci:* ci′ vi li za″ tion. En anglais on tend à prononcer énergiquement les syllabes accentuées et à passer rapidement sur les syllabes non-accentuées: CI vili ZA tion; le rythme du mot anglais (et de la phrase anglaise) est donc irrégulier, varié.

Autrefois, l'accent français était pareil à l'accent anglais, ce qui explique la réduction des mots polysyllabiques latins: *quádragésima* devient *carême.* Mais le français moderne a un accent de mélodie et de durée (et non pas de force). Par mélodie nous voulons dire que la syllabe accentuée est plus haute que les autres. Sur la portée musicale le mot *civilisation* pourrait avoir les valeurs suivante:

ci vi li sa tion

---

* Les auteurs se sont inspirés de Pierre Delattre, *Advanced Training in French nunciation* (Middlebury, Vt.: Middlebury College Store, 1949), p. 11.

† Groupe de mots: appelé aussi *groupe phonétique* ou *groupe rythmique;* l'ensemble de mots formant une unité de sens et prononcé «en une seule émission vocale» (Grevisse, *op. cit.,* p. 57).

Chapitre 2: Style

En anglais nous aurions quelque chose comme:

ci vi li za tion

Par durée nous voulons dire que le son accentué dure plus longtemps que le son non accentué: ♩ est deux fois plus long que ♪. Toute syllabe accentuée en français est plus longue que les syllabes qui la précèdent:

Que votre livre est beau!

Cherchez-la!

Mais il y a pourtant de légères différences de durée. Si la dernière voyelle est suivie d'un [r], [z], [ʒ], [v], ou si les sons [o], [ø], [ɑ], [ɛ̃], [ɑ̃], [ɔ̃], [œ̃], sont suivis d'une consonne, la voyelle est au moins deux fois plus longue que les précédentes:

Il a bien peur.

Quelle honte!

Remarquez comment un écrivain peut profiter de cette durée pour donner à une composition une mélodie dominante. L'extrait suivant de Verlaine insiste sur la voyelle sourde [œ], le poète reflétant ainsi parfaitement, par la mélodie aussi bien que par la durée, son état d'âme:

> Il pleure dans mon coeur
> Comme il pleut sur la ville.
> Quelle est cette langueur
> Qui pénètre mon coeur?

Même en prose, l'écrivain soucieux profite de cet accent pour créer un effet stylistique. Flaubert aurait pu commencer son roman *Salammbô* par une phrase comme: Notre histoire a li*eu* dans un faubourg de Carth*age*, à Mégara où Hamilcar avait ses jard*ins*. Les accents de cette phrase portent sur *eu*, *age* et *ins;* aucune mélodie répétée ne nous frappe. Mais Flaubert a préféré donner plus de musicalité à sa phrase en insistant sur le son *a*, voyelle sonore et éclatante: C'était à Még*a*ra, faubourg de

Ca*r*thage, dans les jardins d'Hamilca*r*. Évidemment, l'équilibre et la proportion des groupes rythmiques contribuent aussi à l'effet musical.

L'Accent d'insistance

A la différence de l'accent final, l'accent d'insistance porte sur le *mot* et non pas sur un groupe de mots; il sert à exprimer l'émotion ressentie par celui qui parle. Cet accent est de même nature que l'accent anglais.

Si l'émotion est *forte* il porte sur la première syllabe qui commence par une consonne:

> c'est *ri*dicule!
> c'est a*bo*minable!

Si l'émotion est *faible* il se place souvent sur la première syllabe même si elle commence par une voyelle:

> c'est *ex*traordinaire!
> c'est *in*croyable!

EXERCICES

1. Lire le passage suivant en marquant bien *l'accent final*.

> Les rues étaient désertes./ Quelquefois une charrette lourde passait,/ en ébranlant les pavés./ Les maisons se succédaient avec leurs façades grises/ leurs fenêtres closes/ et il songeait dédaigneusement à tous ces êtres vains couchés derrière ces murs/ qui existaient sans la voir/ et dont pas un même ne se doutait qu'elle vécût.
>
> Flaubert, *l'Éducation sentimentale,* 1869

2. Même exercice avec l'avant-dernier paragraphe de l'extrait de *Thérèse Raquin.*

Le rythme

Comme nous venons de le dire, l'accent anglais, un accent de force, donne à cette langue un rythme qui est bien distinct de celui du français. Les syllabes accentuées sont les plus importantes, et les non-accentuées sont à peine prononcées; on a l'impression que le sens bondit d'accent en accent en passant légèrement sur le reste:

> In the be*gi*nning / God cr*ea*ted h*ea*ven and *ear*th. / And the *ear*th was v*oi*d and *em*pty, / and d*ar*kness was up*o*n the f*a*ce of the d*ee*p; / and the *spi*rit of G*o*d m*o*ved *o*ver the w*a*ters. Genesis I: 1, 2

Chapitre 2: Style

L'accent anglais, comme ce passage le montre, est assez variable. Des quinze accents, huit sont suivis de syllabes non-accentuées. Le même passage en français donnera:

> Au commencem*ent* / Dieu créa le ci*el* et la t*er*re. / L'univers était (une masse) informe et v*ide*. / Les ténèbres enveloppaient ce cha*os;* / et le Souffle de Di*eu* / planait sur les *eaux*. /

L'accent français met en relief la dernière syllabe; les autres syllabes sont de valeurs égales: on dit que le français a un rythme monosyllabique.

EXERCICES:

1. Prononcez les mots suivants en donnant une force égale à chaque syllabe.

regard	j'ai ri	pardonne-moi
départ	pardon	conversation
désirer	voler	tu souris
curiosité	philosophie	dénoncez-les

2. Prononcez les phrases suivantes en donnant une force égale à chaque syllabe (attention: ne pas mettre d'accent final).
(a) «. . . elle se fatiguait, elle s'ennuyait au bras de son mari qui la traînait sur les trottoirs, en s'arrêtant aux boutiques, avec des étonnements, des réflexions, des silences d'imbécile.»
(b) «Thérèse acceptait plus volontiers, presque avec joie, ces courses qui la retenaient en plein air jusqu'à dix et onze heures du soir.»
3. Refaites l'exercice 2, mais cette fois, marquez aussi l'accent final.

L'Intonation (*facultatif*)

«. . . Dans une langue où le vocabulaire s'use nécessairement, où les besoins affectifs tendent plus ou moins à la mise en oeuvre d'un superlangage, l'intonation joue un rôle régulateur, en même temps qu'elle permet à l'individu d'associer aux faits qu'il énonce la répercussion de ces mêmes faits sur sa sensibilité.» * L'intonation est dans une grande mesure *subjective,* et certaines des règles qui suivent se réduisent malgré tout à une décision arbitraire des auteurs. Le professeur pourra donc omettre cette section s'il le désire.

* Marcel Cressot, *Le Style et ses techniques* (Paris: Presses universitaires de France, 1947), p. 31.

36 UN CERTAIN STYLE

Le Groupe rythmique

En français l'intonation se rapporte directement à l'accent final du groupe rythmique. L'accent final se plaçant toujours sur la dernière syllabe du groupe rythmique, c'est de cette syllabe que dépend le dessin de l'intonation à l'intérieur de la phrase. Le ton de la syllabe accentuée est plus *haut* (mais non plus fort) que les autres syllabes du groupe.

L'intonation varie selon que l'on hausse ou baisse le ton. On distingue cinq types de groupes rythmiques qui marquent l'intonation:

1. Groupes ascendants (on élève le ton sur la dernière syllabe)

a. groupes qui permettent d'exprimer la continuation d'une idée qui sera complétée par un groupe descendant (fin d'une déclaration; voir 2,a): *C'était à Mégara, faubourg de Carthage, dans les jardins d'Hamilcar.* (Flaubert)

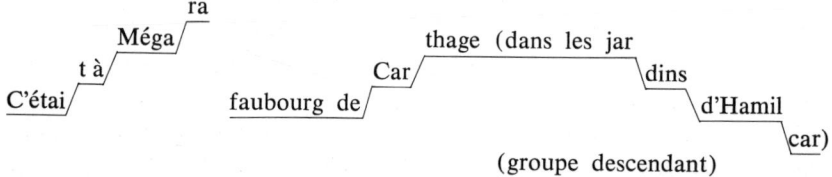

```
                    ra
              Méga /
        t à /            thage (dans les jar
C'étai /                Car /                   dins
          faubourg de /                    \ d'Hamil
                                                  \ car)
                   (groupe descendant)
```

b. groupes à la fin d'une phrase impliquant une idée qui n'est pas explicitement exprimée: *Elle a dit qu'elle chanterait.* (La phrase qui permettrait d'exprimer explicitement l'idée serait: Elle a dit qu'elle chanterait, vous vous rappelez.)

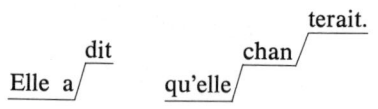

```
                      terait.
           dit     chan /
Elle a /      qu'elle /
```

c. groupes interrogatifs pour lesquels on s'attend à une réponse affirmative ou négative: *Est-ce que le grand prunier a encore toutes ses feuilles?* (Zola)

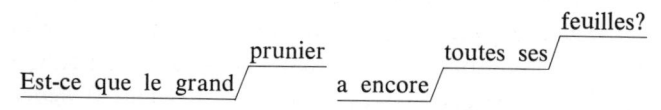

```
                                              feuilles?
                   prunier       toutes ses /
Est-ce que le grand /    a encore /
```

2. Groupes descendants (on baisse le ton sur la dernière syllabe)

a. groupes qui expriment soit la fin d'une déclaration, soit un ordre: *Elle a dit qu'elle chanterait demain. Allez donc la voir.*

Chapitre 2: Style 37

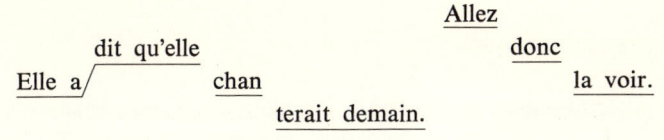

```
                        Allez
      dit qu'elle              donc
Elle a/         chan                  la voir.
                    terait demain.
```

b. groupes interrogatifs pour lesquels on ne s'attend pas à une réponse affirmative ou négative: *Quand ont-ils dit qu'ils partaient? Où va-t-il?* (Dans les deux cas la réponse pourrait être: *Je l'ignore.*)

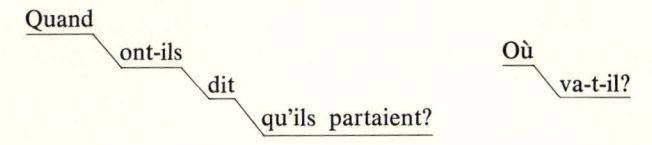

```
Quand
     \ont-ils                    Où
          \dit                     \va-t-il?
              \qu'ils partaient?
```

La Phrase

L'intonation de la phrase est constituée d'une série de groupes rythmiques ascendants et descendants. Le dernier groupe ascendant qui atteint le ton le plus élevé forme le point d'équilibre de la phrase et annonce la conclusion par les groupes descendants: «*Quand il fut à sa place, dans le coupé, au fond, et que la diligence s'ébranla, emportée par les cinq chevaux détalant à la fois, il sentit une ivresse le submerger.*» (Flaubert, *L'Éducation Sentimentale*)

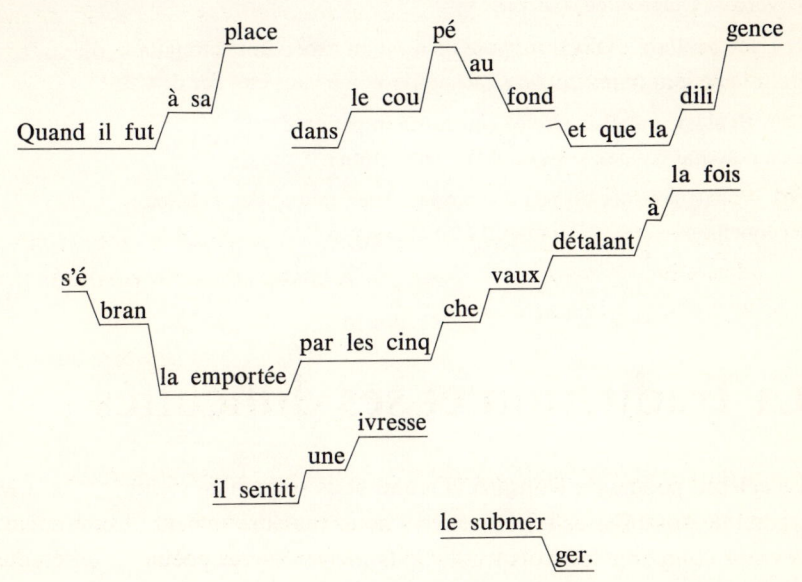

EXERCICES

1. Lire les phrases suivantes en tenant compte des principes discutés ci-dessus:
(a) «Une enfant de douze ans, une toute jeune fille, confondant la voix de son cœur avec la voix du ciel, conçoit l'idée étrange, improbable, absurde, si l'on veut, d'exécuter la chose que les hommes ne peuvent plus faire, de sauver son pays.» Michelet, *Jeanne D'Arc*, 1853

(b) «Hommes, femmes, enfants, tous se retournaient de droite à gauche, comme attaqués par tous ces bruits, toutes ces secousses qui les menaçaient dans leur oubli.» Saint-Exupéry, *Terre des Hommes*, 1939

(c) Le ciel commença de se couvrir. Toutes les voix de la solitude s'éteignirent, le désert fit silence, et les forêts muettes demeurèrent dans un calme universel. Bientôt les roulements d'un tonnerre lointain, se prolongeant dans ces bois aussi antiques que le monde, en firent sortir des bruits sublimes.
Chateaubriand, *Le Génie du Christianisme*, 1802

2. Lire les phrases suivantes sur le ton qui convient:
(a) Vous viendrez jeudi?
Vous viendrez jeudi et ainsi vous la verrez.
Vous viendrez jeudi ou jamais!

(b) Quelle idée de me téléphoner à trois heures du matin! (irritation)
Repartir en France? Quelle idée! (stupidité)
Divorcer! Quelle idée! (surprise)

(c) Où est Paul? Oh! je suppose qu'il est au café comme toujours.
Battre une innocente créature! Je suppose que vous êtes fier de vous!

(d) Et alors, qu'est-il arrivé? (curiosité impatiente)
Et alors, que vouliez-vous qu'il fît? (irritation)

(e) Veux-tu encore un peu de viande? Non, merci; j'en ai assez.
Réconcilions-nous. Non merci! J'en ai assez.

La Traduction et ses difficultés

Le célèbre poème de Ronsard «Quand vous serez bien vieille . . .» a été traduit de nombreuses fois et souvent assez maladroitement. Les étudiants devront comparer les trois traductions proposées du poème et en étudier les qualités et les défauts en s'aidant des questions qui figurent à leur suite:

Chapitre 2: La Traduction et ses difficultés

LES AMOURS D'HÉLÈNE

XLIV

Quand vous serez bien vieille, au soir, à la chandelle
Assise auprès du feu, dévidant et filant,
Direz, chantant mes vers, et vous émerveillant:
«Ronsard me célébrait du temps que j'étais belle.»

Lors vous n'aurez servante oyant telle nouvelle,
Déjà sous le labeur à demi sommeillant,
Qui au bruit de mon nom ne s'aille réveillant,
Bénissant votre nom de louange immortelle.

Je serai sous la terre, et, fantôme sans os,
Par les ombres myrteux je prendrai mon repos;
Vous serez au foyer une vieille accroupie,

Regrettant mon amour et votre fier dédain.
Vivez, si m'en croyez, n'attendez à demain:
Cueillez dès aujourd'hui les roses de la vie.
Pierre de Ronsard, 1524-85

TRADUCTIONS

I

When you are very old, by the hearth's glare,
At candle-time, spinning and winding thread,
You'll sing my lines, and say, astonishèd:
Ronsard made these for me, when I was fair.

Then not a servant even, with toil and care
Almost out-worn, hearing what you have said,
Shall fail to start awake and lift her head
And bless your name with deathless praise fore'er.

My bones shall lie in earth, and my poor ghost
Take its long rest where Love's dark myrtles thrive.
You, crouching by the fire, old, shrunken, grey,

Shall rue your proud disdain and my love lost . . .
Nay, hear me, love! Wait not to-morrow! Live,
And pluck life's roses, oh! to-day, to-day.
Curtis Hidden Page, 1924

II

When you are very old, some evening by the fire
Sitting and spinning—musing you will sigh,
Singing my verse and marvelling the while:
"Ronsard made this for me when I was young and fair."

Nor any servant hearing from afar—
Already half-asleep from day-long toil—
But at my name will rouse and turn with joy,
Blessing your name with deathless fame conferred.

I shall be deep interred, fled fantomwise
In myrtle shade to take my still repose;
You will be old and crouching by the hearth,

Mourning my love and your too proud disdain.
Wait not to-morrow, life and love forgone:
Gather today the roses of the earth.

     Philip E. Cranston, 1958

III Candlelight Blues

When yore gitten old at candlelight
Sittin' at the fire gonna spin all night,
Y'll say sorta marvellin' as y'sing ma song
"Good old Ronsard sang when ah was young."

Then y'wont have a maid what heers that soun',
Jest about ta fall asleep an' all tired down,
Who ain't gonna wake when she heers ma name
An' start praisin' yore name of immortal fame.

Ah'll be six foot under; no skeleton,
Neath the myrtle groves is where ma soul will run;

Yew'll be dreamin' at the hearth in a messy ole way,
Sorry yew was proud now ah've gone away.

Better saddle up y'r horse, don't wait all night,
Pick your roses today then you'll be all right.

     G. R. Tejada-Flores, 1961

QUESTIONS

1. Classez les traductions selon leur fidélité au texte original.
2. Y-a-t-il dans ces textes de graves contre-sens?
3. Quels sont les mots les plus difficiles à traduire? Pourquoi?
4. Ces poèmes pourraient-ils être appréciés pour eux-mêmes ou n'ont-ils de valeur qu'en tant que traductions?
5. Donnez votre propre version du poème. Justifiez oralement votre choix des mots.

Thème

With that, he shook the snuff [1] from his fingers as if he had shaken the dust from his feet, and quietly walked downstairs.

He was a man of about sixty, handsomely dressed,[2] haughty in manner, and with a face like a fine mask. A face of a transparent paleness; every feature in it clearly defined; one set expression on it. The nose, beautifully formed otherwise, was very slightly pinched at the top of each nostril. In those two compressions, or dints, the only little change that the face ever showed, resided. They persisted in changing colour sometimes, and they would be occasionally dilated and contracted by something like a faint pulsation: then, they gave a look of treachery, and cruelty, to the whole countenance. Examined with attention, its capacity of helping such a look was to be found in the line of the mouth, and the lines of the orbits of the eyes, being much too horizontal and thin; still, in the effect the face made, it was a handsome face, and a remarkable one.

Charles Dickens, A Tale of Two Cities, 1859

[1] Employez *tabac*.
[2] Employez *mis avec une extrême élégance*.

3
......

Lecture

Un jour Camille amène dans la boutique Laurent, un camarade d'enfance. C'est un «grand gaillard» qui n'a rien fait d'intéressant de sa vie. Son père aurait voulu qu'il devînt avocat mais il a choisi d'être artiste pensant ainsi jouir d'une oisiveté perpétuelle. N'ayant aucun talent, déshérité par son père, il s'est vu forcé de devenir un employé de bureau. Thérèse, frappée par le puissant physique de Laurent, se sent immédiatement attirée par lui. Voulant s'introduire de plus en plus dans le ménage, Laurent suggère que Camille pose pour lui. Quelque temps après Thérèse devient la maîtresse du peintre. Leur passion animale s'accroît. Ils trouvent le moyen de se rencontrer souvent l'après-midi dans la chambre de Thérèse, où François, le chat tigré de Madame Raquin, est le spectateur, le seul témoin, de leur adultère. Mais l'absence fréquente de Laurent est bientôt remarquée par son chef de bureau. Il doit donc cesser de voir sa maîtresse. Incapable de résister à sa passion, celle-ci, sous prétexte de délivrer à une cliente une pièce de tissu, se rend chez son amant. Elle le prévient cependant que cette visite sera la dernière à moins que son mari ne meure.

Le Meurtre

Parfois, le dimanche, lorsqu'il faisait beau, Camille forçait Thérèse à sortir avec lui, à faire un bout de promenade aux Champs-Élysées. La jeune
    La barque allait s'engager dans un petit bras, sombre et étroit,

42

Chapitre 3: Lecture 43

femme aurait préféré rester dans l'ombre humide de la boutique; elle se fatiguait, elle s'ennuyait au bras de son mari qui la traînait sur les trottoirs, en s'arrêtant aux boutiques, avec des étonnements, des réflexions, des silences d'imbécile. Mais Camille tenait bon; il aimait à montrer sa femme; lorsqu'il rencontrait un de ses collègues, un de ses chefs surtout, il était tout fier d'échanger un salut avec lui, en compagnie de madame. D'ailleurs, il marchait pour marcher, sans presque parler, roide et contrefait dans ses habits du dimanche, traînant les pieds, abruti et vaniteux. Thérèse souffrait d'avoir un pareil homme au bras.

Les jours de promenade, madame Raquin accompagnait ses enfants jusqu'au bout du passage. Elle les embrassait comme s'ils fussent partis pour un voyage. Et c'étaient des recommandations sans fin, des prières pressantes.

— Surtout, leur disait-elle, prenez garde aux accidents. . . . Il y a tant de voitures dans ce Paris! . . . Vous me promettez de ne pas aller dans la foule. . . .

Elle les laissait enfin s'éloigner, les suivant longtemps des yeux. Puis elle rentrait à la boutique. Ses jambes devenaient lourdes et lui interdisaient toute longue marche.

D'autres fois, plus rarement, les époux sortaient de Paris: ils allaient à Saint-Ouen ou à Asnières, et mangeaient une friture dans un des restaurants du bord de l'eau. C'étaient des jours de grande débauche, dont on parlait un mois à l'avance. Thérèse acceptait plus volontiers, presque avec joie, ces courses qui la retenaient en plein air jusqu'à dix et onze heures du soir. Saint-Ouen, avec ses îles vertes, lui rappelait Vernon; elle y sentait se réveiller toutes les amitiés sauvages qu'elle avait eues pour la Seine, étant jeune fille. Elle s'asseyait sur les graviers, trempait ses mains dans la rivière, se sentait vivre sous les ardeurs du soleil que tempéraient les souffles frais des ombrages. Tandis qu'elle déchirait et souillait sa robe sur les cailloux et la terre grasse, Camille étalait proprement son mouchoir et s'accroupissait à côté d'elle avec mille précautions. Dans les derniers temps, le jeune ménage emmenait presque toujours Laurent, qui égayait la promenade par ses rires et sa force de paysan.

Un dimanche, Camille, Thérèse et Laurent partirent pour Saint-Ouen vers onze heures, après le déjeuner. La partie était projetée depuis longtemps, et devait être la dernière de la saison. L'automne venait, des souffles froids commençaient, le soir, à faire frissonner l'air.

Ce matin-là, le ciel gardait encore toute sa sérénité bleue. Il faisait chaud au soleil, et l'ombre était tiède. On décida qu'il fallait profiter des derniers rayons.

Les trois promeneurs prirent un fiacre, accompagnés des doléances, des effusions inquiètes de la vieille mercière. Ils traversèrent Paris et quittèrent le fiacre aux fortifications: puis ils gagnèrent Saint-Ouen en suivant la chaussée. . . .

Quand ils arrivèrent à Saint-Ouen, ils se hâtèrent de chercher un bouquet d'arbres, un tapis d'herbe verte étalé à l'ombre. Ils passèrent dans une île et s'enfoncèrent dans un taillis. Les feuilles tombées faisaient à terre une couche rougeâtre qui craquait sous les pieds avec des frémissements secs. Les troncs se dressaient droits, innombrables comme des faisceaux de colonnettes gothiques; les branches descendaient jusque sur le front des promeneurs, qui avaient ainsi pour tout horizon la voûte cuivrée des feuillages mourants et les fûts blancs et noirs des trembles et des chênes. Ils étaient au désert, dans un trou mélancolique, dans une étroite clairière silencieuse et fraîche. Tout autour d'eux, ils entendaient la Seine gronder.

[Après un certain temps Laurent, qui veut se débarrasser de Camille afin de pouvoir épouser Thérèse, suggère une promenade sur l'eau.]

Le crépuscule venait. De grandes ombres tombaient des arbres, et les eaux étaient noires sur les bords. Au milieu de la rivière, il y avait de larges traînées d'argent pâle. La barque fut bientôt en pleine Seine. Là, tous les bruits des quais s'adoucissaient; les chants, les cris arrivaient, vagues et mélancoliques, avec des langueurs tristes. On ne sentait plus l'odeur de friture et de poussière. Des fraîcheurs traînaient. Il faisait froid.

Laurent cessa de ramer et laissa descendre le canot au fil du courant. . . .

Les promeneurs se taisaient. Assis au fond de la barque qui coulait avec l'eau, ils regardaient les dernières lueurs quitter les hautes branches. Ils approchaient des îles. Les grandes masses rougeâtres devenaient sombres; tout le paysage se simplifiait dans le crépuscule; la Seine, le ciel, les îles, les côteaux n'étaient plus que des taches brunes et grises qui s'effaçaient au milieu d'un brouillard laiteux.

Camille, qui avait fini par se coucher à plat ventre, la tête au-dessus de l'eau, trempa ses mains dans la rivière.

— Fichtre! que c'est froid! s'écria-t-il. Il ne ferait pas bon de piquer une tête dans ce bouillon-là.

Laurent ne répondit pas. Depuis un instant il regardait les deux rives avec inquiétude; il avançait ses grosses mains sur ses genoux, en serrant les lèvres. Thérèse, roide, immobile, la tête un peu renversée, attendait.

Chapitre 3: Lecture 45

s'enfonçant entre deux îles. On entendait, derrière l'une des îles, les chants adoucis d'une équipe de canotiers qui devaient remonter la Seine. Au loin, en amont, la rivière était libre.

Alors Laurent se leva et prit Camille à bras-le-corps. Le commis éclata de rire.

— Ah! non, tu me chatouilles, dit-il, pas de ces plaisanteries-là. . . Voyons, finis: tu vas me faire tomber.

Laurent serra plus fort, donna une secousse. Camille se tourna et vit la figure effrayante de son ami, toute convulsionnée. Il ne comprit pas; une épouvante vague le saisit. Il voulut crier, et sentit une main rude qui le serrait à la gorge. Avec l'instinct d'une bête qui se défend, il se dressa sur les genoux, se cramponnant au bord de la barque. Il lutta ainsi pendant quelques secondes.

— Thérèse! Thérèse! appela-t-il d'une voix étouffée et sifflante.

La jeune femme regardait, se tenant des deux mains à un banc du canot qui craquait et dansait sur la rivière. Elle ne pouvait fermer les yeux; une effrayante contraction les tenait grands ouverts, fixés sur le spectacle horrible de la lutte. Elle était rigide, muette.

— Thérèse! Thérèse! appela de nouveau le malheureux qui râlait. A ce dernier appel, Thérèse éclata en sanglots. Ses nerfs se détendaient. La crise qu'elle redoutait la jeta toute frémissante au fond de la barque. Elle y resta pliée, pâmée, morte.

Laurent secouait toujours Camille, en le serrant d'une main à la gorge. Il finit par l'arracher de la barque à l'aide de son autre main. Il le tenait en l'air, ainsi qu'un enfant, au bout de ses bras vigoureux. Comme il penchait la tête, découvrant le cou, sa victime, folle de rage et d'épouvante, se tordit, avança les dents et les enfonça dans ce cou. Et lorsque le meurtrier, retenant un cri de souffrance, lança brusquement le commis à la rivière, les dents de celui-ci emportèrent un morceau de chair.

Camille tomba en poussant un hurlement. Il revint deux ou trois fois sur l'eau, jetant des cris de plus en plus sourds.

Émile Zola, Thérèse Raquin.

QUESTIONNAIRE

Questions précises:

1. Pourquoi la jeune femme n'était-elle pas fière de sortir avec son mari?
2. Camille se préoccupait-il de sa femme?
3. Jouissait-il de ses sorties?

46 UN CERTAIN STYLE

4. Comment se comportait-il alors?
5. Que reflète l'attitude de Madame Raquin les jours de promenade?
6. Quels étaient les sentiments de Thérèse à l'égard de Laurent?
7. Comment ce dernier trouve-t-il le temps de rencontrer Thérèse?
8. Pourquoi Laurent ne peut il plus voir sa maîtresse?
9. Que fait alors cette dernière?
10. Quelle est la réaction de Camille au moment où Laurent commence à le serrer? Que prouve-t-elle?

Questions générales:

1. Pourquoi le meurtre de Camille a-t-il lieu en automne? Relevez les mots qui évoquent cette saison.
2. Comment l'auteur nous montre-t-il, grâce à la nature, les tempéraments opposés de Thérèse et de son époux? Relevez les mots-clés.
3. Pourquoi Laurent a-t-il tué Camille? Aurait-il pu agir autrement?
4. La dernière scène justifie-t-elle la remarque d'Émile Zola (préface de la deuxième édition): «Thérèse et Laurent sont des brutes humaines, rien de plus»?

Vocabulaire:

1. Indiquez les *propriétés* de tous les mots de la phrase suivante: «Parfois, le dimanche, lorsqu'il faisait beau, Camille forçait Thérèse à sortir avec lui, à faire un bout de promenade aux Champs-Elysées.»

2. Étudiez de près le *sens* des mots en italique. Faites entrer chacun de ces mots dans une nouvelle phrase en les employant dans le même sens.
(a) «. . . elle y sentait se réveiller toutes les *amitiés sauvages* qu'elle avait eues pour la Seine. . . .»
(b) «*Dans les derniers temps,* le jeune ménage emmenait presque toujours Laurent. . . .»

3. Donnez les *synonymes* des mots en italique. Faites entrer chacun de ces mots dans une nouvelle phrase. Marquez clairement les écarts de signification.
(a) «Thérèse *souffrait* d'avoir un *pareil* homme au bras.»
(b) «C'étaient des jours de grande *débauche*. . . .»

4. Relevez dans la dernière partie du texte («Alors Laurent se leva . . .») les exemples de répétition de sons, et expliquez-en les effets.

Style

Analyse de la phrase: Les Fonctions des mots

L'étude des rapports d'ordre grammatical qui s'établissent entre les mots est le prologue essentiel à l'analyse stylistique, car comment juger de la valeur esthétique d'un texte sans en connaître la valeur grammaticale? L'analyse de la phrase débutera donc par des remarques et des exercices qui permettront à l'étudiant d'analyser grammaticalement une phrase qu'il pourra ensuite considérer du point de vue stylistique.

A l'intérieur de la phrase, des rapports d'ordre grammatical s'établissent entre les mots.

Ex. «Au front bas et sec s'attachait un nez *long, étroit, effilé* . . .»

Les adjectifs *long, étroit,* et *effilé* qualifient le mot *nez* et informent le lecteur des caractéristiques de ce nez; ils exercent une fonction par rapport au nom: la fonction épithète.

On peut distinguer deux types de fonctions:

les fonctions *nominales* (les fonctions qui dépendent du nom): apposition, épithète, complément de nom.

les fonctions *verbales* (les fonctions qui dépendent du verbe): sujet, complément, attribut.

LES FONCTIONS NOMINALES

L'Apposition

L'apposition permet de qualifier ou de déterminer le nom à l'aide d'un mot ou d'un groupe de mots (nom, adjectif, infinitif, proposition).

Ex. Louis XIV, le roi Soleil.
le roi Soleil: en apposition par rapport à *Louis XIV*
Soleil: en apposition par rapport à *roi*

Ce mot ou groupe de mots est l'*équivalent* du nom (c'est ainsi que l'apposition se distingue de l'épithète, qui est *subordonnée* au nom en faisant corps avec lui).

Louis XIV = le roi Soleil.
Le roi = le Soleil.

Autres exemples : le mois de mars
la femme, belle et élégante, attirait tous les regards.

Le mot en apposition peut être séparé du nom par un signe de ponctuation (Mme Raquin, mercière) ou par une préposition (la ville *de* Vernon). L'apposition équivaut à une proposition relative (Mme Raquin *qui est mercière;* la ville *qui est Vernon*) dans laquelle le mot en apposition serait *attribut*.

L'Épithète

L'épithète permet de qualifier ou de déterminer le nom à l'aide d'un mot ou d'un groupe de mots (adjectif, mots pris comme adjectifs, proposition relative qui peut être remplacée par un adjectif) subordonné à ce nom, qui fait corps avec ce nom.

Ex. «. . . devant la *grande* muraille *noire* . . .»
Une *vieille* dame *qui souriait*. (= souriante)
Une *belle* femme

Les Compléments de nom

Les compléments de nom permettent de déterminer le nom mais ils n'en sont pas l'équivalent (à la différence des mots en apposition) et ne le qualifient pas (à la différence des mots épithètes).
Comparons :

Mme Raquin, *mercière*. (apposition)
«. . . devant la *grande* muraille *noire* . . .» (épithète)
«. . . deux minces traits *d'un rose pâle* . . .» (complément déterminatif)
«. . . à gauche était un poêle *de faïence* dans une niche.» (ibid.)
«. . . le soir (. . .) on voyait l'intérieur *de la boutique*. . . .» (ibid.)

Remarque: le complément de nom se rattache le plus souvent au nom par une préposition.

EXERCICES

1. Relevez dans le texte tous les mots en apposition.
2. Relevez dans les trois premiers paragraphes les épithètes et les compléments de nom.

Les Fonctions verbales

Le Sujet

Dans la fonction sujet un rapport s'établit entre le verbe et le mot ou le groupe de mots qu'il détermine (et le verbe s'accorde en genre et en nombre avec son sujet):

«*La pièce* paraissait nue. . . .»
« . . *quatre chaises et une table* complétaient le mobilier.»
«. . . *une table ronde, toute ouverte,* occupait le milieu de la pièce.»
Rire de ce garçon n'est pas très charitable.
Que Thérèse trompe son mari est inévitable.

Le Complément

1. LE COMPLÉMENT D'OBJET

Le complément d'objet sert à indiquer sur quoi porte l'action exprimée par le verbe.

«Il y apprit *l'orthographe* et *l'arithmétique*.»

Il peut être un mot ou un groupe de mots (nom, pronom, proposition). Il peut être *direct:*

«. . . la jeune femme ouvrait *la croisée.* . . .»

ou *indirect:*

«Mme Raquin se mettait à trembler lorsqu'on *lui* conseillait d'envoyer son fils au collège.»

2. LES COMPLÉMENTS CIRCONSTANCIELS

Ils permettent de préciser dans quelles circonstances a lieu l'action exprimée par le verbe; ils peuvent donc être des compléments de *but* (Il la rappela *pour l'embrasser*), de *lieu* (il jeta son chapeau *sur la table*), de *manière* (elle le soigna *avec dévotion*), de *moyen* (il se releva *à l'aide de ses béquilles*), et de *temps* (il fut malade *pendant des semaines*).

Ils peuvent être des mots ou des groupes de mots.

3. LE COMPLÉMENT D'AGENT

Il désigne l'auteur de l'action exprimée par le verbe à la voix passive.

Camille est assassiné *par Laurent.*
(sujet)   (agent)

La Fonction attribut

Elle permet d'attribuer une qualité, une caractéristique à un mot par l'intermédiaire du verbe (très souvent un verbe d'état: *être, sembler, paraître,* etc.).

«Il était *petit, chétif.* . . .»
Cette femme est *belle.*

L'attribut peut être un mot ou un groupe de mots (noms, adjectifs, infinitifs, propositions).

L'attribut du complément d'objet est un attribut «indirect.»

Un gros chat tigré . . . la regardait *dormir.*
dormir dépend de *la* et de *regarder.*

Remarque sur l'apposition, l'épithète et l'attribut:

Considérez à nouveau les exemples suivants:

(a) La femme, *belle* et élégante, attirait tous les regards.
(b) Une *belle* femme.
(c) Cette femme est *belle.*

(a) *belle:* adjectif en apposition séparé du nom *femme* par la ponctuation: cette apposition équivaut à une proposition relative dans laquelle *belle* serait attribut (la femme qui était belle . . .).
(b) *belle:* adjectif épithète qui fait corps avec le nom.
(c) *belle:* adjectif attribut rattaché au nom par l'intermédiaire du verbe *est.*

EXERCICE

Relevez dans les trois premiers paragraphes de la lecture *Le Meurtre* tous les mots exerçant (a) une fonction sujet (b) une fonction complément (c) une fonction attribut.

Précision de l'expression

L'étudiant, au seuil de la rédaction, doit:

1. S'interroger sur l'existence possible d'une expression plus concise, plus précise, que celle qui surgit immédiatement à son esprit.
Ainsi:

Chapitre 3: Style

au lieu de	écrire
rendre frais	rafraîchir
rendre moindre	amoindrir
ôter ses chaussures	se déchausser

Dans certains cas cependant l'existence du verbe *négatif* n'exclue pas un emploi *au négatif* du verbe affirmatif. Par exemple:

| ne pas plaire | déplaire |
| ne pas approuver | désapprouver * |

De même dans les phrases suivantes les verbes «ordinaires,» *être, avoir, faire, mettre,* etc., peuvent être remplacés par d'autres verbes plus précis et plus évocateurs:

Ce romancier *a* une excellente réputation.
Ce romancier *jouit* d'une excellente réputation.
Je ne vais *rien dire*.
Je vais me *taire*.
Elle *est* toujours à la même adresse.
Elle *demeure* toujours à la même adresse.
Je ne *ferai* pas beaucoup d'argent ici.
Je ne *gagnerai* pas beaucoup d'argent ici.
Il y a une rivière près de mon bureau.
Une rivière *coule* près de mon bureau.
Je *mets* du beurre sur le pain.
J'étale du beurre sur le pain.

2. Analyser la composition du mot.

Les mots:

bienvenu	est composé de	*bien* et de *venu*
enlacer	" " "	*en* (dans, autour de) et de *lacer*
maladroit	" " "	*mal* et *adroit*
parcourir	" " "	*par* (partout) et de *courir*
pressentir	" " "	*pre* (avant) et de *sentir*
		etc.

Les expressions:
    un va-nu-pieds
    le qu'en-dira-t-on
    un tête-à-tête
    etc.

* Les deux derniers mots sont purement négatifs, tandis que les expressions qui conservent la forme affirmative en lui ajoutant la négation *ne pas* accentuent la force de la négation. Le choix de l'une ou de l'autre de ces expressions dépend des intentions de l'écrivain.

3. Se rappeler que le même mot peut avoir des sens assez différents les uns des autres selon *son emploi* (voir chapitre I) ou *sa position* dans la phrase.

>Ex. un homme brave (a brave man)
>un brave homme (a good man)

4. Éviter les lourdeurs

Nous avons vu que la répétition des sons peut servir à enrichir le style. Il en est de même de la répétition des mots (qui forment un ensemble de sons). En effet considérons les exemples suivants:

>«Ronceveaux! Roncevaux! dans ta sombre vallée
>L'ombre du grand Roland n'est donc pas consolée!» (Vigny)

La répétition du mot *Roncevaux* nous indique la grandeur et l'importance de la tragédie qui se déroula dans cette vallée où le vaillant Roland trouva la mort.

>«O les siècles et les siècles sur cette ville» (Verhaeren)

La répétition du mot *siècles* évoque le long passé de la ville, un passé qui lui pèse peut-être.

Toutefois la répétition non justifiée des sons et des mots ne fait qu'alourdir la phrase.

Ainsi:

>Il faut avouer *que* l'homme *qui* est à la porte et *qui* m'a souri lors*que* je l'ai regardé a *que*l*que* chose d'attirant et *que* j'aimerais bien savoir *qui* il est.

La répétition des sons *que* à si peu d'intervalle est désagréable; la répétition du pronom relatif *qui* alourdit une phrase beaucoup trop longue.

>Elle avait un *cou court* qui l'enlaidissait encore.
>Ce qui m'a *plu le plus*,* c'est qu'il a refusé de se dédire.

La répétition à brève distance de *cou* et de *plu* est maladroite et prête à sourire.

Remarquez: A une proposition relative, on peut souvent substituer:

1. un substantif en apposition, seul ou suivi d'un complément.

>Rimbaud, *qui a écrit Une Saison en enfer,* est mort jeune.
>Rimbaud, *l'auteur d'Une Saison en enfer,* est mort jeune.

2. un adjectif, seul ou suivi d'un complément.

>Cet amour *qui n'a duré qu'un court moment* l'a sauvée malgré tout.
>Cet amour *éphémère* l'a sauvée malgré tout.

* Le *s* se prononce.

Chapitre 3: Style

3. un participe employé comme adjectif.

L'assassinat, *qui a eu lieu* en plein jour, a bouleversé le monde qui ne s'en est pas encore remis.

L'assassinat *survenu* en plein jour a bouleversé le monde qui ne s'en est pas encore remis.

4. un possessif suivi d'un nom.

L'amour qu'il éprouve pour vous ira grandissant, que vous le vouliez ou non.

Son amour pour vous ira grandissant, que vous le vouliez ou non.

EXERCICES

I. Traduisez les phrases suivantes et substituez à chaque verbe en italique *un verbe plus précis:*
1. He *was* not at school this morning.
2. Today Paul *has* his new tie.
3. He *made* a serious mistake by walking in the door.
4. In this field he *has* an excellent reputation.
5. *There was* a roaring fire in the fireplace.
6. Between the mountains *there is* a stream.
7. Tears *are* on his cheeks.

II. Cherchez une traduction adéquate des verbes en italique:

A. 1. Exemple: I am going to *get off* at the next corner.—descendre
2. He *got away* before I could speak to him.
3. He *got* all his money *back*.
4. *Get down* on your knees!
5. *Get on* the chair and fix the window.
6. *Get out* of this house!
7. He knows how to *get around*.
8. He *got through* the crowd and finally *got to* the pre-enrollment room.
9. I usually *get up* at 8.
10. Why don't we *get together* on Saturday?
11. She and I just don't *get along*.

B. 1. Exemple: "*Come in*," said the spider to the fly.—Entrez!
2. Have you *come across* my book?
3. Good night, and *come again*.
4. His suitcase fell down the stairs and *came apart*.
5. *Come back*, I still love you.
6. *Come down* for breakfast at 6.
7. *Come forward* and confess your crime.
8. *Come on*, boys! Where is your spirit?
9. *Come out* of the house!

54 UN CERTAIN STYLE

C. 1. Exemple: *Go after* her; she forgot her purse.—Rattrape-la . . .
   2. *Go away* from my window.
   3. *Go back* home, you are not needed any more.
   4. I love to watch the people *go by*.
   5. He *went through* the window and broke his arm.
   6. I would like *to go to* the movies with you tonight.

D. 1. Exemple: *Take* the picture *down* from the wall.—Décrochez . . .
   2. He *took up* the piano last year.
   3. Enough of this foolishness, *take off your clothes!*
   4. *Take* me *out* to the ball game.
   5. His wife made his life miserable and he *took to* drinking.
   6. *Take* your hands *off* me!
   7. *Take* me in your arms.
   8. Let's *take* a walk.

E. 1. Exemple: *Give* me *back* what you took from me.—Rendez-moi . . .
   2. *Give* me your word.
   3. He had too many cars so he *gave* one *away*.
   4. Don't *give up* French.
   5. He *gave up* the idea of ever seeing her again.

F. 1. Exemple: Does your car *work*?—Votre voiture marche-t-elle?
   2. My father *works* day and night.
   3. *Call* me up tonight.
   4. She *called out* the window, "Help!"
   5. *Call* the waiter.

G. 1. Exemple: Will you *fix* supper tonight?—Préparerez-vous . . .
   2. *Fix* the tire on the car.
   3. The race was *fixed*.
   4. The sight of the accident was *fixed* in his memory.
   5. Have you *fixed* up your apartment?
   6. The date is not yet *fixed*.

H. 1. Exemple: I was *carried away* by the opera.—enthousiasmé, transporté de joie
   2. He *carried* a load of furniture *to* the dump.
   3. *Carry* your head high.
   4. *Carry on!*

I. 1. Exemple: He *broke* a dish.—cassa (a cassé)
   2. That wicked man *broke* the young girl's heart.
   3. He *broke out* of prison.
   4. After the sad story, he *broke out* in tears.
   5. The car *broke down* and we *put off* our trip.

Chapitre 3: Style   **55**

J. 1. Exemple: *Bring* it to me.—Apportez-le-moi.
    2. This *brought* tears to his eyes.
    3. *Bring* him too!
    4. *Did you get* the groceries?
    5. He *got* ten years in prison.
    6. He *got* her to open the window.
    7. Go *get* your hat.

III. Substituez aux verbes et expressions en italique des verbes plus précis. Supprimez les expressions et les verbes en italique là où vous pourrez le faire sans changer le sens de la phrase.

    Le père et la mère de Julien habitaient un château *qui était* au milieu des bois et *qui était* sur la pente d'une colline.

    Les quatre tours aux angles avaient des toits pointus *qui étaient* recouverts d'écailles de plomb, et la base des murs *était* sur les quartiers de rocs qui *allaient* abruptement jusqu'au fond des douves.

    Les pavés de la cour étaient nets comme le dallage d'une église. De longues gouttières, figurant des dragons la gueule en bas, *faisaient aller* l'eau des pluies vers la citerne; et sur le bord des fenêtres, à tous les étages, dans un pot d'argile peinte, *il y avait* un basilic ou un héliotrope.

    Une seconde enceinte, faite de pieux, *avait* d'abord un verger d'arbres à fruits, ensuite un parterre où des combinaisons de fleurs *faisaient des chiffres,* puis une treille avec des berceaux pour prendre le frais, et un jeu de mail qui *était* pour le divertissement des pages. De l'autre côté *il y avait* le chenil, les écuries, la boulangerie, le pressoir et les granges. Un pâturage de gazon vert *était* tout autour, enclos lui-même d'une forte haie d'épines.

    On *était* en paix depuis si longtemps que la herse ne s'abaissait plus; les fosses étaient pleines d'eau; des hirondelles faisaient leur nid dans la fente des créneaux; et l'archer, qui tout le long du jour *allait* sur la courtine, dès que le soleil *était* trop fort *allait* dans l'échauguette, et s'endormait comme un moine.

    A l'intérieur, les ferrures partout reluisaient; des tapisseries dans les chambres *étaient une protection* contre le froid; et les armoires *étaient pleines* de linge, les tonnes de vin *étaient en grand nombre* dans les celliers, les coffres de chêne craquaient sous le poids des sacs d'argent.

                            D'après Flaubert, La Légende de Saint Julien l'Hospitalier, 1877

IV. Trouvez deux ou trois synonymes pour les mots en italique:

1. Louis XIV *songeait* à tout; il protégeait les Académies et *distinguait* ceux qui *se signalaient*. (Voltaire)

56 UN CERTAIN STYLE

2. L'absence n'est-elle pas pour qui aime la plus certaine, la plus efficace, la plus *vivace*, la plus indestructible, la plus fidèle des présences. (Proust)
3. Julien s'approcha d'elle *avec empressement;* il admirait ses bras si beaux qu'un châle jeté *à la hâte* laissait apercevoir. (Stendhal)
4. La fraîcheur de l'air du matin *semblait augmenter* encore l'éclat d'un teint que l'*agitation* de la nuit ne rendait que plus *sensible* à toutes les impressions. (Stendhal)
5. Les espérances les plus *ridicules* et les plus *hardies* ont été quelquefois la cause des *succès* extraordinaires. (Vauvenargues)
6. Elle *frémissait,* en soulevant de son haleine le papier de soie des gravures, qui se levait à demi plié et retombait doucement contre la page. (Flaubert)
7. Il faut même *tâcher* de faire en sorte qu'elles *s'étudient* à *parler* d'une manière *courte* et précise. (Fénelon)
8. Des causes *débattues* devant nous, le point *principal* est de savoir si Amour peut mourir par la mort de la *chose* aimée. (d'Urfé).
9. Le bon sens est *la chose* du monde la mieux partagée, car chacun pense en être si bien *pourvu* que ceux mêmes qui sont les plus difficiles *à contenter* en toute autre *chose* n'ont point coutume d'en désirer plus qu'il n'en ont. (Descartes)
10. *La solitude absolue,* la *spectacle* de la nature me *plongèrent* bientôt dans un état presque impossible *à décrire.* (Chateaubriand)

V. Dites en un mot.
1. remettre à un autre jour
2. prendre à nouveau
3. rendre sale
4. placer le dos contre
5. rendre plat
6. méditer à l'avance
7. rendre moindre
8. mettre en ligne
9. venir soudainement
10. rendre plus long
11. faire des dommages
12. dont on ne peut se dispenser
13. qu'on ne peut accepter
14. qu'on ne peut croire
15. qu'on ne peut résoudre
16. quelqu'un qui n'est pas sain d'esprit
17. quelqu'un qui ne se laisse pas toucher par le malheur des autres
18. quelqu'un qui n'est pas honnête
19. quelqu'un qui ne peut s'empêcher de voler
20. quelqu'un qui ne peut jamais se corriger

VI. Le dialogue suivant contient des lourdeurs et des combinaisons de mots parfois malheureuses. Récrivez-le dans une langue plus choisie:

— Qui est cet homme distingué que je vois dans la boutique et qui paraît inquiet?
— C'est un homme qui écrit. Il a écrit *Les Mémoires d'un jeune homme dissipé*.
— Sachant cela, je vais avoir une conversation animée avec lui car le livre que vous me dites qu'il a écrit m'a passionné.

La Traduction et ses difficultés

1. Classez les traductions selon leur fidélité au texte original.
2. Classifiez les cinq erreurs de traduction les plus graves par ordre d'importance.
3. Quelle traduction est la plus mauvaise, et pourquoi?
4. Lesquelles vont jusqu'à trahir les idées de l'auteur?
5. Quel est la traduction dont la cadence se rapproche le plus de celle du passage anglais?
6. Une de ces traductions pourrait-elle être appréciée pour elle-même?
7. Donnez votre propre version de ce passage.

Romeo and Juliet (Act II, Scene ii)

Juliet   By whose direction found'st thou out this place?
Romeo By love, who first did prompt me to inquire;
           He lent me counsel and I lent him eyes.
           I am no pilot; yet, wert thou as far
           As that vast shore wash'd with the farthest sea,
           I would adventure for such merchandise.
Juliet   Thou know'st the mask of night is on my face,
           Else would a maiden blush bepaint my cheek
           For that which thou hast heard me speak tonight.
           Fain would I dwell on form, fain, fain deny
           What I have spoke: but farewell compliment!
           Dost thou love me? I know thou wilt say "Ay,"
           And I will take thy word: yet, if thou swear'st,
           Thou mayst prove false; at lovers' perjuries,
           They say, Jove laughs. O gentle Romeo,

	If thou dost love, pronounce it faithfully:
	Or if thou think'st I am too quickly won,
	I'll frown and be perverse and say thee nay,
	So thou wilt woo; but else, not for the world.
	In truth, fair Montague, I am too fond,
	And therefore thou mayst think my 'haviour light:
	But trust me, gentleman, I'll prove more true
	Than those that have more cunning to be strange.
	I should have been more strange, I must confess,
	But that thou overheard'st, ere I was ware,
	My true love's passion; therefore pardon me,
	And not impute this yielding to light love,
	Which the dark night hath so discovered.
Romeo	Lady, by yonder blessed moon I swear
	That tips with silver all these fruit-tree tops—
Juliet	O, swear not by the moon, the inconstant moon,
	That monthly changes in her circled orb,
	Lest that thy love prove likewise variable.
Romeo	What shall I swear by?
Juliet	Do not swear at all;
	Or, if thou wilt, swear by thy gracious self,
	Which is the god of my idolatry,
	And I'll believe thee.

William Shakespeare

I.

Juliette	Encore une fois, qui t'a servi de guide pour t'introduire dans ce jardin?
Roméo	L'Amour. Il m'a prêté son génie, et je lui ai prêté mes yeux. — Je n'ai point appris l'art du Pilote; mais fusses-tu au-delà de ce vaste rivage, environnée de la plus vaste mer, je m'exposerois sur les flots pour conquérir un si rare trésor.
Juliette	Sans ce voile des ténèbres qui couvre mon visage, tu verrois le rouge de la pudeur enflammer mes joues au souvenir du secret que tu m'as entendu confier à la nuit. Je voudrois bien avoir été moins franche. Oui, je voudrois, je voudrois pouvoir nier l'aveu qui m'est échappé. — Mais loin de moi ces vains détours. M'aimes-tu? Je sais que tu vas ré-

pondre, oui: et je recevrai ton aveu avec joie . . . Mais
ne fais point de sermens; ils ne t'empêcheroient pas de devenir perfide: les parjures des Amans passent pour des
jeux de l'Amour. Cher Roméo! si tu m'aimes, déclare-le
avec bonne foi. — Peut-être trouves-tu que je me suis trop
facilement rendue: hé bien, il m'est facile de prendre un
front plus sévère, et de te répondre, non; si ces formes te
plaisent davantage: mais autrement, je ne rétracterois pas
mon aveu pour tout l'Univers. — En vérité, beau Montaigu,
je suis trop tendre, et tu pourrois craindre que ma conduite
ne devînt légère. Mais fie-toi à moi, noble jeune homme;
tu me trouveras plus fidèle que celles qui mettent plus d'art
à paroître indifférentes. Oui, j'aurois dû être plus réservée:
il faut que je l'avoue: mais l'aveu que tu as entendu par
surprise, avant que je fusse sur mes gardes, n'en est pas
moins l'expression échappée à mon sincère amour; ainsi
pardonne-moi, c'est la nuit qui m'a trahie, qui t'a dévoilé
mes sentiments: ne juge donc pas sur ma trop facile défaite
que mon amour deviendra léger.

Juliette   Juliette, je prends à témoin cet astre sacré dont la lumière
argente les cimes de ces arbres fruitiers.

Roméo   Ah! ne jure point par cet astre inconstant qui change tous
les mois: je craindrois que ton amour ne devînt comme lui.

Roméo   Et par quel serment . . .

Juliette   Ne fais point de serment: ou si tu veux en faire, jure par
ton aimable personne, par toi, qui es le Dieu que j'idolâtre,
et je te croirai.

Pierre Letourneur, 1778

II.

Juliette   Quel est celui qui t'a enseigné la direction de cette place?

Roméo   C'est l'Amour, qui m'a excité à la découvrir; il m'a prêté ses
conseils, et je lui ai prêté mes yeux. Je ne suis pas pilote;
cependant fusses-tu aussi éloignée que le vaste rivage baigné
par la plus lointaine mer, je m'aventurerais pour une
marchandise telle que toi.

Juliette   Le masque de la nuit est sur mon visage, tu le sais, sans cela
une rougeur virginale colorerait mes joues pour les paroles

	que tu m'as entendu prononcer ce soir. Volontiers, je voudrais m'attacher aux convenances; volontiers, volontiers, nier ce que j'ai dit: mais adieu, les cérémonies! M'aimes-tu? je sais que tu vas dire oui, et je te prendrai au mot: cependant, si tu jures, tu peux te montrer menteur; et l'on dit que Jupiter rit des parjures des amants. O gentil Roméo, si tu m'aimes, déclare-le loyalement: cependant, si tu pensais que je suis trop aisément conquise, eh bien, je serai mutine, je froncerai le sourcil, je dirai non, pour te donner occasion de me supplier; autrement, pour rien au monde, je ne le ferais. La vérité, beau Montaigu, est que je suis trop folle; mais crois-moi gentilhomme, je me montrerai plus sincère que celles qui ont plus d'artifice pour être réservées. J'aurais été plus réservée cependant, je dois l'avouer, si à mon insu, tu n'avais pas surpris l'expression passionnée de mon sincère amour: pardonne-moi donc, et n'impute pas cette promptitude à la légèreté de mon amour que cette nuit ténébreuse t'a révélé ainsi.
Roméo	Dame, je jure par cette lune charmante qui là-bas pose une pointe d'argent sur les cimes de tous ces arbres à fruit . . .
Juliette	Oh! ne jure pas par la lune, par la lune inconstante, qui change tous les mois dans l'orbe de sa sphère, de crainte que ton amour ne se montre à l'épreuve aussi variable qu'elle.
Roméo	Par quoi jurerai-je?
Juliette	Ne jure pas du tout, ou si tu veux jurer, jure par ta gracieuse personne, divinité de mon coeur idolâtre, et je te croirai.

Émile Montégut, 1870

III.

Juliette	Qui t'a indiqué cet endroit?
Roméo	L'amour qui le premier m'a encouragé dans mes recherches; il a été mon conseiller et mon guide. Je ne suis point un pilote; pourtant, serais-tu aussi éloignée que la vaste côte baignée par la mer la plus lointaine, je m'aventurerais pour un pareil trésor!
Juliette	Le masque de la nuit dissimule ma figure, sans cela une rougeur virginale couvrirait ma joue, pour les paroles que tu m'as entendu prononcer cette nuit. Je voudrais garder la

bienséance. Je voudrais nier ce que j'ai dit. Tant pis pour la bienséance! M'aimes-tu? Je sais que tu vas répondre oui et je te croirai sur parole. Si tu le jurais tu pourrais trahir ton serment et Jupiter, dit-on, se moque des parjures. Ah! gentil Roméo, si tu m'aimes, dis-le franchement. Si tu estimes que je sois un gain trop facile, je prendrai un air courroucé, je me ferai méchante et je te répondrai non afin que tu te donnes la peine de me conquérir. Autrement je ne serai à toi pour rien au monde. En vérité, beau Montague, je suis trop tendre et tu pourrais en conclure que ma conduite est légère. Mais, crois-moi, gentil seigneur, je me montrerai plus fidèle que celles qui affectent plus de froideur. J'aurais dû être plus réservée, je le confesse, mais ce que tu as entendu, avant que je fusse sur mes gardes, a été l'expression d'un amour véritable. Donc, pardonne-moi et n'impute pas à la légèreté de l'amour une faiblesse que l'ombre de la nuit m'a permis de t'avouer.

Roméo   Femme, je te jure par la lune sacrée qui argente la cime de ces arbres fruitiers . . .

Juliette   Ne jure pas par la lune! L'inconstante lune qui, chaque mois, change sa course circulaire! De peur que ton amour ne devienne aussi variable.

Roméo   Par quoi faut-il jurer?

Juliette   Ne jure pas du tout, ou, si tu y tiens, jure par ton gracieux être, devenu le dieu de mon idolâtrie et je te *croirai* . . .

Georges Duval, 1908

Thème

Dorian Gray glanced at the picture, and suddenly an uncontrollable feeling of hatred for Basil Hallward came over him,[1] as though it had been suggested to him by the image on the canvas, whispered into his ear by those grinning lips. The mad passions of a hunted animal stirred within him, and he loathed the man who was seated at the table more than in his whole life he had ever loathed anything. He glanced wildly around.

[1] Came over him: *s'empara de lui.*

Something glimmered on the top of the painted chest that faced him. His eye fell on it.[2] He knew what it was. It was a knife that he had brought up, some days before, to cut a piece of cord, and had forgotten to take away with him. He moved slowly toward it, passing Hallward as he did so.[3] As soon as he got behind him, he seized it, and turned round. Hallward stirred in his chair as if he was going to rise.[4] He rushed at him, and dug the knife into the great vein that is behind the ear, crushing the man's head down on the table, and stabbing again and again.[5]

There was a stifled groan [6] and the horrible sound of someone choking with blood. Three times [7] the outstretched arms shot up [8] convulsively, waving grotesque, stiff-fingered hands in the air. He stabbed him twice more, but the man did not move. Something began to trickle on the floor. He waited for a moment, still pressing the head down. Then he threw the knife on the table and listened.

Oscar Wilde, *The Picture of Dorian Gray,* 1891

[2] *Son oeil s'y fixa.*
[3] As he did so: *au passage.*
[4] As if . . . rise: *comme pour se lever.*
[5] Again and again: *à coups redoublés.*
[6] Stifled groan: *gémissement sourd.*
[7] Employez *à trois reprises.*
[8] Employez *se dressèrent.*

4
......

Lecture

Avant le meurtre

Le chat tigré, François, était assis sur son derrière, au beau milieu de la chambre. Grave, immobile, il regardait de ses yeux ronds les deux amants. Il semblait les examiner avec soin, sans cligner les paupières, perdu dans une sorte d'extase diabolique.

— Regarde donc François, dit Thérèse à Laurent, on dirait qu'il comprend et qu'il va ce soir tout conter à Camille . . . Dis, ce serait drôle, s'il se mettait à parler dans la boutique, un de ces jours; il sait de belles histoires sur notre compte . . .

Cette idée, que François pourrait parler, amusa singulièrement la jeune femme. Laurent regarda les grands yeux verts du chat, et sentit un frisson lui courir sur la peau.

— Voici comment il ferait, reprit Thérèse, il se mettrait debout, et, me montrant d'une patte, te montrant de l'autre, il s'écrierait: «Monsieur et madame s'embrassent très fort dans la chambre; ils ne se sont pas méfiés de moi, mais comme leurs amours criminelles me dégoûtent, je vous prie de les faire mettre en prison tous les deux; ils ne troubleront plus ma sieste.»

Thérèse plaisantait comme un enfant, elle mimait le chat, elle allongeait les mains en façon de griffes, elle donnait à ses épaules des ondulations félines. François, gardant une immobilité de pierre, la contemplait toujours; ses yeux seuls paraissaient vivants; et il y avait, dans les coins de toujours; ses yeux seuls paraissaient vivants; et il y avait, dans les coins de sa gueule, deux plis profonds qui faisaient éclater de rire cette tête d'animal empaillé.

Laurent se sentait froid aux os. Il trouva ridicule la plaisanterie de Thérèse. Il se leva et mit le chat à la porte. En réalité, il avait peur.

Émile Zola, *Thérèse Raquin*.

La Nuit du mariage de Thérèse et de Laurent

[Plus de quinze mois après le meurtre Thérèse et Laurent se marient en espérant se défendre mutuellement contre le souvenir du noyé.] Comme [Laurent] se trouvait devant la cheminée, il entendit une sorte de grattement. Il pâlit, il s'imagina que ce grattement venait du portrait, que Camille descendait de son cadre. Puis il comprit que le bruit avait lieu à la petite porte donnant sur l'escalier. Il regarda Thérèse que la peur reprenait.

— Il y a quelqu'un dans l'escalier, murmura-t-il. Qui peut venir par là?

. . . Pendant près de cinq minutes, ils n'osèrent bouger. Enfin un miaulement se fit entendre. Laurent, en s'approchant, reconnut le chat tigré de madame Raquin, qui avait été enfermé par mégarde dans la chambre, et qui tentait d'en sortir en secouant la petite porte avec ses griffes. François eut peur de Laurent; d'un bond, il sauta sur une chaise; le poil hérissé, les pattes roidies, il regardait son nouveau maître en face, d'un air dur et cruel. Le jeune homme n'aimait pas les chats, François l'effrayait presque. Dans cette heure de fièvre et de crainte, il crut que le chat allait lui sauter au visage pour venger Camille. Cette bête devait tout savoir: il y avait des pensées dans ses yeux ronds, étrangement dilatés. Laurent baissa les paupières, devant la fixité de ces regards de brute.

Émile Zola, *Thérèse Raquin*.

Quelques mois plus tard

[Laurent] avait une haine particulière pour le chat tigré François qui, dès qu'il arrivait, allait se réfugier sur les genoux de Madame Raquin paralysée. Si Laurent ne l'avait pas encore tué, c'est qu'à la vérité il n'osait le saisir. Le chat le regardait avec de gros yeux ronds d'une fixité diabolique. C'étaient ces yeux, toujours ouverts sur lui, qui exaspéraient le jeune homme; il se demandait ce que lui voulaient ces yeux qui ne le quittaient pas; il finissait par avoir de véritables épouvantes, s'imaginant des choses absurdes. Lorsqu'à table, à n'importe quel moment, au milieu d'une querelle ou d'un long silence, il venait tout d'un coup, en tournant la tête, à apercevoir les regards de François qui l'examinait d'un air lourd et implacable, il pâlissait, il perdait la tête, il était sur le point de crier au chat: «Hé! parle donc, dis-moi enfin ce que tu me veux!» Quand il pouvait lui écraser une patte ou la queue, il le faisait avec une joie effrayée, et alors le miaulement de la pauvre bête le remplissait d'une vague terreur, comme s'il eût entendu le cri de douleur d'une personne. Laurent, à la lettre, avait peur de François. Depuis surtout que ce dernier vivait sur les genoux de l'impotente, comme au sein d'une forteresse inexpugnable, d'où il pouvait impunément braquer ses yeux verts sur son ennemi, le meurtrier de Camille établissait une vague ressemblance entre cette bête irritée et la paralytique. Il se disait que le chat, ainsi que madame Raquin, connaissait le crime et le dénoncerait, si jamais il parlait un jour.

Un soir enfin, François regarda si fixement Laurent, que celui-ci, au comble de l'irritation, décida qu'il fallait en finir. Il ouvrit toute grande la fenêtre de la salle à manger, et vint prendre le chat par la peau du cou. Madame Raquin comprit; deux grosses larmes coulèrent sur ses joues. Le chat se mit à jurer, à se roidir, en tâchant de se retourner pour mordre la main de Laurent. Mais celui-ci tint bon; il lui fit faire deux ou trois tours, puis l'envoya de toute la force de son bras contre la grande muraille noire d'en face. François s'y aplatit, s'y cassa les reins, et retomba sur le vitrage du passage. Pendant toute la nuit, la misérable bête se traîna le long de la gouttière, l'échine brisée, en poussant des miaulements rauques. Cette nuit-là, madame Raquin pleura François presque autant qu'elle avait pleuré Camille; Thérèse eut une atroce crise de nerfs. Les plaintes du chat étaient sinistres, dans l'ombre, sous les fenêtres.

[Madame Raquin se rend enfin compte que Thérèse et Laurent ont tué son fils mais elle ne peut dénoncer les coupables car elle est paralysée. Muette, elle va assister aux querelles des époux qui en arrivent à vouloir s'entreassassiner. Finalement Thérèse et Laurent s'empoisonnent ensemble devant Madame Raquin qui les écrase de «regards lourds».]

Émile Zola, *Thérèse Raquin*.

QUESTIONNAIRE

Questions précises:

1. «Voici comment il ferait . . . ma sieste.» Pourquoi Thérèse plaisante-t-elle ainsi? Qu'est-ce que Zola veut nous révéler de son personnage?

66 UN CERTAIN STYLE

2. La peur que ressent Laurent à l'égard de François avant le meurtre est-elle compréhensible?
3. Pourquoi a-t-il peur du chat après le meurtre? Qu'est-ce que ce dernier représente pour lui?
4. Pourquoi l'auteur emploie-t-il l'expression «cette tête d'animal empaillé»?
5. Laurent est-il sadiste? est-il masochiste?
6. Pour quelles raisons Zola décrit-il en détails la fin horrible du chat?

Questions générales:

1. Quel est le rôle du chat dans l'histoire?
2. Pourquoi Zola a-t-il choisi cet animal plutôt qu'un autre?
3. Trouvez-vous vraisemblable la réaction de Laurent devant le chat?
4. Relevez les mots ou expressions qui décrivent les yeux ou le regard de François.
5. Commentez la progression dans la description de ces yeux et de ce regard. A quoi sert-elle?
6. Relevez les expressions du remords dans cet extrait.

Vocabulaire:

1. Étudiez de près le *sens* des mots en italique. Faites entrer dans une nouvelle phrase chacun de ces mots en les employant dans le même sens.
(a) «Il semblait les examiner avec soin, (. . .), *perdu* dans une sorte d'*extase diabolique.*»
(b) «Cette idée, (. . .), amusa *singulièrement* la jeune femme.»
(c) «Laurent avait une haine *particulière* pour le chat tigré François. . . .»
(d) «Laurent *se sentait froid aux os.*»
(e) «Laurent, *à la lettre,* avait peur de François.»

2. Donnez les *synonymes* des mots en italique. Faites entrer chacun de ces mots dans une nouvelle phrase. Marquez clairement les écarts de signification.
(a) «. . . il sait de belles histoires *sur notre compte.* . . .»
(b) «François, gardant une immobilité de pierre, la *contemplait* toujours. . . .»
(c) «Laurent (. . .) reconnut le chat tigré de Madame Raquin, qui avait été enfermé *par mégarde* dans la chambre. . . .»
(d) «. . . il *était sur le point de* crier au chat. . . .»
(e) «. . . François qui l'examinait d'un air *lourd* et *implacable.* . . .»

Analyse de la phrase:

1. Analysez *la fonction* des mots et expressions en italique:
(a) «*Dans cette heure de fièvre et de crainte,* il crut que *le chat* allait lui *sauter au visage* pour venger *Camille.*»
(b) «. . . li *lui* fit faire *deux ou trois tours,* puis *l'*envoya de toute la force *de son bras contre* la grande muraille noire *d'en face.*»

2. Relevez dans la dernière partie du texte (Laurent avait une haine . . .) les exemples de répétition de sons, et expliquez-en les effets.

Style

La Proposition

Considérons la phrase de Zola: «Le chat tigré suivait ses maîtres en ronronnant.»

Supposons que l'auteur ait écrit seulement le nom *chat*. Ainsi isolé le mot est encore identifiable: l'image familière d'un chat surgit en notre esprit accompagné de sentiments plus ou moins conscients (tendresse, peur, irritation, etc.), mais, hors de tout contexte, cette immédiate identification «physique» et «psychologique» est sans portée.

L'auteur va donc nous aider à compléter l'identification. Il *introduit* le mot *chat* à l'aide de l'article défini qui nous rappelle que l'animal nous est familier (c'est *le* chat, non pas *un* chat); il le *qualifie* (le chat *tigré*) et l'*anime* en nous décrivant ce que fait ce chat (le chat tigré *suivait*), qui il suivait (le chat tigre suivait *ses maîtres*) et comment il les suivait (le chat tigré suivait ses maîtres *en ronronnant*.) C'est autour du mot *suivait* que s'anime, que s'organise la phrase. Cette phrase est «un groupe de mots révélant un dessein intelligible de communication suivi d'une pause»*; on l'appelle aussi proposition.† Le *verbe* permet donc d'introduire la proposition et *il y a autant de propositions dans la phrase qu'il y a de verbes.*

LA PROPOSITION SIMPLE

1. La proposition à *un terme:*

   Fuir?
   Chantons!

2. La proposition à *deux termes:*

   sujet　　*verbe*
   Le chat/　　mangeait.
   (1er terme)　(2ième terme)

---

* Alan H. Gardiner; cité par Grevisse, p. 118.
† Une phrase peut être composée d'une ou de plusieurs propositions.

3. La proposition à *trois termes:*

sujet	verbe	complément
Le chat/	mangeait/	la souris. (objet)
Le chat/	était nourri/	par son maître. (agent)
Le chat/	s'endormit/	sur une chaise. (circonstanciel)
Le chat/	était/	tigré. (attribut)

4. La proposition à *quatre termes:*

sujet	verbe	complément	attribut du compl. d'objet
Le chat/	trouvait/	son maître/	désagréable.

Nous constatons qu'autour du verbe se groupent des termes qui sont en rapport avec les fonctions verbales.

La proposition simple se compose donc d'un SUJET introduit par un article mais non qualifié par d'autres mots ou groupes de mots (*le chat*, non pas *un gros chat tigré*), suivi d'un VERBE et d'un COMPLÉMENT simple (c'est-à-dire un mot exerçant la fonction de complément introduit par un ou des mots d'identification grammaticale — ainsi: *la souris, par son maître*) accompagné ou non de son attribut.

Les propositions ci-dessus sont aussi appelées *indépendantes* car elles ne dépendent pas les unes des autres. A cet effet comparer:

Le chat mange la souris.

avec: Le chat mangea la souris *qui s'était aventurée dans la pièce*. (*qui*, pronom relatif introduit une proposition relative subordonnée à la première que l'on nomme *principale*).

EXERCICES

1. Relevez toutes les *propositions simples* figurant dans la première partie de cet extrait.
2. En employant le vocabulaire des lectures, I, II et III composez deux propositions à *un terme* puis à *deux, trois, et quatre termes.*

LA PROPOSITION COMPLEXE

Propositions indépendantes (*phrases simples*)

Le terme *sujet* et le terme *complément* peuvent s'enrichir de mots ou de groupes de mots qui les précisent:

1. Enrichissement du terme sujet par les fonctions nominales:

Chapitre 4: Style 69

Un gros chat tigré, accroupi sur l'angle du comptoir/
sujet

                          regardait/   Mme Raquin.
                          verbe   complément

Le terme sujet se compose de l'article indéfini *un* qui introduit le sujet, du sujet proprement dit, de ses épithètes *gros* et *tigré* et de son apposition *accroupi sur l'angle du comptoir*.

2. Enrichissement du terme complément par les fonctions nominales et verbales:

Un gros chat tigré, accroupi sur l'angle du comptoir/
sujet

                          regardait/   *la vieille* Mme Raquin *habillée de noir*.
                          verbe   complément

Le terme complément se compose de l'article défini *la* qui introduit le complément, de l'épithète *vieille* qui le qualifie, du complément proprement dit et de l'apposition *habillée de noir*.

Un gros chat tigré, accroupi sur l'angle du comptoir/
sujet

                          regardait/   *méchamment* la vieille Mme Raquin.
                          verbe   complément

Le terme complément se compose du complément circonstanciel de manière *méchamment,* de l'article défini *la,* de l'épithète *vieille* suivie du complément proprement dit.

EXERCICES

1. Enrichissez le terme *sujet* des propositions indépendantes suivantes par des *fonctions nominales:*
(a) Le soleil brûlait les places et les rues de rayons fauves.
(b) La pièce paraissait nue.
(c) Les chevaux râlent.
(d) Mon compagnon tomba de cheval la tête en avant.

2. Enrichissez le terme *complément* des propositions indépendantes suivantes par des *fonctions nominales* et *verbales:*
(a) Il ressemblait à un enfant gâté.
(b) Le logement se composait de trois pièces.
(c) Soudain un de ces hommes poussa une sorte de cri.
(d) Je traversais les grandes dunes.

Propositions principales et propositions subordonnées (*phrase complexes*)

Dans la phrase simple les fonctions *sujet, complément,* et *attribut* sont exercées par un mot ou un groupe de mots. Dans la phrase complexe ces fonctions peuvent être exercées par des propositions dites *subordonnées* qui enrichissent le terme sujet et/ou le terme complément (ou attribut).

Ces subordonnées peuvent être:

conjonctives
«*lorsque le soleil brûlait les places* (. . .) on distinguait (. . .) un profil pâle et grave de jeune femme.»

relatives
«Ce profil sortait vaguement des ténèbres *qui régnaient dans la boutique.*»

interrogatives
Elle ne savait pas *comment elle pourrait se débarrasser de lui.*

infinitives
Le chat regardait Madame Raquin *dormir.*

participes
Madame Raquin, *s'étant réveillée,* vit le chat qui la regardait.

Remarque: pour reconnaître une proposition infinitive ou participe il faut transformer l'infinitif ou le participe en une proposition relative:

Madame dormir = Madame Raquin qui dormait.
Madame Raquin s'étant réveillée = Madame Raquin qui s'était réveillée.

1. Enrichissement du terme sujet par la subordonnée.

   Un gros chat tigré/ *qui appartenait à Thérèse/* regardait/ Mme Raquin.
   Un gros chat tigré regardait Madame Raquin: proposition principale.
   qui appartenait à Thérèse: proposition subordonnée au sujet *un gros chat tigré* et introduite par le pronom relatif *qui.*

   Le gros chat tigré,/ *que Laurent détestait/* regardait/ Mme Raquin.
                   enrichissement

   Madame Raquin,/ *s'étant réveillée/* vit/ le chat/ qui la regardait.
   sujet   enrichissement verbe compl. enrichissement

2. Enrichissement du terme complément (ou attribut) par la subordonnée.

   Le chat/ regardait/ Madame Raquin/ *dormir.*
                                              enrichissement

Chapitre 4: Style 71

Un gros chat tigré/ regardait/ Madame Raquin/ *qui sommeillait.*
                                                                    enrichissement
Le gros chat tigré/ regardait/ Madame Raquin/ *que sa belle-fille détestait.*
                                                                    enrichissement

Remarque: la subordonnée peut constituer à elle-même le terme sujet ou le terme complément:

Ce que je vois/ est affreux.
L'ennui c'était/ *que Thérèse avait de plus en plus peur du chat.*

EXERCICES

1. En reprenant les exemples de l'exercice 1 qui précède (p. 69), enrichissez le *terme sujet* par *une subordonnée.*
2. En reprenant les exemples de l'exercice 2 qui précède, enrichissez le *terme complément* par *une subordonnée.*
3. Construisez cinq phrases dans lesquelles le terme sujet *et* le terme complément sont enrichis par des subordonnées diverses (conjonctives, relatives, infinitives, etc.).
4. En vous servant du vocabulaire du chapitre III, construisez des phrases qui comprendront successivement:
    une principale et une subordonnée conjonctive.
    une principale et une subordonnée relative.
    une principale et une subordonnée interrogative.
    une principale et une subordonnée infinitive.
    une principale et une subordonnée participe.

Les Rapports entre les diverses propositions

1. Les rapports qui s'établissent entre les propositions *principales:* Les propositions principales peuvent être JUXTAPOSÉES *ou* COORDONNÉES entre elles.

Tandis que Thérèse reste dans la boutique,/ son mari ouvre la porte,/ entre dans la chambre/ et se met au lit.
Tandis que Thérèse reste dans la boutique: proposition subordonnée.
son mari ouvre la porte, entre dans la chambre: propositions principales juxtaposées.
et se met au lit: proposition coordonnée à la précédente par la conjonction *et.*

2. Les rapports qui s'établissent entre les propositions *principales* et les propositions *indépendantes:* Les principales peuvent être JUXTAPOSÉES ou COORDONNÉS aux indépendantes.

Elle ouvrit la fenêtre, respira la nuit qui l'enveloppait et se mit à pleurer.

Elle ouvrit la fenêtre: indépendante
respira la nuit: principale juxtaposée à l'indépendante
qui l'enveloppait: proposition relative
et se mit à pleurer: indépendante coordonnée à la principale

3. Les rapports qui s'établissent entre les propositions *subordonnées:* Les subordonnées peuvent être JUXTAPOSÉES ou COORDONNÉES entre elles.

Il voyait/ que sa femme ne l'aimait plus,/ que sa mère ne le comprenait pas.

que sa femme ne l'aimait plus, subordonnée juxtaposée à la seconde subordonnée *que sa mère ne le comprenait pas.*

Il commit l'erreur de prendre la route/ qui menait au château/ et qui n'était plus entretenue.

et qui n'était plus entretenue, subordonnée coordonnée à la précédente par la conjonction *et.*

EXERCICE

Étudiez les rapports qui s'établissent entre les diverses propositions du dernier paragraphe de l'extrait.

La Traduction et ses difficultés

Problèmes particuliers

Then

Then peut se traduire par *alors, puis, ensuite, donc,* etc.

alors: at that time, in that case, so
    She ate too much and then she got sick.
    Elle a trop mangé et alors elle est tombée malade.

puis, ensuite: next
    He opens the door and then kisses Mary.
    Il ouvre la porte et puis (ensuite) il embrasse Marie.

puis: in addition
    He received many prizes and then they gave him twelve cows.
    Il a reçu beaucoup de prix et puis on lui a donné douze vaches.

donc: therefore, so
>You knew all the while then?
>Vous le saviez donc d'avance?

1. Il soupçonnait qu'elle l'avait trahi. Il entra dans sa chambre et lui fit confesser son infidélité: *alors* il la tua.
2. Il venait d'apprendre qu'elle l'avait trahi. Il entra dans sa chambre, ferma la porte à clef, lui fit confesser son infidélité: *puis* il la tua.
3. Il apprit qu'elle l'avait trahi: *donc* il la tua.

Dans le premier exemple l'accent est mis sur le moment même où le meurtre est commis; dans le second sur l'aboutissement d'une série d'actions (ou aurait pu tout aussi bien mettre *alors* mais de nouveau l'accent aurait porté sur le moment). Le troisième exemple est clair puisque *donc* exprime la conséquence directe d'une autre action.

Remarque: now and then veut dire *de temps en temps.*

Time

Time peut se traduire par *temps, fois, époque, siècle, moment,* etc.

temps: measurable duration
>Time is fleeing.
>Le temps s'envole.

fois: occasion
>The first time I saw Paris I hated it.
>La première fois que j'ai vu Paris je l'ai détesté.

époque, siècle:
>At that time Henry IV was in power.
>A cette époque Henri IV régnait.

moment:
>The best time to do it is the afternoon.
>Le meilleur moment pour le faire, c'est l'après-midi.

Remarquez les expressions suivantes:
>a long time: longtemps
>at the same time: en même temps
>every time: toutes les fois que
>from time to time: de temps en temps
>in time: à temps
>it is time to do something: il est temps de faire quelque chose
>on time: à l'heure
>what time is it?: quelle heure est-il?

Thus, also, so

thus, so (meaning *thus*): *ainsi*
>He did it thus (so).
>Il le fit ainsi.
>Thus, as we have seen in the preceding paragraph, France has had a very eventful history.
>Ainsi, comme nous l'avons vu dans le paragraphe précédent, la France a eu une histoire très mouvementée.

also: aussi
>He saw it also.
>Il le vit aussi.

Au commencement d'une phrase *aussi* veut dire *consequently* ou *so*.
>He had always refused to learn French. So he was incapable of speaking with the people he met in Paris.
>Il avait toujours refusé d'apprendre le français. Aussi fut-il incapable de parler avec les gens qu'il rencontra à Paris. (Pour l'inversion voir l'appendice grammaticale § 17, N.)

so: si (quand il modifie un adjectif, un adverbe, un participe passé)
>He runs so fast that I cannot keep up.
>Il court si vite que je ne puis le suivre.

so: tant (quand il modifie un verbe)
>I loved him so that I shall never forget him.
>Je l'aimais tant que je ne l'oublierai jamais.

Remarque 1: So signifiant *therefore* se traduit par *alors, donc*.

Remarque 2: Lorsque *so* représente un mot ou une idée déjà exprimée on se sert de *le:*
>He is handsome; at least she thinks so!
>Il est beau; du moins elle le pense!

When

When se traduit par *quand, lorsque* (plus littéraire), *où* (at the time when, at the moment when).
>When you arrive, please phone me.
>Lorsque (quand) vous arriverez, téléphonez-moi, s'il vous plaît.

Remarque: En français si l'on désire préciser le moment même où l'action se passe, l'expression *au moment où* peut traduire l'anglais *when*.
>When she expected it the least, he proposed.
>Au moment où elle s'y attendait le moins, il la demanda en mariage.

Chapitre 4: Thème

SINCE

Since se traduit par *depuis que* (conjonction) et *puisque* (conjonction).

depuis que:
>Since I've been here, I've been sick.
>Depuis que je suis ici, je suis malade.

puisque:
>Since you love me, I love you!
>Puisque tu m'aimes, je t'aime!

Thème

Upon my [1] touching him, he immediately arose, purred loudly, rubbed against my hand, and appeared delighted with my notice.[2] This, then, was the very creature of which I was in search. I at once offered to purchase it of the landlord; but this person made no claim to it—knew nothing of it—had never seen it before.

I continued my caresses, and when I prepared to go home, the animal evinced a disposition to accompany me. I permitted it to do so; occasionally stooping and patting it as I proceeded. When it reached the house it domesticated itself at once, and became immediately a great favorite with my wife.

For my own part, I soon found a dislike to it arising within me. This was just the reverse of what I had anticipated; but—I know not how or why it was—its evident fondness for myself rather disgusted and annoyed me. By slow degrees [3] these feelings of disgust and annoyance rose into the bitterness of hatred. I avoided the creature; a certain sense of shame, and the remembrance of my former deed of cruelty, preventing me from physically abusing it. I did not, for some weeks, strike, or otherwise violently ill use it; but gradually—very gradually—I came to look upon it with unutterable loathing, to flee silently from its odious presence, as from the breath of a pestilence.

Edgar Allan Poe, "The Black Cat," 1843

[1] Employez *quand je* . . .
[2] My notice = my attention.
[3] By slow degrees = little by little.

5

Lecture

[Dans les chapitres précédents nous avons analysé quatre passages extraits d'un roman d'Émile Zola. Dans ce chapitre nous verrons comment cinq auteurs différents se sont attaqués au problème de la jalousie.]

La Jalousie

LA PRINCESSE DE CLÈVES

. . . M. de Clèves reprenant la parole avec un ton qui marquait son affliction: «Et M. de Nemours, lui dit-il, ne l'avez-vous point vu ou l'avez-vous oublié?

— Je ne l'ai point vu, en effet, répondit-elle; je me trouvais mal et j'ai envoyé une de mes femmes lui faire des excuses.

— Vous ne vous trouviez donc mal que pour lui, reprit M. de Clèves. Puisque vous avez vu tout le monde, pourquoi des distinctions pour M. de Nemours? Pourquoi ne vous est-il pas comme un autre? Pourquoi faut-il que vous craigniez sa vue? Pourquoi lui laissez-vous voir que vous la craignez? Pourquoi lui faites-vous connaître que vous vous servez du pouvoir que sa passion vous donne sur lui? Oseriez-vous refuser de le voir si vous ne saviez bien qu'il distingue vos rigueurs de l'incivilité? Mais pourquoi faut-il que vous ayez des rigueurs pour lui? D'une personne comme vous, Madame, tout est des faveurs, hors l'indifférence.

— Je ne croyais pas, reprit Mme de Clèves, quelque soupçon que vous ayez sur M. de Nemours, que vous pussiez me faire des reproches de ne l'avoir pas vu.

— Je vous en fais pourtant, Madame, répliqua-t-il, et ils sont bien

76

Chapitre 5: Lecture

fondés. Pourquoi ne le pas voir s'il ne vous a rien dit? Mais, Madame, il vous a parlé; si son silence seul vous avait témoigné sa passion, elle n'aurait pas fait en vous une si grande impression. Vous n'avez pu me dire la vérité tout entière, vous m'en avez caché la plus grande partie; vous vous êtes repentie même du peu que vous m'avez avoué et vous n'avez pas eu la force de continuer. Je suis plus malheureux que je ne l'ai cru et je suis le plus malheureux de tous les hommes. Vous êtes ma femme, je vous aime comme ma maîtresse et je vous en vois aimer un autre. Cet autre est le plus aimable de la cour et il vous voit tous les jours, il sait que vous l'aimez. Eh! j'ai pu croire, s'écria-t-il, que vous surmonteriez la passion que vous avez pour lui. Il faut que j'aie perdu la raison pour avoir cru qu'il fût possible.

— Je ne sais, reprit tristement Mme de Clèves, si vous avez eu tort de juger favorablement d'un procédé aussi extraordinaire que le mien; mais je ne sais si je ne me suis trompée d'avoir cru que vous me feriez justice?

— N'en doutez pas, Madame, répliqua M. de Clèves, vous vous êtes trompée; vous avez attendu de moi des choses aussi impossibles que celles que j'attendais de vous. Comment pouviez-vous espérer que je conservasse de la raison? Vous aviez donc oublié que je vous aimais éperdument et que j'étais votre mari? L'un des deux peut porter aux extrémités: que ne peuvent point les deux ensemble? Eh! que ne sont-ils point aussi, continua-t-il; je n'ai que des sentiments violents et incertains dont je ne suis pas le maître. Je ne me trouve plus digne de vous, vous ne me paraissez plus digne de moi. Je vous adore, je vous hais, je vous offense, je vous demande pardon; je vous admire, j'ai honte de vous admirer. Enfin il n'y a plus en moi ni de calme ni de raison. Je ne sais comment j'ai pu vivre depuis que vous me parlâtes à Coulommiers et depuis le jour que vous apprîtes de Mme la Dauphine que l'on savait votre aventure. Je ne saurais démêler par où elle a été sue ni ce qui se passa entre M. de Nemours et vous sur ce sujet; vous ne me l'expliquerez jamais et je ne vous demande point de me l'expliquer. Je vous demande seulement de vous souvenir que vous m'avez rendu le plus malheureux homme du monde.»

Mme. de La Fayette, *La Princesse de Clèves,* 1678.

QUESTIONNAIRE

Questions précises:

1. Selon la première phrase, le ton marque l'affliction de M. de Clèves. Y a-t-il d'autres signes qui indiquent que M. de Clèves est affligé?

78 UN CERTAIN STYLE

2. «. . . pourquoi des distinctions pour M. de Nemours? . . . Mais pourquoi faut-il que vous ayez des rigueurs pour lui?» Qu'est-ce que cette série de questions nous indique? Comment Mme de Clèves y répond-elle? M. de Clèves est-il satisfait de ses réponses?

3. Qu'est-ce que M. de Clèves veut dire par «Je suis plus malheureux que je ne l'ai cru . . .»?

4. Qu'est-ce que les mots «Vous êtes ma femme, je vous aime comme ma maîtresse . . .» indiquent?

5. «Comment pouviez-vous espérer que je conservasse la raison? . . .» Y a-t-il une différence entre cette série de questions et la première? («. . . pourquoi des distinctions . . .»)

Questions générales:

1. Quelle est l'importance du «vous» dans ce passage?
2. La présence de l'auteur se fait-elle sentir? Où et comment?
3. Écrivez une courte phrase résumant le passage.
4. Quels mots sont répétés? A quel effet?
5. Pourquoi Mme de Clèves parle-t-elle si peu dans ce passage?

Vocabulaire:

1. Étudiez de près le *sens* des mots en italique. Faites entrer dans une nouvelle phrase chacun de ces mots en les employant dans le même sens.
(a) «. . . pourquoi des *distinctions* pour M. de Nemours?»
(b) «. . . il *distingue vos rigueurs* de l'incivilité?»
(c) «. . . je vous *admire*, j'ai honte de vous admirer.»

2. Donnez les *synonymes* des mots en italique. Faites entrer chacun de ces mots dans une nouvelle phrase. Marquez clairement les écarts de signification.
(a) «Je ne croyais pas . . . que vous pussiez me faire des *reproches* de ne l'avoir pas vu.»
(b) «Je ne sais . . . si vous avez eu tort de juger favorablement d'un *procédé* aussi *extraordinaire* que le mien. . . .»

3. Exprimez autrement la phrase: «Eh! que ne sont-ils point aussi . . .»

Analyse de la phrase:

1. Analysez la fonction de tous les mots de la phrase suivante: «Je ne saurais démêler par où elle a été sue ni ce qui se passa entre M. de Nemours et vous sur ce sujet.»

2. Analysez les propositions figurant dans les phrases suivantes: «Je ne me trouve plus digne de vous, vous ne me paraissez plus digne de moi. Je vous adore, je vous hais, je vous offense, je vous demande pardon; je vous admire, j'ai honte de vous admirer. Enfin il n'y a plus en moi ni de calme ni de raison. Je ne sais comment j'ai pu vivre depuis que vous me parlâtes à Coulommiers et depuis le jour que vous apprîtes de Mme la Dauphine que l'on savait votre

aventure. Je ne saurais démêler par où elle a été sue ni ce qui se passa entre M. de Nemours et vous sur ce sujet; vous ne me l'expliquerez jamais et je ne vous demande point de me l'expliquer. Je vous demande seulement de vous souvenir que vous m'avez rendu le plus malheureux homme du monde.»

3. En vous servant du vocabulaire de la lecture, composez cinq propositions simples; puis enrichissez leur terme sujet par *deux* subordonnées.

4. Relevez dans le dernier paragraphe les exemples de répétition de sons, et expliquez-en les effets.

Manon Lescaut

Un jour que j'étais sorti l'après-midi, et que je l'avais avertie que je serais dehors plus longtemps qu'à l'ordinaire, je fus étonné qu'à mon retour on me fît attendre deux ou trois minutes à la porte. Nous n'étions servis que par une petite fille qui était à peu près de notre âge. Étant venue m'ouvrir, je lui demandai pourquoi elle avait tardé si longtemps. Elle me répondit, d'un air embarrassé, qu'elle ne m'avait point entendu frapper. Je n'avais frappé qu'une fois; je lui dis: «Mais si vous ne m'avez pas entendu, pourquoi êtes-vous venue m'ouvrir?» Cette question la déconcerta si fort que, n'ayant point assez de présence d'esprit pour y répondre, elle se mit à pleurer en m'assurant que ce n'était point sa faute, et que madame lui avait défendu d'ouvrir la porte jusqu'à ce que M. de B . . . fût sorti par l'autre escalier qui répondait au cabinet. Je demeurai si confus, que je n'eus point la force d'entrer dans l'appartement. Je pris le parti de descendre, sous prétexte d'une affaire, et j'ordonnai à cette enfant de dire à sa maîtresse que je retournerais dans le moment, mais de ne pas faire connaître qu'elle m'eût parlé de M. de B . . .

Ma consternation fut si grande, que je versais des larmes en descendant l'escalier, sans savoir encore de quel sentiment elles partaient. J'entrai dans le premier café; et m'y étant assis près d'une table, j'appuyai ma tête sur mes deux mains, pour y développer ce qui se passait dans mon coeur. Je n'osais rappeler ce que je venais d'entendre. Je voulais le considérer comme une illusion; et je fus près, deux ou trois fois, de retourner au logis, sans marquer que j'y eusse fait attention. Il me paraissait si impossible que Manon m'eût trahi, que je craignais de lui faire injure en la soupçonnant. Je l'adorais, cela était sûr; je ne lui avais pas donné plus de preuves d'amour que je n'en avais reçu d'elle; pourquoi l'aurais-je accusée d'être moins sincère et moins constante que moi? Quelle raison aurait-elle eue de me tromper? Il n'y avait trois heures qu'elle m'avait accablé de ses plus tendres caresses et qu'elle avait reçu les miennes avec transport; je ne connaissais pas mieux mon coeur que le sien. «Non, non, repris-je, il n'est pas possible que Manon me trahisse. Elle n'ignore pas que je ne vis que pour elle; elle sait trop bien que je l'adore. Ce n'est pas là un sujet de me haïr.»

Cependant la visite et la sortie furtive de M. de B . . . me causaient de l'embarras. Je rappelais aussi les petites acquisitions de Manon, qui me semblaient surpasser nos richesses présentes. Cela paraissait sentir les libéralités d'un nouvel amant. Et cette confiance qu'elle m'avait marquée pour des ressources qui m'étaient inconnues? J'avais peine à donner à tant d'énigmes un sens aussi favorable que mon coeur le souhaitait. D'un autre côté, je ne l'avais presque pas perdue de vue depuis que nous étions à Paris. Occupations, promenades, divertissements, nous avions toujours été l'un à côté de l'autre: mon Dieu! un instant de séparation nous aurait trop affligés. Il fallait nous dire sans cesse que nous nous aimions; nous serions morts d'inquiétude sans cela. Je ne pouvais donc m'imaginer presque un seul moment où Manon pût s'être occupée d'un autre que moi.

A la fin, je crus avoir trouvé le dénoûment de ce mystère. «M. de B . . ., dis-je en moi-même, est un homme qui fait de grosses affaires et qui a de grandes relations; les parents de Manon se seront servis de cet homme pour lui faire tenir quelque argent. Elle en a peut-être déjà reçu de lui; il est venu aujourd'hui lui en apporter encore. Elle s'est fait sans doute un jeu de me le cacher, pour me surprendre agréablement. Peut-être m'en aurait-elle parlé si j'étais rentré à l'ordinaire, au lieu de venir ici m'affliger; elle ne me le cachera pas du moins lorsque je lui en parlerai moi-même.»

Je me remplis si fortement de cette opinion, qu'elle eut la force de diminuer beaucoup ma tristesse. Je retournai sur-le-champ au logis.

L'Abbé Prévost, *Histoire du Chevalier des Grieux et de Manon Lescaut,* 1731.

QUESTIONNAIRE

Questions précises:

1. Pourquoi «la petite fille» (c'est-à-dire la bonne) a-t-elle l'air embarrassée?
2. Pourquoi le jeune homme lui demande-t-il de ne rien répéter à Manon?
3. Pourquoi le jeune homme veut-il garder ses illusions?
4. Réussit-il à s'aveugler sur Manon?
5. Où l'histoire se déroule-t-elle? Que faisait ce Monsieur de B.?
6. Comment l'auteur traduit-il l'émotion du jeune homme?

Questions générales:

1. Écrivez une phrase courte résumant le passage.

2. Qui décrit? l'auteur? un narrateur? un des personnages?
3. Cette description est-elle objective du point de vue de celui qui décrit?
4. Quels sont les temps des verbes employés dans le passage?
5. L'auteur aurait-il pu choisir le présent de l'indicatif? Aurions-nous une impression différente de la situation?

Vocabulaire:

1. Étudiez de près le *sens* des mots en italique. Faites entrer dans une nouvelle phrase chacun de ces mots en les employant dans le même sens.
(a) «. . . je ne l'avais presque pas *perdue de vue* depuis que nous étions à Paris.»
(b) «M. de B. (. . .) est un homme (. . .) qui a de grandes *relations*.»
(c) «Elle *s'est fait sans doute un jeu* de me le cacher. . . .»

2. Donnez les *synonymes* des mots en italique. Faites entrer chacun de ces mots dans une nouvelle phrase. Marquez clairement les écarts de signification.
(a) «A la fin, je crus avoir trouvé le *dénoûment* de ce mystère.»
(b) «Je *retournai* sur-le-champ au *logis*.»

3. Quelles remarques pouvez-vous faire sur l'emploi du *nous* dans le passage: «D'un autre côté . . . d'un autre que moi»?

4. «. . . et m'y étant assis près d'une table, j'appuyai ma tête sur mes deux mains, pour y développer ce qui se passait dans mon coeur.» Que pouvez-vous dire à propos de l'emploi ici des *adjectifs possessifs*?

5. «Non, non, repris-je, il n'est pas possible que Manon me trahisse.» Valeur de ce *repris-je*?

6. Quelles remarques pouvez-vous faire sur l'emploi du participe présent dans la phrase: «Étant venue m'ouvrir, je lui demandai pourquoi elle avait tardé si longtemps»?

Analyse de la phrase:

1. Analysez du point de vue de leurs *fonctions* les mots en italique dans les phrases suivantes:
(a) «Ma consternation fut si *grande*, que je versais *des larmes en descendant l'escalier*, sans savoir encore de quel sentiment elles partaient.»
(b) «Elle me répondit, *d'un air embarrassé*, qu'elle ne m'avait point entendu frapper.»

2. Analysez *les propositions* figurant dans le passage suivant, p. 79: «Ma consternation fut si grande . . . ce que je venais d'entendre.»

ZADIG

Le malheur de Zadig vint de son bonheur même, et surtout de son mérite. Il avait tous les jours des entretiens avec le roi et avec Astarté, son auguste épouse. Les charmes de sa conversation redoublaient encore par cette envie de plaire qui est à l'esprit ce que la parure est à la beauté; sa jeunesse et ses grâces firent insensiblement sur Astarté une impression dont elle ne s'aperçut pas d'abord. Sa passion croissait dans le sein de l'innocence. Astarté se livrait sans scrupule et sans crainte au plaisir de voir et d'entendre un homme cher à son époux et à l'État, elle ne cessait de le vanter au roi; elle en parlait à ses femmes qui enchérissaient encore sur ses louanges; tout servait à enfoncer dans son coeur le trait qu'elle ne sentait pas. Elle faisait des présents à Zadig, dans lesquels il entrait plus de galanterie qu'elle ne pensait; elle croyait ne lui parler qu'en reine contente de ses services, et quelquefois ses expressions étaient d'une femme sensible.

. . . La familiarité d'Astarté, ses discours tendres, dont elle commençait à rougir, ses regards, qu'elle voulait détourner, et qui se fixaient sur les siens, allumèrent dans le coeur de Zadig un feu dont il s'étonna. Il combattit; il appela à son secours la philosophie qui l'avait toujours secouru; il n'en tira que des lumières, et n'en reçut aucun soulagement. Le devoir, la reconnaissance, la majesté souveraine violée, se présentaient à ses yeux comme des dieux vengeurs; il combattait, il triomphait; mais cette victoire, qu'il fallait remporter à tout moment, lui coûtait des gémissements et des larmes. Il n'osait plus parler à la reine avec cette douce liberté qui avait eu tant de charmes pour tous deux; ses yeux se couvraient d'un nuage; ses discours étaient contraints et sans suite : il baissait la vue; quand, malgré lui, ses regards se tournaient vers Astarté, ils rencontraient ceux de la reine mouillés de pleurs dont il partait des traits de flamme; ils semblaient se dire l'un à l'autre: «Nous nous adorons, et nous craignons de nous aimer; nous brûlons tous deux d'un feu que nous condamnons.»

Zadig sortait d'auprès d'elle égaré, éperdu, le coeur surchargé d'un fardeau qu'il ne pouvait plus porter; dans la violence de ses agitations, il laissa pénétrer son secret à son ami Cador, comme un homme qui, ayant soutenu longtemps les atteintes d'une vive douleur, fait enfin connaître son mal par un cri qu'un redoublement aigu lui arrache, et par la sueur froide qui coule sur son front.

Cador lui dit: «J'ai déjà démêlé les sentiments que vous vouliez vous cacher à vous-même; les passions ont des signes auxquels on ne peut se méprendre. Jugez, mon cher Zadig, puisque j'ai lu dans votre coeur, si le roi n'y découvrira pas un sentiment qui l'offense. Il n'a d'autre défaut que celui d'être le plus jaloux des hommes. Vous résistez à votre passion avec plus de force que la reine ne combat la sienne, parce que vous êtes philosophe, et parce que vous êtes Zadig. Astarté est femme; elle laisse parler ses regards avec d'autant plus d'imprudence qu'elle ne se croit pas

Chapitre 5: Lecture 83

encore coupable. Malheureusement rassurée sur son innocence, elle néglige des dehors nécessaires. Je tremblerai pour elle, tant qu'elle n'aura rien à se reprocher. Si vous étiez d'accord l'un et l'autre, vous sauriez tromper tous les yeux: une passion naissante et combattue éclate; un amour satisfait sait se cacher.» Zadig frémit à la proposition de trahir le roi, son bienfaiteur; et jamais il ne fut plus fidèle à son prince que quand il fut coupable envers lui d'un crime involontaire. Cependant la reine prononçait si souvent le nom de Zadig, son front se couvrait de tant de rougeur en le prononçant, elle était tantôt si animée, tantôt si interdite, quand elle lui parlait en présence du roi; une rêverie si profonde s'emparait d'elle quand il était sorti que le roi fut troublé. Il crut tout ce qu'il voyait, et imagina tout ce qu'il ne voyait point. Il remarqua surtout que les babouches de sa femme étaient bleues et que les babouches de Zadig étaient bleues; que les rubans de sa femme étaient jaunes, et que le bonnet de Zadig était jaune; c'étaient là de terribles indices pour un prince délicat. Les soupçons se tournèrent en certitude dans son esprit aigri.

Tous les esclaves des rois et des reines sont autant d'espions de leurs coeurs. On pénétra bientôt qu'Astarté était tendre, et que Moabdar était jaloux. . . . Le monarque ne songea plus qu'à la manière de se venger. Il résolut une nuit d'empoisonner la reine, et de faire mourir Zadig par le cordeau au point du jour. L'ordre en fut donné à un impitoyable eunuque, exécuteur de ses vengeances.

Voltaire, *Zadig ou la Destinée, histoire orientale,* 1747.

QUESTIONNAIRE

Questions précises:

1. A quelles émotions Zadig est-il en proie? et Astarté? et Moabdar?
2. Qu'est-ce qui en Zadig attire d'abord Astarté?
3. Résumez simplement les conseils de Cador.
4. Qu'est-ce que la réflexion «une passion naissante et combattue éclate; un amour satisfait sait se cacher,» nous révèle sur Cador?
5. Comment s'exprime la jalousie de Moabdar?
6. Où l'histoire se situe-t-elle?

Questions générales:

1. Écrivez une phrase résumant le passage.
2. Qui décrit? l'auteur? un narrateur? un personnage?
3. Cette description est-elle objective du point de vue de celui qui décrit?
4. Relevez les expressions qui traduisent les émotions des personnages.
5. La description de l'amour est-elle vraisemblable? Justifiez votre réponse par des exemples.

84 UN CERTAIN STYLE

Vocabulaire:

1. Étudiez de près *le sens* des mots en italique. Faites entrer dans une nouvelle phrase chacun des mots en les employant dans le même sens.
(a) «les *charmes* de sa conversation. . . .»
(b) «. . . elle en parlait à ses *femmes* qui *enchérissaient* encore sur ses louanges. . . .»
(c) «Elle faisait des présents à Zadig, dans lesquels il entrait plus de *galanterie* qu'elle ne pensait. . . .»
(d) «. . . nous *brûlons* tous deux *d'un feu*. . . .»
(e) «. . . elle néglige *des dehors* nécessaires.»
(f) «. . . elle était tantôt si animée, tantôt si *interdite*. . . .»

2. Donnez *les synonymes* des mots en italique. Faites entrer chacun des mots dans une nouvelle phrase. Marquez clairement les écarts de signification.
(a) «Sa passion croissait *dans le sein de* l'innocence.»
(b) «Il *combattit*. . . .»
(c) J'ai déjà *démêlé* les sentiments. . .»
(d) «. . . c'étaient là de terribles *indices*. . . .»

Analyse de la phrase:

1. Analysez du point de vue de leurs fonctions les mots et expressions en italique:
(a) «Astarté est *femme;* elle laisse parler *ses regards* avec *d'autant plus d'imprudence* qu'elle ne se croit pas encore coupable.»
(b) «Zadig frémit à la proposition de trahir le roi, son *bienfaiteur*.»
(c) «Il résolut *une nuit* d'empoisonner la reine. . . .»

2. En vous aidant du chapitre III, analysez la phrase suivante: «La familiarité d'Astarté . . . un feu dont il s'étonna» (p. 82).

3. Voltaire déroge-t-il en général à l'ordre grammatical? Pourquoi ou pourquoi pas?

Albertine

C'est un de ces pouvoirs de la jalousie de nous découvrir combien la réalité des faits extérieurs et les sentiments de l'âme sont quelque chose d'inconnu qui prête à mille suppositions. Nous croyons savoir exactement ce que sont les choses et ce que pensent les gens, pour la simple raison que nous ne nous en soucions pas. Mais dès que nous avons le désir de savoir comme a le jaloux, alors c'est un vertigineux kaléidoscope où nous ne distinguons plus rien. Albertine m'avait-elle trompé? avec qui? dans quelle manière? quel jour? celui où elle m'avait dit telle chose? où je me rappelais que j'avais dans la journée dit ceci ou cela? je n'en savais rien.

Je ne savais pas davantage quels étaient ses sentiments pour moi, s'ils étaient inspirés par l'intérêt, par la tendresse. Et tout d'un coup je me rappelais tel incident insignifiant, par exemple qu'Albertine avait voulu aller à Saint-Martin le Vêtu, disant que ce nom l'intéressait, et peut-être simplement parce qu'elle avait fait la connaissance de quelque paysanne qui était là-bas. Mais ce n'était rien qu'Aimé * m'eût appris tout cela par la doucheuse, puisque Albertine devait éternellement ignorer qu'il me l'avait appris, le besoin de savoir ayant toujours été surpassé, dans mon amour pour Albertine, par le besoin de lui montrer que je savais; car cela faisait tomber entre nous la séparation d'illusions différentes, tout en n'ayant jamais eu pour résultat de me faire aimer d'elle davantage, au contraire. Or voici que, depuis qu'elle était morte, le second de ces besoins était amalgamé à l'effet du premier : je tâchais de me représenter l'entretien où je lui aurais fait part de ce que j'avais appris, aussi vivement que l'entretien où je lui aurais demandé ce que je ne savais pas; c'est-à-dire la voir près de moi, l'entendre me répondant avec bonté, voir ses joues redevenir grosses, ses yeux perdre leur malice et prendre de la tristesse, c'est-à-dire l'aimer encore et oublier la fureur de ma jalousie dans le désespoir de mon isolement. Le douloureux mystère de cette impossibilité de jamais lui faire savoir ce que j'avais appris et d'établir nos rapports sur la vérité de ce que je venais seulement de découvrir (et que je n'avais peut-être pu découvrir que parce qu'elle était morte) substituait sa tristesse au mystère plus douloureux de sa conduite. Quoi? Avoir tant désiré qu'Albertine sût que j'avais appris l'histoire de la salle de douches, Albertine qui n'était plus rien! C'était là encore une des conséquences de cette impossibilité où nous sommes, quand nous avons à raisonner sur la mort, de nous représenter autre chose que la vie.

                                Marcel Proust, *A la recherche du temps perdu,*
                                Tome VI: *Albertine disparue*

QUESTIONNAIRE

Questions précises:

1. Comment Proust définit-il la jalousie?
2. Que pensez-vous de cette définition? Comment définiriez-vous vous-même la jalousie?
3. «Albertine m'avait-elle trompé . . . dit ceci ou cela?» Qu'est-ce que cette suite d'interrogations nous indique?
4. Qu'est-ce qui surpasse «le besoin de savoir» chez le jaloux?

* Aimé: un maître d'hôtel

5. Pourquoi? (Ne reprenez pas l'expression de Proust. Expliquez en un français plus simple.)
6. Quel changement s'est-il produit dans l'esprit du jaloux depuis la mort d'Albertine?
7. Pourquoi «le désespoir de mon isolement»?
8. Que pensez-vous de la conclusion de Proust?

Questions générales:

1. Quelle est l'importance du «nous» dans ce récit?
2. Écrivez une courte phrase résumant le passage.
3. La description est-elle objective du point de vue de celui qui décrit?
4. Pourquoi l'imparfait prédomine-t-il dans ce passage?
5. Le mécanisme de la jalousie vous paraît-il justement exposé?

Vocabulaire:

1. Étudiez de près le *sens* des mots en italique. Faites entrer dans une nouvelle phrase chacun de ces mots en les employant dans le même sens.
(a) «. . . pour la simple raison que nous ne nous en *soucions* pas.»
(b) «. . . je tâchais de me représenter *l'entretien* où je lui *aurais fait part* de ce que j'avais appris. . . .»

2. Donnez les *synonymes* des mots en italique. Faites entrer chacun de ces mots dans une nouvelle phrase. Marquez clairement les écarts de signification.
(a) «C'est un de ces *pouvoirs* de la jalousie. . . .»
(b) «. . . je *tâchais* de me représenter. . . .»
(c) «. . . substituait sa tristesse au mystère plus douloureux de sa *conduite*.»

3. Commentez l'emploi du participe présent dans l'expression «. . . près de moi, l'entendre me répondant avec bonté. . . .»

Analyse de la phrase:

1. Analysez du point de vue de leurs *fonctions* tous les mots et expressions en italique.
(a) «Et tout d'un coup je me rappelais *tel incident insignifiant*. . . .»
(b) «Or voici que, *depuis qu'elle était morte,* le second de ces besoins était amalgamé *à l'effet du premier*. . . .»
(c) «C'était là encore *une des conséquences* de cette *impossibilité* où nous sommes. . . .»

2. En vous aidant du chapitre IV, analysez les propositions dans la phrase suivante.

Or voici que, depuis qu'elle était morte, le second de ces besoins était amalgamé à l'effet du premier: je tâchais de me représenter l'entretien où je lui aurais fait part de ce que j'avais appris, aussi vivement que l'entretien où je lui aurais demandé ce que je ne savais pas; c'est-à-dire la voir près de moi, l'entendre me répondant avec bonté, voir ses joues redevenir grosses, ses yeux

Chapitre 5: Lecture

perdre leur malice et prendre de la tristesse, c'est-à-dire l'aimer encore et oublier la fureur de ma jalousie dans le désespoir de mon isolement.

FRANCK

[Un mari jaloux observe intensément celui (Franck) qu'il pense être l'amant de sa femme.]

Franck raconte son histoire de voiture en panne, riant et faisant des gestes avec une énergie et un entrain démesurés. Il saisit son verre, sur la table à côté de lui, et le vide d'un trait, comme s'il n'avait pas besoin de déglutir pour avaler le liquide; tout a coulé d'un seul coup dans sa gorge. Il repose le verre sur la table, entre son assiette et le dessous-de-plat. Il se remet immédiatement à manger. Son appétit considérable est rendu plus spectaculaire encore par les mouvements nombreux et très accusés qu'il met en jeu: la main droite qui saisit à tour de rôle le couteau, la fourchette et le pain, la fourchette qui passe alternativement de la main droite à la main gauche, le couteau qui découpe les bouchées de viande une à une et qui regagne la table après chaque intervention, pour laisser la scène au jeu de la fourchette changeant de main, les allées et venues de la fourchette entre l'assiette et la bouche, les déformations rythmées de tous les muscles du visage pendant une mastication consciencieuse qui avant même d'être terminée, s'accompagne déjà d'une reprise accélérée de l'ensemble.

La main droite saisit le pain et le porte à la bouche, la main droite repose le pain sur la nappe blanche et saisit le couteau, la main gauche saisit la fourchette, la fourchette pique la viande, le couteau coupe un morceau de viande, la main droite pose le couteau sur la nappe, la main gauche met la fourchette dans la main droite, qui pique le morceau de viande, qui s'approche de la bouche, qui se met à mastiquer avec des mouvements de contraction et d'extension qui se répercutent dans tout le visage, jusqu'aux pommettes, aux yeux, aux oreilles, tandis que la main droite reprend la fourchette pour la passer dans la main gauche, puis saisit le pain, puis le couteau, puis la fourchette . . .

Le boy fait son entrée, par la porte ouverte de l'office. Il s'approche de la table. Son pas est de plus en plus saccadé; ses gestes de même, lorsqu'il enlève les assiettes, une à une, pour les poser sur le buffet, et les remplacer par des assiettes propres. Il sort aussitôt après, remuant bras et jambes en cadence, comme une mécanique au réglage grossier.

Alain Robbe-Grillet, *La Jalousie*.

QUESTIONNAIRE

Questions précises:
1. Franck est-il en proie à une émotion? Laquelle?
2. Qu'est-ce qui nous indique que Franck ne se trouve pas seul à table?
3. L'emploi du mot *boy* nous révèle-t-il quelque chose sur le milieu dans lequel l'action se déroule?
4. Dans quelle mesure le boy semble-t-il ressembler à Franck?
5. Pourquoi cette ressemblance? Nous permet-elle de nous faire une idée de celui qui décrit?
6. L'entrée du boy contribue-t-elle à enrichir le passage?

Questions générales:
1. Relevez les expressions impliquant un jugement de valeur ou une comparaison. Pouvez-vous grouper ces expressions de façon à définir la nature subjective d'une scène qui paraît présentée de façon objective?
2. D'où vient l'impression troublante que nous laisse cet extrait?
3. Qui décrit? l'auteur? un narrateur? un des personnages?
4. Quel est le temps des verbes employé dans ce passage? L'auteur aurait-il pu en choisir d'autres? Lesquels? Pourquoi leur a-t-il préféré le premier?
5. Certains mots sont répétés. Lesquels et à quel effet?
6. Essayez de deviner d'après ce passage le thème central de l'oeuvre.

Vocabulaire:
1. Étudiez de près le *sens* des mots en italique. Faites entrer dans une nouvelle phrase chacun de ces mots en les employant dans le même sens.
(a) «. . . et le vide d'un trait, comme s'il n'avait pas besoin de *déglutir* pour avaler le *liquide*.»
(b) «Son appétit considérable est rendu plus spectaculaire encore par les mouvements nombreux et très *accusés* qu'il *met en jeu*.»
(c) «Son pas est de plus en plus *saccadé*.»
(d) «. . . comme une mécanique au réglage *grossier*.»

2. Donnez les *synonymes* des mots en italique. Faites entrer chacun de ces mots dans une nouvelle phrase. Marquez clairement les écarts de signification.
(a) «. . . faisant des gestes avec une énergie et un *entrain* démesurés.»
(b) «Son appétit considérable est rendu plus *spectaculaire* encore. . . .»

3. Quelles remarques pouvez-vous faire sur les raisons du choix des mots et expressions suivants:

déglutir	les déformations rythmées
le liquide	une mastication consciencieuse
répercuter	une reprise accélérée de l'ensemble
mécanique	des mouvements de contraction et d'extension
réglage grossier	

Chapitre 5: Lecture

Analyse de la phrase:

1. Analysez *la fonction* de tous les mots de la phrase suivante: «Il sort aussitôt après, remuant bras et jambes en cadence, comme une mécanique au réglage grossier.»
2. Analysez les deux premières phrases du passage.
3. En vous servant du vocabulaire de la lecture, composez cinq propositions simples; puis enrichissez leur terme sujet par deux subordonnées.
4. En vous servant du vocabulaire de la lecture, composez cinq propositions simples; puis enrichissez leur terme complément par deux subordonnées.
5. Relevez dans le premier paragraphe les exemples de répétition de sons, et expliquez-en les effets.

QUESTIONS GÉNÉRALES SUR LES CINQ PASSAGES

1. Dans quel passage l'imagination du lecteur peut-elle s'exercer le plus?
2. Quel(s) passage(s) vous communique(nt) le mieux la puissance de la jalousie?
3. Le monologue intérieur ajoute-t-il un effet dramatique à certains des extraits? Lesquels?
4. L'intervention de l'auteur vous permet-elle d'approfondir votre compréhension des textes?
5. Quel extrait vous paraît le plus humain? Pourquoi?
6. La situation est-elle toujours présentée d'une façon identique?
7. Où le style est-il le mieux adapté au sujet?
8. Quel passage est plus riche en noms, en verbes, en adverbes, et qu'en résulte-t-il?
9. Classifiez les différents styles en allant du plus recherché au plus dépouillé (vocabulaire, syntaxe).

EXERCICES

1. *Manon Lescaut*
Le premier paragraphe du passage récemment étudié, transposé dans la conversation, donnerait:

> Un jour je suis sorti l'après-midi, et je l'avais avertie que je serais absent pendant un certain temps. A mon retour, voilà que je dois attendre quelques minutes à la porte. La bonne avait plus ou moins notre âge. Elle a ouvert la porte et je lui ai demandé pourquoi elle avait mis si longtemps pour venir. Elle avait l'air gêné et elle m'a dit qu'elle ne m'avait pas entendu. Puisque j'avais frappé à la porte une seule fois je lui ai dit: «Mais alors si vous ne m'avez pas entendu comment ça se fait que vous m'avez ouvert?» Cette question l'a vraiment troublée et comme elle n'était pas très astucieuse elle a commencé à pleurer et m'a juré que ce

n'était pas de sa faute. C'était sa maîtresse qui lui avait dit de ne pas ouvrir avant le départ de M. de B . . . par l'escalier du cabinet.

En suivant le modèle précédent transposez le paragraphe «A la fin . . . je retournai sur-le-champ au logis.»

2. *Albertine*
Simplifiez la structure proustienne du passage: «mais ce n'était rien qu'Aimé . . . au contraire.»

3. *Franck*
Refaites le passage: «Franck raconte . . . reprise accélérée de l'ensemble,» comme vous l'écririez vous-même.

Style

Modification de l'ordre grammatical

Nous avons déjà montré comment le terme sujet et le terme complément de la phrase simple pouvaient être enrichis. Dans tous les exemples donnés, l'ordre des mots principaux suivait l'ordre grammatical (ou logique) habituel en français:

sujet / verbe / complément

Toutefois, pour varier la phrase, on peut déroger à l'ordre grammatical et mettre ainsi en relief un mot, une expression, une proposition même, ce qui permet de traduire plus exactement une émotion, de développer plus profondément une idée et d'attirer l'attention du lecteur qui doit s'interroger sur les raisons du déplacement des termes.

Examinons les exemples suivants dans lesquels Émile Zola à dérogé à l'ordre grammatical.

1. Ce matin-là/   le ciel/   gardait/   toute sa sérénité bleue.
   compl. circ.   sujet   verbe   compl. d'objet direct

Ce matin-là, complément circonstanciel de temps, devrait se trouver avec le complément d'objet direct *toute sa sérénité bleue.* A l'intérieur du terme complément il aurait pu occuper deux positions différentes:

(a) gardait / toute sa sérénité bleue ce matin-là.
(b) gardait, / ce matin-là, toute sa sérénité bleue.

Dans la version *a* le verbe et ses compléments peuvent se lire d'un trait, l'accent final (voir chapitre II, p. 32) porte sur *là* faisant ressortir l'importance de ce moment précis du jour. Dans la version *b* l'accent porte sur gard*ait,* puis sur *là* et enfin sur *bleue;* le rythme de la phrase est fragmenté par ces accents et par les pauses qu'ils entraînent — pauses marquées d'ailleurs par la ponctuation. Cette fragmentation ne suggère rien dans le contexte et est donc inutile.

Zola a choisi de déplacer une partie du terme complément et de la mettre en tête de la phrase afin de faire ressortir l'extrême importance de *ce* jour qui va être le jour du crime et qui va déterminer toute l'intrigue du roman.

2. Parfois, le dimanche, lorsqu'il faisait beau, Camille forçait Thérèse à sortir avec lui.

L'ordre grammatical de la phrase serait:

> Camille forçait parfois Thérèse à sortir avec lui le dimanche lorsqu'il faisait beau.

(a) La force de l'adverbe *parfois* est perdue alors que l'auteur désire nous montrer que ces sorties étaient des «occasions» pour le pauvre Camille.
(b) Le dernier accent final, dans la phrase de Zola, fait ressortir le mot *lui;* (*lui*, l'homme mou, assez bête que Thérèse ne peut supporter, *lui*, l'obstacle à l'amour, *lui* qu'il va falloir éliminer . . .)
(c) La fragmentation du rythme due aux trois accents finaux (parf*ois*, dim*anche,* b*eau*) montre encore que ces rares sorties sont pénibles pour Thérèse qui se traîne au bras de ce mari qui la dégoûte.

3. On entendait, derrière l'une des îles, les chants adoucis d'une équipe de canotiers qui devaient remonter la Seine.

La flexibilité du changement de l'ordre des mots est parfois limitée par des règles grammaticales rigides. Ainsi Zola ne pourrait placer *derrière les îles* après *canotiers* car le pronom relatif et la proposition subordonnée qu'il introduit *ne peuvent être séparés* du mot qu'ils enrichissent sans perdre leur signification.

Remarque: Lorsqu'un écrivain emploie une série de compléments, il va presque toujours du plus court au plus long:

       4   6
Or voici que / depuis qu'elle était morte / le second de ces besoins était amalgamé à l'effet du premier.   (Proust)

92 UN CERTAIN STYLE

            4   7
Le lendemain / à la troisième veille du jour / un second coureur parut encore plus haletant, et noir de poussière.   (Flaubert)

         2   8
A droite, / sur toute la longueur du passage, / s'étend une muraille contre laquelle les boutiquers d'en face ont plaqué d'étroites armoires. (Zola)

EXERCICES

1. Montrez où et en quoi les phrases suivantes de Zola ne suivent pas l'ordre grammatical. Expliquez et justifiez l'ordre adopté.
(a) «Dans les derniers temps, le jeune ménage emmenait presque toujours Laurent.»
(b) «Quand ils arrivèrent à Saint-Ouen, ils se hâtèrent de chercher un bouquet d'arbres, un tapis d'herbe verte étalé à l'ombre.»
(c) «Et il y avait, dans les coins de sa gueule, deux plis profonds qui faisaient éclater de rire cette tête d'animal empaillé.»
(d) «Tout autour d'eux, ils entendaient la Seine gronder.»

2. Les phrases suivantes suivent l'ordre grammatical des mots. Déplacez certains des mots ou des termes et expliquez les raisons de votre choix.
(a) «Franck raconte son histoire de voiture en panne, riant et faisant des gestes avec une énergie et un entrain démesurés.»   (Robbe-Grillet)
(b) «Camille, Thérèse et Laurent partirent pour Saint-Ouen, vers onze heures, après le déjeuner.»   (Zola)
(c) «Les plaintes du chat étaient sinistres, dans l'ombre, sous les fenêtres.» (Zola)

3. Composez cinq phrases qui suivent l'ordre grammatical (en vous servant du vocabulaire des lectures), puis déplacez certains de leurs mots ou de leurs termes. Justifiez ces déplacements.

4. Examinez le deuxième paragraphe de *La Franck;* pourquoi l'auteur a-t-il suivi systématiquement l'ordre grammatical?

La Place de l'adjectif qualificatif

Peu d'adjectifs qualificatifs exerçant une fonction épithète occupent une place fixe par rapport aux noms qu'ils qualifient. Très souvent la position de l'épithète dépend de l'esthétique personnelle de l'écrivain. Dans le cadre du présent manuel seules les grandes lignes de cette question complexe seront examinées. Nous étudierons successivement: I. Le nom accompagné d'une épithète; II. Le nom accompagné de deux ou de plusieurs épithètes; III. Le nom accompagné d'un complément et d'une ou de plusieurs épithètes.

I. Le Nom accompagné d'une épithète

A. *Place fixe*

1. Les épithètes qui suivent souvent le nom:
(a) le participe passé employé comme adjectif:
la main fine, aux doigts effilés (Robbe-Grillet)
le poil hérissé, les pattes roidies (Zola)
(b) les adjectifs en *-ard, -eur, -teur* (souvent pour des raisons de sonorité):
des dieux vengeurs
une oeuvre volumineuse
un homme bavard, une expression hagarde
l'esprit créateur, un geste révélateur
(c) les adjectifs dérivés de noms propres ou qui se rapportent à des catégories (historique, géographique, sociale, religieuse, etc.):
la nation française
le bassin parisien
le conseil oecuménique
une route départementale
(d) les adjectifs décrivant la couleur et la forme:
les cheveux d'un blond fade (Zola)
des boutiques obscures, basses, écrasées (Zola)
La Porte étroite (Gide)
(e) les adjectifs polysyllabiques qualifiant des noms monosyllabiques:
un chant harmonieux
un cri déchirant
(f) les adjectifs qui ont eux-mêmes un complément introduit par une préposition:
La France est un pays riche en fromages.

2. Les épithètes qui précèdent généralement le nom:
(a) l'adjectif monosyllabique qualifiant un nom polysyllabique:
le bel aujourd'hui (Mallarmé)
un bref hurlement
(b) l'adjectif ordinal:
cette chambre avait une seconde porte (Zola)

(c) l'adjectif qualifiant un nom propre:
La belle Madame de Rênal
l'affreux Vautrin

3. Certains adjectifs épithètes ont une signification différente selon qu'ils précèdent ou qu'ils suivent le nom:

    un brave homme (a good man)   un pauvre homme (a poor man, i.e., worthy of pity)

    un homme brave (a brave man)*   un homme pauvre (not rich)

B. *Place variable*

Les tendances qui influencent les auteurs sont contradictoires et c'est souvent le goût personnel de l'écrivain qui décide de la place de l'épithète. Nous tenterons cependant, de tracer les grandes lignes du problème, en nous servant de quelques-uns des éléments présentés dans les chapitres précédents: *l'ordre logique, l'accent final,* et *la sonorité.*

1. L'ORDRE LOGIQUE

Nous avons déjà vu que le français tendait à organiser sa phrase dans un ordre logique (ou grammatical) — sujet, verbe, complément — qui se trouve parfois modifié pour des raisons stylistiques. La progression logique dans l'éclaircissement de la pensée de l'écrivain demanderait que le nom précède l'adjectif épithète, puisque ce dernier en le qualifiant lui ajoute une signification particulière; considérons l'exemple suivant:

    Je n'aime pas ce café *amer*.

Le mot *café* est introduit par *je n'aime pas* mais qu'est-ce qui justifie cette opinion, qu'est-ce qui distingue ce café des autres? son goût *amer*.

    Toutefois, on peut *déroger à cet ordre logique* — tout comme on le fait dans le cas de l'ordre logique sujet, verbe, complément — surtout lorsque l'épithète est employé *au sens figuré,* avec une valeur *affective:*

    Je n'aime pas cette réflexion amère.

donne

    Je n'aime pas cette *amère* réflexion.

et la dérogation attire l'attention sur le mot déplacé.

    Et l'idée même du rire (. . .) devenait comme *l'odieuse*
    exagération du péché. (Gide)

* "Un homme courageux" est employé plus couramment.

Chapitre 5: Style

2. L'ACCENT FINAL ET LE RYTHME

L'accent final peut aussi influencer la position de l'adjectif épithète et contredit parfois le principe de la dérogation à l'ordre logique: nous avons vu qu'il tombe sur la dernière syllabe prononcée du mot ou du groupe rythmique, faisant ressortir ainsi la valeur du mot accentué:

Il goûtait des voluptés *infinies*. (Zola)

L'auteur aurait pu écrire *d'infinies voluptés* car l'adjectif épithète n'entre pas dans les catégories décrites aux pages 93-4, et il a un sens figuré qui justifierait la dérogation à l'ordre logique. Zola a préféré conserver l'ordre où l'adjectif est frappé de l'accent final sans doute parce que le rythme et la sonorité de la phrase ainsi rédigée satisfaisait plus son oreille.

Guettant la minute *splendide* où ils s'appartiendraient dans la mort. (Cocteau)

3. LA SONORITÉ

Aux tendances examinées ci-dessus se superpose donc une considération d'ordre harmonique. Nous avons vu comment la rencontre de certains sons permet parfois de suggérer un sentiment, une impression. Mais un auteur, même lorsqu'il ne recherche pas un effet harmonique particulier, doit tenir compte de la valeur des sons dans sa phrase. La place de l'adjectif n'est parfois choisie que pour des raisons phonétiques. Malheureusement l'appréciation de la valeur harmonique de certaines combinaisons de mots est *extrêmement subjective* et l'étudiant étranger peut rarement percevoir toutes ces nuance sonores au début de ses études.
Exemples:

De grandes ombres s'allongent sur les dalles. (Zola)

L'adjectif *grandes* ne pourrait suivre le nom à cause de la rencontre désagréable des sons *br* et *gr:* des om*br*es *gr*andes.

Des lanternes lourdes et carrées. (Zola)

Carrées et lourdes ne permettrait pas l'effet harmonieux créé par les *l* qui se suivent dans *l*anternes *l*ourdes.

L'éclairage dur de la lampe remplaçait le crépuscule. (Cocteau)

L'adjectif monosyllabique *dur* devrait précéder le nom polysyllabique (voir 93, 2, a) mais la répétition du son *d* (*d*ur *d*e la lampe) met en relief la dureté de cet éclairage.

II. Le Nom accompagné de deux ou de plusieurs épithètes

Consulter l'appendice grammatical, § V, B, 3, b.

III. Le Nom accompagné d'un complément et d'un ou de plusieurs épithètes

Consulter l'appendice grammatical, § V.

Remarque: Comme la série de compléments, la série d'adjectifs va presque toujours du plus court au plus long:

Il est pavé de dalles / jaunâtres, / usées, / descellées, / suant toujours une humidité âcre. / (Zola)

Au front bas et sec s'attachait un nez / long, / étroit, / effilé. / (Zola).

EXERCICE

Justifiez la place des adjectifs épithètes dans le texte de Proust.

La Traduction et ses difficultés

Les Faux-amis

De nombreux mots français se retrouvent dans la langue anglaise. Toutefois, on appelle faux-amis certains mots qui, bien qu'ayant la même forme ou une forme presque identique dans les deux langues, ont un sens différent. Les mots suivants sont les plus essentiels:

actual: réel (pas "actuel," qui veut dire *present*)

advice: conseils (pas "avis," qui veut dire *opinion*)

to appear, i.e. *to seem:* paraître, avoir l'air (pas "apparaître," qui veut dire *to come in sight*)

to attend: assister à (pas "attendre," qui veut dire *to wait for*)

candid: franc (pas "candide," qui veut dire *innocent*)

character: "personnage" dans une oeuvre littéraire. (Le mot "caractère" veut dire *disposition, characteristic, strength of character*)

Chapitre 5: La Traduction et ses difficultés

contented, content: satisfait (pas "content," qui veut dire *happy, glad*)

deceive: tromper (pas "décevoir," qui veut dire to *disappoint*)

demand: exiger (pas "demander," qui veut dire *to ask* [for])

education: instruction (pas "éducation," qui veut dire *breeding, social training*)

emphasis: accent (pas "emphase," qui veut dire *grandiloquence*)

to emphasize: appuyer sur, souligner, accentuer

eventually: à la longue (pas "éventuellement," qui veut dire *possibly*)

to excite: émouvoir, animer (pas "exciter," qui veut dire *to* [sexually] *arouse, to inflame, to stimulate*)

exciting: émouvant

gentle: doux (pas "gentil," qui veut dire *nice*)

information: renseignements (pas "information," qui veut dire *news*)

to injure: faire du mal à (pas "injurier," qui veut dire *to insult*)

opportunity: occasion (pas "opportunité," qui veut dire *opportuneness, timeliness*)

phrase: expression, locution (pas "phrase," qui veut dire *sentence*)

place: endroit, lieu (pas "place," qui veut dire *seat*)

to practice (the piano, etc.): s'exercer à (pas "pratiquer" [un trou], qui veut dire *to make* [*a hole*])

to pretend: faire semblant (pas "prétendre" excepté dans le sens *to claim, to require*)

to realize: se rendre compte (pas "réaliser," qui veut dire *to carry out, to fulfill*)

to rest: se reposer (pas "rester," qui veut dire *to stay, to remain*)

to resume: reprendre (pas "résumer," qui veut dire *to summarize*)

romantic: romanesque, pittoresque (pas "romantique" sauf l'application littéraire)

sensible: raisonnable (pas "sensible," qui veut dire *sensitive*)

sensitive: sensible, susceptible (pas "sensitif," qui veut dire *having feeling*)

to succeed: réussir (pas "succéder," qui veut dire *to follow*)

sympathetic: compatissant (pas "sympathétique," qui veut dire *congenial*)

trouble: peine, ennui (pas "trouble," que veut dire *confusion, perturbation*)

98 UN CERTAIN STYLE

to trouble: ennuyer, inquiéter, déranger (pas "troubler," qui veut dire *to disturb, to confuse*)

EXERCICES

Traduire les phrases suivantes:
1. Have you had a chance to go to the dentist yet?
2. Since he has had liver trouble his disposition has altered.
3. Don't give me any more advice.
4. His face had a candid expression; consequently everybody trusted him.
5. Many students did not attend the lecture so the professor called it off.
6. The actual facts were given in the papers this morning so you don't have to invent a story.
7. There was only one important character in that play.
8. He is only contented when he is surrounded by luxuries.
9. According to the verdict, it appears that he is not guilty.
10. He deceived me when I loved him the most.
11. The radio broadcast the latest information about the accident.
12. Has he had the opportunity to see his wife yet?
13. One must demand respect from one's students.
14. Riding her bicycle, she injured her back.
15. Reread that word with a little more emphasis; eventually you'll pronounce it correctly.
16. Since he received a good education at the university he was always a success.
17. She was gentle and kind and had a nice smile on her face.
18. Where could I get more information on the subject?
19. That actor always excites me with his interpretation of Don Juan.
20. At that very place Luigia Pallavicini fell off her horse.
21. Summarize what we did yesterday and then resume this fascinating story.
22. Reread that last sentence and tell me what you think of it.
23. On the seventh day he rested.
24. So you're becoming romantic now, just when I'm not in the mood! Be sensible!
25. I gave you the best years of my life and now you pretend you don't know me. Don't you realize what effect this has on me?
26. He has just fallen down the stairs; be a little sympathetic.
27. Des Esseintes was always sensitive to perfumes, but he never succeeded in loving women.
28. Be sure to arrive on time; the funeral can't take place without you.
29. I've never seen a cat so intelligent; this is why I love him so.
30. You say razor blades don't work? Have you ever tried using a knife?
31. April is the best time to see Majorca.
32. The time of his death had come so he got out of bed and put his boots on.

Chapitre 5: Thème

33. When Carl arrived at the camp he was commanded to carry his canteen to his company.
34. I have enough trouble of my own; don't bother me with yours.
35. King Louis XIV often used his authority to impose his will on others.
36. At that time France was overrun with thieves; many times a young lord going out for an afternoon stroll would disappear. At the same time, murder was in vogue. It was time to do something.

Thème

"Dear Clifford, I am afraid what you foresaw has happened.[1] I am really in love [2] with another man, and I do hope you will divorce me. I am staying at present with Duncan in his flat.[3] I told you he was at Venice with us. I'm awfully unhappy for your sake: but do try to take it quietly. You don't really need me any more, and I can't bear to come back to Wragby. I'm most awfully sorry. But do try to forgive me, and divorce me and find someone better. I'm not really the right person for you, I am too impatient and selfish, I suppose. But I can't ever come back to live with you again. And I feel so frightfully sorry [4] about it all, for your sake. But if you don't let yourself get worked up, you'll see you won't mind [5] so frightfully. You really didn't care about me personally. So do forgive me and get rid of me."

Clifford was not *inwardly* surprised to get this letter. Inwardly, he had known for a long time she was leaving him. But he had absolutely refused any outward admission of it. Therefore, outwardly, it came as the most terrible blow and shock to him. He had kept the surface of his confidence in her quite serene.

And that is how we are. By strength of will [6] we cut off our inner intuitive knowledge from admitted consciousness. This causes a state of dread, or apprehension, which makes the blow ten times worse when it does fall.

D. H. Lawrence, *Lady Chatterley's Lover,* 1928

[1] Attention! Un des verbes de cette phrase est au subjonctif.
[2] To be in love with: *être amoureux de* or *être épris de*.
[3] Employez *appartement*.
[4] To be frightfully sorry: *être navré*.
[5] Employez *ennuyer* ou *gêner*.
[6] Employez *volonté*.

6

Lecture

[Au cours des cinq premiers chapitres, les auteurs ont essayé de faire ressortir la diversité des moyens stylistiques de certains écrivains à travers la continuité de l'intrigue ou du thème. Les prochains chapitres se proposent de mettre l'accent sur la diversité à l'aide de textes de natures et d'auteurs différents.]

Les Nuits d'Amérique

Un soir je m'étais égaré dans une forêt, à quelque distance de la cataracte de Niagara; bientôt je vis le jour s'éteindre autour de moi, et je goûtai dans toute sa solitude, le beau spectacle d'une nuit dans les déserts du Nouveau Monde.

Une heure après le coucher de soleil, la lune se montra au-dessus des arbres à l'horizon opposé. Une brise embaumée, que cette reine des nuits menait de l'orient avec elle, semblait la précéder dans les forêts comme sa fraîche haleine. L'astre solitaire monta peu à peu dans le ciel: tantôt il suivait paisiblement sa course azurée; tantôt il reposait sur des groupes de nues qui ressemblaient à la cime de hautes montagnes couronnées de neige. Ces nues, ployant et déployant leurs voiles, se déroulaient en zones diaphanes de satin blanc, se dispersaient en légers flocons d'écume,

100

Chapitre 6: Lecture

ou formaient dans les cieux des bancs d'une ouate éblouissante, si doux à l'oeil, qu'on croyait ressentir leur mollesse et leur élasticité.

La scène sur la terre n'était pas moins ravissante: le jour bleuâtre et velouté de la lune descendait dans les intervalles des arbres, et poussait des gerbes de lumière jusque dans l'épaisseur des plus profondes ténèbres. La rivière qui coulait à mes pieds, tour à tour se perdait dans le bois, tour à tour reparaissait brillante des constellations de la nuit, qu'elle répétait dans son sein. Dans une savane, de l'autre côté de la rivière, la clarté de la lune dormait sans mouvement sur les gazons: des bouleaux agités par les brises et dispersés çà et là, formaient des îles d'ombres flottantes sur cette mer immobile de lumière. Auprès tout aurait été silence et repos sans la chute de quelques feuilles, le passage d'un vent subit, le gémissement de la hulotte; au loin, par intervalles, on entendait les sourds mugissements de la cataracte de Niagara, qui, dans le calme de la nuit, se prolongeaient de désert en désert, et expiraient à travers les forêts solitaires.

La grandeur, l'étonnante mélancolie de ce tableau ne sauraient s'exprimer dans les langues humaines; les plus belles nuits en Europe ne peuvent en donner une idée. En vain dans nos champs cultivés l'imagination cherche à s'étendre; elle rencontre de toutes parts les habitations des hommes: mais dans ces régions sauvages l'âme se plaît à s'enfoncer dans un océan de forêts, à planer sur le gouffre des cataractes, à méditer au bord des lacs et des fleuves, et, pour ainsi dire, à se trouver seule devant Dieu.

François-René de Chateaubriand, *Le Génie du Christianisme,* 1802

QUESTIONNAIRE

Questions précises:

1. Pourquoi l'auteur précise-t-il au deuxième paragraphe «Une heure après le coucher de soleil»?
2. L'auteur parle de «la grandeur» de ce tableau. Relevez les mots et expressions qui illustrent cette grandeur.
3. Pensez-vous que ce tableau ait «une étonnante mélancolie»? Relevez les mots et expressions qui justifient votre réponse.
4. Qu'est-ce que Chateaubriand veut suggérer dans le dernier paragraphe par «dans les langues humaines»?
5. Qu'est-ce que l'auteur reproche aux nuits d'Europe?

Questions générales:

1. Quelles sont ici les intentions de l'auteur?
2. L'émotion de l'auteur se laisse sentir à travers tout l'extrait. Relevez les mots et expressions qui permettent de traduire cette émotion.

3. Expliquez l'emploi du passé simple dans ce passage.
4. Relevez les mots-clés.

Vocabulaire:

1. Étudiez de près *le sens* des mots en italique. Faites entrer dans une nouvelle phrase chacun de ces mots en les employant dans le même sens.
   (a) «Une brise *embaumée* . . .»
   (b) «Ces nues (. . .), se déroulaient en zones *diaphanes*. . . .»
   (c) «Le jour bleuâtre et *velouté* de la lune . . .»
   (d) «. . . le passage d'un vent *subit* . . .»

2. Donnez les *synonymes* des mots en italique. Faites entrer chacun de ces mots dans une nouvelle phrase. Marquez clairement les écarts de signification.
   (a) «Un soir je m'étais *égaré* dans une forêt. . . .»
   (b) «. . . qu'on croyait *ressentir* leur mollesse et leur élasticité.»
   (c) «. . . et *expiraient* à travers les forêts solitaires.»

Analyse de la phrase:

1. Analysez du point de vue de leurs fonctions les mots et expressions en italique dans la phrase suivante: «*Dans une savane,* de l'autre côté de la rivière, la clarté *de la lune* dormait *sans mouvement* sur les gazons: des bouleaux agités par les brises et *dispersées* çà et là, formaient des îles *d'ombres flottantes* sur cette mer immobile *de lumière*.»
2. Analysez les propositions des premier et dernier paragraphes.
3. Relevez les phrases qui ne suivent pas l'ordre grammatical. Justifiez l'ordre adopté.
4. Relevez dans le deuxième paragraphe les exemples de répétition de sons, et expliquez-en les effets.

Éléments de style

Les Figures de rhétorique

La rhétorique est l'art de se servir de la langue pour produire un certain effet sur le lecteur ou l'auditeur. L'écrivain pour ainsi dire fait entrer ses idées en contrebande dans l'esprit du lecteur par ses émotions. On distingue *les figures de mots* qui consistent à détourner le sens des mots, et *les figures de pensée* qui consistent en certains tours de pensée indépendants de l'expression (définitions: dictionnaire Larousse). Ainsi la métaphore, la synecdote, la métonymie, l'euphémisme sont des figures de mots; l'antithèse, l'hyperbole, la litote, des figures de pensée.

Chapitre 6: Éléments de style

Le professeur pourra choisir dans la liste qui suit les figures (ou procédés) de rhétorique qu'il considère les plus utiles à sa classe.

La Comparaison

La comparaison est le procédé qui permet d'exprimer la ressemblance entre deux êtres ou deux choses. Elle emploie une locution comme *semblable à, pareil à, comme, ainsi que, tel que*, etc.

> «Mais je n'en finirais pas s'il fallait énumérer les uns après les autres les différents produits que *la terre* bien cultivée, *telle qu'une mère généreuse* prodigue à ses enfants.» (Flaubert)
>
> «Il ne réussit qu'à inquiéter un peu la ligature, qui se resserra. Elle était *souple comme le cuir, solide comme l'acier, froide comme la nuit.*» (Victor Hugo)
>
> «Au-dessus du vitrage, la muraille monte, noire, grossièrement crépie, *comme couverte d'une lèpre.* . . .» (Zola)

La Métaphore

La métaphore est le «procédé par lequel on transporte la signification propre d'un mot à une autre signification qui ne lui convient qu'en vertu d'une comparaison sous-entendue.» (*Petit Larousse*) C'est une comparaison sans la locution comparative (comme, semblable à, tel que, etc.)

> «Il y a quelques années, au cour d'un long voyage en chemin de fer, j'ai voulu visiter *la patrie en marche* (=le train) où je m'enfermais pour trois jours, prisonnier pour trois jours de ce bruit de galets roulés par la mer . . .» (Saint-Exupéry)
>
> «Une brise embaumée, que cette *reine des nuits* (=la lune) menait de l'orient avec elle, semblait la précéder dans les forêts comme sa fraîche haleine.» (Chateaubriand)
>
> «. . . Ce roi bien-aimé . . . qui dirige à la fois d'une main si ferme et si sage *le char de l'État* (l'État=le char=un bateau) parmi les périls incessants d'une mer orageuse.» (Flaubert)

La Synecdote

La synecdote est le procédé par lequel un objet est désigné par une de ses parties, ou la partie par le tout.

> Quand reverrai-je, hélas, mon foyer (c'est-à-dire, ma maison)?
> Donnez-nous aujourd'hui notre pain quotidien (notre nourriture).

La Métonymie

La métonymie est le procédé par lequel :

(a) le contenu est désigné par le contenant :

Nous avons fumé un paquet (toutes les cigarettes d'un paquet).

(b) la cause est exprimée par l'effet :

Avez-vous du feu (des allumettes) ?

L'Euphémisme

L'euphémisme est le procédé qui permet d'éviter la brutalité d'une expression. Ainsi, «un asile de fous» devient «une maison de santé» ou «une maison de repos.»

Les Effets d'Intensité

L'hyperbole est le procédé qui consiste à exagérer, parfois paradoxalement, pour donner plus de force à un mot.
«. . . elle est épouvantablement ravissante!»   (Rostand)

La litote est le contraire de l'hyperbole.
Il est arrivé légèrement en retard à la gare ; le train était parti le jour précédent.

L'antithèse est le procédé qui consiste à opposer deux mots de sens contraire pour les mettre plus en relief.
Le malheur de Zadig vint de son bonheur même et surtout de son mérite.

Remarque: Une antithèse accentuée (*oxymoron* en anglais) s'appelle une alliance de mots : une bonté cruelle.

La Personnification

La personnification est le procédé qui permet de donner à un être inanimé ou à une abstraction, des traits d'un personnage réel.

L'arbre tendait ses bras vers le ciel.

L'Onomatopée

L'onomatopée est le procédé qui permet de former un mot dont le son est imitatif de la chose qu'il signifie.

>Le glouglou de la bouteille. (Littré)

EXERCICES

1. Faites une liste des divers procédés techniques employés;
(a) par Chateaubriand dans le passage ci-dessus, pp. 100-101.
(b) par Gérard de Nerval dans le poème suivant:

>El Desdichado
>
>Je suis le ténébreux, — le veuf, — l'inconsolé,
>Le Prince d'Aquitaine à la tour abolie:
>Ma seule *étoile* est morte. — et mon luth constellé
>Porte le *soleil noir* de la *Mélancolie*.
>
>Dans la nuit du tombeau, toi qui m'as consolé,
>Rends-moi le Pausilippe et la mer d'Italie,
>La *fleur* qui plaisait tant à mon coeur désolé,
>Et la treille où le pampre à la rose s'allie.
>
>Suis-je Amour ou Phébus, Lusignan ou Biron?
>Mon front est rouge encor du baiser de la reine;
>J'ai rêvé dans la grotte où nage la sirène . . .
>
>Et j'ai deux fois vainqueur traversé l'Achéron:
>Modulant tour à tour sur la lyre d'Orphée
>Les soupirs de la sainte et les cris de la fée.
>   1853

2. Donnez deux exemples de chacun des procédés mentionnés précédemment (comparaison, métaphore, etc.).

L'Anaphore (*facultatif*)

L'anaphore * (f.) est la répétition d'un mot au début de plusieurs phrases ou de plusieurs membres de phrase.

>Rome, l'unique objet de mon ressentiment!
>Rome, à qui vient ton bras d'immoler mon amant!

* Pour les figures de rhétorique de l'anaphore à l'épitrope les auteurs se sont inspirés de l'oeuvre de Henri Morier, *Dictionnaire de poétique et de rhétorique* (Paris: Presses universitaires de France, 1961).

Rome, qui t'a vu naître, et que ton coeur adore!
Rome, enfin, que je hais parce qu'elle t'honore!

              Corneille

L'Épiphonème (*facultatif*)

L'épiphonème (m.) est une exclamation sentencieuse (qui peut être une interrogation) par laquelle on résume un discours.

> Ah! oui, les hommes sont bien traîtres!

L'Interrogation rhétorique

L'interrogation rhétorique est un question posée pour suggérer au lecteur ou à l'auditeur une réponse mentale évidente.

> Qu'est-ce qu'un homme dans l'infini? (Pascal)

La Gradation

La gradation est la figure par laquelle on dispose les termes d'une énumération par ordre progressif:

> Car qui n'admirera que notre corps, qui tantôt n'était pas perceptible dans l'univers, imperceptible lui-même dans le sein du tout, soit à présent *un colosse, un monde, plutôt un tout,* à l'égard du néant où l'on ne peut arriver. (Pascal)

La Gradation régressive

La gradation régressive est une gradation dont les termes vont en diminuant de valeur.

> Qu'un ciron lui offre dans la petitesse de son corps des parties incomparablement plus petites, des jambes avec des jointures, des veines dans ses jambes, du sang dans ses veine, des humeurs dans ce sang, des gouttes dans ses humeurs, des vapeurs dans ces gouttes . . . (Pascal)

L'Apostrophe

L'apostrophe (f.) est une adresse directe à quelque personne ou quelque objet personnifié.

Chapitre 6: Éléments de style

> O lac, l'année à peine a fini sa carrière,
> Et près des flots chéris qu'elle devait revoir,
> Regarde! je viens seul m'asseoir sur cette pierre
> Où tu la vis s'asseoir!
>
> Lamartine

LE CHIASME

Le chiasme (prononcé [kiasm]) est le procédé par lequel se produit une inversion de l'ordre des mots d'un membre de la phrase à l'autre.

> Un roi chantait en bas, en haut mourait un Dieu.   (Hugo)

L'ÉPITROPE (*facultatif*)

L'épitrope (f.) est l'accord d'une chose que l'on pourrait soi-même contester avec une autre plus douteuse, afin de donner plus d'autorité à la deuxième.

> Tu m'appelles ingrat! soit — mais que dire de toi qui te nourris de ma fortune sans jamais me remercier!

EXERCICES

1. Retrouvez chez Proust (chap. V, pp. 84-5) les figures de rhétorique étudiées dans ce chapitre.
2. En supprimant les figures de rhétorique récrivez:
(a)   le dernier paragraphe de Mme de La Fayette (chap. V, p. 77).
(b)   le texte suivant:

> Malheur à l'homme qui, dans les premiers moments d'une liaison d'amour, ne croit pas que cette liaison doit être éternelle! Malheur à qui, dans les bras de la maîtresse qu'il vient d'obtenir, conserve une funeste prescience, et prévoit qu'il pourra s'en détacher! Une femme que son coeur entraîne a, dans cet instant, quelque chose de touchant et de sacré. Ce n'est pas le plaisir, ce n'est pas la nature, ce ne sont pas les sens qui sont corrupteurs; ce sont les calculs auxquels la société nous accoutume, et les réflexions que l'expérience fait naître. J'aimai, je respectai mille fois plus Ellénore après qu'elle se fut donnée. Je marchais avec orgueil au milieu des hommes; je promenais sur eux un regard dominateur. L'air que je respirais était à lui seul une jouissance. Je m'élançais au-devant de la nature, pour la remercier du bienfait inespéré, du bienfait immense qu'elle avait daigné m'accorder.
>
> Charme de l'amour, qui pourrait vous peindre? Cette persuasion que nous avons trouvé l'être que la nature avait destiné pour nous, ce jour

subit répandu sur la vie, et qui nous semble en expliquer le mystère, cette valeur inconnue attachée aux moindres circonstances, ces heures rapides, dont tous les détails échappent au souvenir par leur douceur même, et qui ne laissent dans notre âme qu'une longue trace de bonheur, cette gaîté folâtre qui se mêle quelquefois sans cause à un attendrissement habituel, tant de plaisir dans la présence, et dans l'absence tant d'espoir, ce détachement de tous les soins vulgaires, cette supériorité sur tout ce qui nous entoure, cette certitude que désormais le monde ne peut nous atteindre où nous vivons, cette intelligence mutuelle qui devine chaque pensée et qui répond à chaque émotion, charme de l'amour, qui ne vous éprouva ne saurait vous décrire!

Benjamin Constant, Adolphe, 1816

Thème

We had a remarkable sunset one day last November. I was walking in a meadow, the source of a small brook, when the sun at last, just before setting, after a cold gray day, reached a clear stratum in the horizon, and the softest, brightest morning sunlight fell on the dry grass and on the stems of the trees in the opposite horizon and on the leaves of the shrub-oaks [1] on the hillside, while our shadows stretched long over the meadow eastward, as if we were the only motes [2] in its beams. It was such a light as we could not have imagined a moment before, and the air also was so warm and serene that nothing was wanting [3] to make [4] a paradise of that meadow. When we reflected that this was not a solitary phenomenon, never to happen [5] again, but that it would happen forever and ever [6] an infinite number of evenings, and cheer and reassure the latest child that walked there, it was more glorious still.

. . . We walked in so pure and bright a light, gilding the withered grass and leaves, so softly and serenely bright, I thought I had never bathed in such a golden flood, without a ripple [7] or a murmur to it. The

---

[1] Employez *des chênes rabougris*.
[2] Employez *atome de poussière*.
[3] Employez *manquer*.
[4] To make something of something: *faire quelque chose de quelque chose; changer, transformer quelque chose en quelque chose*.
[5] Employez *avoir lieu*.
[6] Forever and ever: *jusqu'à la fin des siècles*.
[7] Employez *une ride*.

west side of every wood and rising ground gleamed like the boundary of Elysium, and the sun on our backs seemed like a gentle herdsman driving us home at evening.

So we saunter [8] toward the Holy Land, till one day the sun shall shine more brightly than ever he has done, shall perchance shine into our minds and hearts, and light up our whole lives with a great awakening light, as warm and serene and golden as on a bankside in autumn.

Henry David Thoreau, *Walking,* 1862

[8] Employez *s'acheminer.*

7

Lecture

L'Infini de la nature

Que l'homme contemple donc la nature entière dans sa haute et pleine majesté, qu'il éloigne sa vue des objets bas qui l'environnent. Qu'il regarde cette éclatante lumière, mise comme une lampe éternelle pour éclairer l'univers, que la terre lui paraisse comme un point au prix du † vaste tour que cet astre décrit et qu'il s'étonne de ce que ce vaste tour lui-même n'est qu'une pointe très délicate à l'égard de celui que les astres qui roulent dans le firmament embrassent. Mais si notre vue s'arrête là, que l'imagination passe outre; elle se lassera plutôt de concevoir, que la nature de fournir. Tout ce monde visible n'est qu'un trait imperceptible dans l'ample sein de la nature. Nulle idée n'en approche. Nous avons beau enfler nos conceptions, au-delà des espaces imaginables, nous n'enfantons que des atomes, au prix de la réalité des choses. C'est une sphère dont le centre est partout, la circonférence nulle part. Enfin c'est le plus grand caractère sensible de la toute-puissance de Dieu, que notre imagination se perde dans cette pensée.

Que l'homme, étant revenu à soi, considère ce qu'il est au prix de ce qui est; qu'il se regarde comme égaré dans ce canton ‡ détourné de la nature; et que de ce petit cachot où il se trouve logé, j'entends l'univers, il

† *au prix de,* en comparaison de.
‡ *canton,* coin.

110

Chapitre 7: Lecture

apprenne à estimer la terre, les royaumes, les villes et soi-même son juste prix.

Qu'est-ce qu'un homme dans l'infini?

Mais pour lui présenter un autre prodige aussi étonnant, qu'il recherche dans ce qu'il connaît les choses les plus délicates. Qu'un ciron * lui offre dans la petitesse de son corps des parties incomparablement plus petites, des jambes avec des jointures, des veines dans ses jambes, du sang dans ses veines, des humeurs dans ce sang, des gouttes dans ses humeurs, des vapeurs dans ces gouttes; que, divisant encore ces dernières choses, il épuise ses forces en ces conceptions, et que le dernier objet où il peut arriver soit maintenant celui de notre discours; il pensera peut-être que c'est là l'extrême petitesse de la nature. Je veux lui faire voir là-dedans un abîme nouveau. Je lui veux † peindre non seulement l'univers visible, mais l'immensité qu'on peut concevoir de la nature, dans l'enceinte de ce raccourci d'atome. Qu'il y voie une infinité d'univers, dont chacun a son firmament, ses planètes, sa terre, en la même proportion que le monde visible; dans cette terre, des animaux, et enfin des cirons, dans lesquels il retrouvera ce que les premiers ont donné; et trouvant encore dans les autres la même chose sans fin et sans repos, qu'il se perde dans ces merveilles, aussi étonnantes dans leur petitesse que les autres par leur étendue; car qui n'admirera que notre corps, qui tantôt n'était pas perceptible dans l'univers, imperceptible lui-même dans le sein du tout, soit à présent un colosse, un monde, ou plutôt un tout, à l'égard du néant où l'on ne peut arriver?

Qui se considérera de la sorte s'effrayera de soi-même, et, se considérant soutenu dans la masse que la nature lui a donnée, entre ces deux abîmes de l'infini et du néant, il tremblera dans la vue de ces merveilles; et je crois que, sa curiosité se changeant en admiration, il sera plus disposé à les contempler en silence qu'à les rechercher avec présomption.

Car enfin qu'est-ce que l'homme dans la nature? Un néant à l'égard de l'infini, un tout à l'égard du néant, un milieu entre rien et tout. Infiniment éloigné de comprendre les extrêmes, la fin des choses et leur principe sont pour lui invinciblement cachés dans un secret impénétrable, également incapable de voir le néant d'où il est tiré, et l'infini où il est englouti.

Que fera-t-il donc, sinon d'apercevoir [quelque] apparence du milieu des choses, dans un désespoir éternel de connaître ni leur principe ni leur fin? Toutes choses sont sorties du néant et portées jusqu'à l'infini. Qui

---

* *ciron*, le plus petit animalcule visible à l'oeil nu, et qui vit dans les matières alimentaires.

† Construction normale au XVIIe siècle. De nos jours: *je veux lui peindre.*

112 UN CERTAIN STYLE

suivra ces étonnantes démarches? [L'auteur de ces merveilles les comprend. Tout autre ne le peut faire.*

l'épiphonème

Pascal, *Les Pensées et opuscules,* 1670

QUESTIONNAIRE

Questions précises:

1. Commentez la comparaison: «Qu'il regarde cette éclatante lumière mise comme une lampe éternelle pour éclairer l'univers.»
2. Pourquoi cette image: «Tout ce monde visible n'est qu'un trait imperceptible dans l'ample sein de la nature»?
3. «C'est une sphère dont le centre est partout, la circonférence, nulle part.» La métaphore est-elle recherchée? Expliquez.
4. Quelle est l'idée centrale du premier paragraphe? Pascal essaie-t-il de la présenter complètement dès le début ou l'exposé est-il progressif?
5. «Que l'homme, étant revenu à soi, considère ce qu'il est au prix de ce qui est.» Y a-t-il un jeu de mots? Quels autres termes aurait-il pu employer pour exprimer la même idée?
6. «Et que de ce petit cachot où il se trouve logé. . . .» L'image est-elle bien choisie? Expliquez.
7. Une nouvelle idée est-elle présentée dans le deuxième paragraphe, ou ce dernier est-il simplement un développement du paragraphe précédent?
8. «Qu'un ciron lui offre . . . des vapeurs dans ces gouttes.» Commentez l'enchaînement de cette énumération.
9. «. . . Un colosse, un monde, ou plutôt un tout.» Expliquez la progression.
10. Un changement de ton se produit dans le cinquième paragraphe (Qui se considérera . . .). Quelles en sont les manifestations? Quel en est le résultat?
11. «Toutes choses sont sorties du néant et portées jusqu'à l'infini.» Expliquez et commentez.
12. Qui est «l'auteur de ces merveilles»?

Questions générales:

1. Résumez brièvement le passage.
2. Quel est le but du passage?
3. La première partie du morceau, c'est-à-dire la présentation de l'idée centrale, s'achève-t-elle après «. . . il pensera peut-être que c'est là l'extrême petitesse de la nature»? Commentez.
4. Votre idée de l'homme dans la nature s'accorde-t-elle avec celle de Pascal?
5. Le désespoir décrit dans le dernier paragraphe ressemble-t-il au désespoir de l'homme du vingtième siècle?
6. Quels aspects de la nature l'auteur choisit-il pour impressionner le lecteur?
7. Étudiez du point de vue des idées la structure des premier et deuxième paragraphes.

* De nos jours: *tout autre ne peut le faire.*

Chapitre 7: Éléments de style   113

8. Y-a-t-il un parallèle entre l'infiniment grand et l'infiniment petit? (idées et style)

Vocabulaire:

1. Étudiez de près *le sens* des mots en italique. Faites entrer dans une nouvelle phrase chacun de ces mots en les employant dans le même sens.
(a) «Mais si notre vue s'arrête là, que l'imagination *passe outre*. . . .»
(b) «Nous *avons beau enfler nos conceptions*. . . .»
(c) «. . . et se considérant *soutenu* dans *la masse* que la nature lui a donnée. . . .»
(d) «Qui suivra ces étonnantes *démarches*?»

2. Donnez *les synonymes* des mots en italique. Faites entrer chacun de ces mots dans une nouvelle phrase. Marquez clairement les écarts de signification.
(a) «. . . Qu'il *éloigne sa vue* des objets *bas* qui l'*environnent*. . . .»
(b) «. . . et l'infini où il est *englouti*.»

3. Quel est l'effet du premier *que* dans ce passage?
4. Quelle est la valeur du *donc* dans la première phrase?
5. Justifiez la place des adjectifs épithètes dans l'extrait.
6. Étudiez l'emploi et l'effet des répétitions (de mots) dans ce passage.
7. Relevez les figures de rhétorique employées par Pascal.

Analyse de la phrase:

1. Analysez les propositions figurant dans le passage suivant: «Que l'homme, étant revenu à soi . . . les choses les plus délicates.» (pp. 110-11)
2. Analysez *la fonction* de tous les mots de la deuxième phrase.
3. Comment pourriez-vous enrichir le terme sujet et les deux éléments du terme complément dans la phrase suivante? Tout ce monde visible / n'est qu' / un trait imperceptible // dans l'ample sein de la nature.
4. Relevez les phrases dans les trois derniers paragraphes qui ne suivent pas l'ordre grammatical. Justifiez l'ordre adopté.

Éléments de style

Conseils pour la rédaction

Non seulement l'étudiant doit comprendre les mots qui constituent le vocabulaire des auteurs au programme—vocabulaire dont il se servira dans ses rédactions—non seulement il doit savoir analyser grammaticalement les phrases de ces auteurs afin d'apprendre à construire correctement ses propres phrases, mais il doit aussi rechercher la précision de l'expression, éviter les lourdeurs qui affectent la clarté de l'expression et se rappeler qu'il peut, à des fins stylistiques, modifier l'ordre grammatical des mots à l'intérieur de la phrase.

Un écrivain s'efforce toujours de s'exprimer le plus précisément possible. Il lui faut donc ordonner ses idées d'une façon logique et, ensuite, choisir les termes les plus aptes à les traduire. L'étudiant devrait suivre les mêmes préceptes.

L'étudiant doit connaître à fond le sujet à traiter. Le sens du sujet (qu'il épouse la forme du récit, de la dissertation, etc.) une fois dégagé, avant de commencer à rédiger, il doit organiser ses idées à l'aide d'un *plan* qui lui permettra d'introduire son sujet, de le développer, et d'en tirer des conclusions.

L'Introduction

L'introduction, qui doit être courte, permet de délimiter le sujet en le définissant clairement, et de présenter au lecteur les circonstances (époque, lieu, etc.) dans lesquelles l'action va se dérouler, les événements ou les personnages qui sont à l'origine du problème qui va être analysé, etc.

Le Développement

L'étudiant entre dans le coeur du sujet; il doit intéresser son lecteur, le tenir en haleine jusqu'à la conclusion; ses idées seront donc exposées dans des paragraphes dont la longueur est proportionnée à l'importance de ces idées — les points principaux se distinguant parfaitement des points secondaires qui ne sont là que pour «appuyer» les premiers.

La Conclusion

L'étudiant indique alors les résultats de ses observations, les suites des actions décrites dans le développement. La conclusion, tout comme l'introduction, doit être brève pour frapper le lecteur et le faire réfléchir sur le sujet traité.

Exemples de récit

Gilliatt et la pieuvre

[Introduction] Quelque chose qui était mince, âpre, plat, glacé, gluant et vivant, venait de se tordre dans l'ombre autour de son bras nu. Cela lui montait vers la poitrine. C'était la pression d'une courroie et la poussée d'une vrille. En moins d'une seconde, on ne sait quelle spirale lui avait envahi le poignet et le coude et touchait l'épaule. La pointe fouillait sous son aisselle.

[Développement]   Une deuxième lanière, étroite et aiguë, sortit de la crevasse du roc. C'était comme une langue hors d'une gueule. Elle lécha épouvantablement le torse nu de Gilliatt, et tout à coup s'allongeant, démesurée et fine, elle s'appliqua sur sa peau et lui entoura tout le corps.

En même temps, une souffrance inouïe, comparable à rien, soulevait les muscles crispés de Gilliatt. Il sentait dans sa peau des enfoncements ronds, horribles. Il lui semblait que d'innombrables lèvres, collées à sa chair, cherchaient à lui boire le sang.

Impossible de couper ni d'arracher ces courroies visqueuses qui adhéraient étroitement au corps de Gilliatt et par quantité de points.

Brusquement une large viscosité ronde et plate sortit de dessous la crevasse. C'était le centre; les cinq lanières s'y rattachaient comme des rayons à un moyeu; on distinguait au côté opposé de ce disque immonde le commencement de trois autres tentacules, restées sous l'enfoncement du rocher. Au milieu de cette viscosité il y avait deux yeux qui regardaient.

[Conclusion]   Ces yeux voyaient Gilliatt.

Gilliatt reconnut la pieuvre.

Victor Hugo, *Les Travailleurs de la mer,* 1866

Diphile *

(I.)   *Diphile* commence par un oiseau et finit par mille; (II. A.) sa maison n'est pas égayée, mais empestée; la cour, la salle, l'escalier, le vestibule, les chambres, le cabinet, tout est volière; ce n'est plus un ramage, c'est un vacarme; les vents d'automne et les eaux dans leurs grandes crues ne font pas un bruit si perçant et si aigu: on ne s'entend non plus parler les uns les autres que dans ces chambres où il faut attendre, pour faire le compliment d'entrée, que les petits chiens aient aboyé. (II. B.) Ce n'est plus pour Diphile un agréable amusement, c'est une affaire laborieuse et à laquelle à peine il peut suffire: il passe les jours, ces jours qui échappent et qui ne reviennent plus, à verser du grain et à nettoyer des ordures; il donne pension à un homme qui n'a point d'autre ministère que de siffler des serins au flageolet et de faire couver des canaris; il est vrai que ce qu'il dépense d'un côté, il l'épargne de l'autre, car ses enfants sont sans

* Les numéros et les lettres entre parenthèses se rapportent aux sections du plan suivant pour la dissertation.

maîtres et sans éducation; (II. C.) il se renferme le soir, fatigué de son propre plaisir, sans pouvoir jouir du moindre repos que ses oiseaux ne reposent et que ce petit peuple, qu'il n'aime que parce qu'il chante, ne cesse de chanter; il retrouve ses oiseaux dans son sommeil: (III.) lui-même il est oiseau, il est huppé, il gazouille, il perche; il rêve la nuit qu'il mue ou qu'il couve.

La Bruyère, Les Caractères, 1688

Un Plan pour la dissertation

I. Introduction

    A. La citation: son contexte (si possible) — choisir uniquement les renseignements nécessaires aux remarques qui vont suivre
    B. Formuler la question en d'autres termes: en préciser les limites
    C. Définir les termes-clés
    D. Indiquer par une phrase «plan» l'organisation de ce qui va suivre, sans mentionner la conclusion

II. Développement

A. Premier aspect de la question (le moins important)	*ou*	A. Thèse Soutenir le point de vue présenté dans la question (ou citation), l'expliquer, le justifier.
(exemple[s])		
B. Deuxième aspect de la question (plus important)	*ou*	B. Antithèse S'opposer au point de vue présenté dans la question (ou citation). (Trop absolu? incomplet? erroné?)
(exemple[s])		
C. Troisième aspect de la question (le plus important)	*ou*	C. Synthèse Réconcilier les deux points de vue, sur un plan plus élevé ou général; attribuer à la question (ou citation) sa juste valeur.
(exemple[s])		

III. Conclusion

Importance de la question; perspectives qu'elle ouvre; sa valeur pour le lecteur. Opinion personnelle sur la question.

Exemple de dissertation divisée en trois parties:

I. CITATION OU THÈSE

Commençons par situer la France, pour chercher dans sa position géographique telles circonstances propres à expliquer le caractère français. La France a trois versants et, du fait de cette triple orientation, elle est à la fois occidentale, continentale, méditerranéenne. Il en résulte un équilibre original et peut-être unique.

II. A. PREMIER ASPECT, LE MOINS IMPORTANT

Par son front atlantique, elle regarde vers le dehors, avec une fenêtre ouverte sur le grand large: elle subit de ce fait des attractions extra-continentales, la tentation des aventures lointaines. Cette France maritime, coloniale, expansionniste, appartient au groupe libéral des civilisations anglo-américaines et c'est sous cet aspect qu'elle apparaît authentiquement occidentale. Le vent d'Ouest persistant qui souffle sur ses rivages lui apporte bien autre chose que la douceur humide et purifiante de l'océan.

II. B. DEUXIÈME ASPECT, PLUS IMPORTANT

En revanche, en tant que continentale, elle tient à l'Europe par un lien de chair impossible à rompre, bien différente en cela de l'insulaire Angleterre. Toute la bande orientale du pays, celle qui dans le partage de Charlemagne échut à Lothaire, est déjà d'Europe centrale, par nombre de traits géographiques ou moraux, ne pouvant échapper à l'observateur. De ce point de vue nous ne sommes plus atlantiques mais continentaux, terriens, essentiellement européens. Toute l'histoire, ancienne et récente, impose cette conclusion qu'il n'y a pas de France sans Europe, mais qu'il ne peut davantage y avoir d'Europe sans la France. C'est une pièce indispensable de tout système continental.

II. C. TROISIÈME ASPECT, LE PLUS IMPORTANT

Par son front méditerranéen enfin la France est en contact immédiat avec l'Afrique, l'Asie, l'Orient, l'Extrême-Orient, c'est-à-dire, dans l'espace, avec un monde exotique et prestigieux, et dans le temps avec le passé le plus illustre de l'humanité. On sait l'unité foncière de la Méditerranée; partout elle est la même, de Marseille à Beyrouth, de Smyrne à Barcelone. Nous nous apparentons ainsi à des sociétés qui ne nous sont plus contemporaines, à des formes de culture que l'Europe nordique estime lui être étrangères, mais auxquelles une secrète sympathie nous relie. Alors que notre paysan est si loin de l'entrepreneur de culture mécanisé du nouveau monde, on peut lui trouver quelque ressemblance avec le cultivateur chinois. Les «planches,» les «restanques,» * de notre Riviera reflètent le patient labeur de générations innombrables : ces terrasses artificielles évoquent une humanité éternelle, échappant aux révolutions du temps.

III. CONCLUSION

Le caractère unique de la psychologie française provient justement de cette diversité, que les siècles ont fini par fondre en une nouvelle unité. Il s'agit du reste d'un ensemble contradictoire, orienté à la fois vers l'Orient et l'Occident, vers le passé et vers l'avenir, vers la tradition et vers le progrès. Pas de pays plus hardi dans ses conceptions, pas de pays plus routinier dans ses habitudes : avec la France, selon le point de vue, il y a toujours quelque chose à critiquer, mais aussi toujours quelque chose à admirer.

André Siegfried, L'Âme des peuples
(extrait), Librairie Hachette, Éditeur

UN PLAN POUR LA DISSERTATION DE COMPARAISON

Le plan de la dissertation peut s'adapter aussi bien à la comparaison de deux oeuvres:

I. Introduction
    A. Identification et situation de ce qui va être comparé
    B. (Définitions au besoin)
    C. Phrase-«plan»

II. Développement
    A. Premier point de comparaison, avec exemple(s) (le moins important)
    B. Deuxième point de comparaison, avec exemple(s) (assez important)
    C. Troisième point de comparaison, avec exemple(s) (le plus important)

---

* Étroits espaces de terre situés sur les flancs des collines et cultivés à la main.

ERRATA

The last line on page 20
dame, qui avait dépassé la cinquantaine, s'enferma au fond de cette soli-
should be the first line on page 22.

The last line on page 42
La barque allait s'engager dans un petit bras, sombre et étroit,
should be the first line on page 45.

Line 20 on page 59 should read
Romeo   Juliette, je prends à témoin cet astre sacré dont la lumière

Line 22 on page 59 should read
Juliette   Ah! ne jure point par cet astre inconstant qui change tous

The source for the passage reprinted on page 61 is
Georges Duval, 1908,
Éditions Flammarion.

The last line on page 63
toujours; ses yeux seuls paraissaient vivant; et il y avait, dans les coins de
is repeated as the first line on page 64.

The source for the passage reprinted on page 85 is
Marcel Proust, *A la recherche du temps perdu,*
Tome VI: *Albertine disparue.* © Éditions Gallimard.

The source for the passage reprinted on page 87 is
Alain Robbe-Grillet, *La Jalousie,*
© Éditions de Minuit.

III. Conclusion
   Tendance(s) révélée(s) par les trois points de comparaison.
   Résultat (ressemblants *ou* dissemblants).
   Importance, intérêt de cette comparaison.

Modèle de la comparaison divisée en trois parties

Cinna et Hernani

   I. INTRODUCTION

Cinna, tragédie classique de Corneille, porte ce sous-titre: «La Clémence d'Auguste.» On a souvent dit que le drame romantique de Victor Hugo, *Hernani,* aurait pu s'intituler «La Clémence de Charles-Quint.» Les deux pièces se ressemblent-elles? La réponse à cette question ressort nettement d'une comparaison des sujets, des intrigues et des personnages.

   II. A. PREMIER POINT DE COMPARAISON, LE MOINS IMPORTANT

Il s'agit d'une conspiration préparée, découverte et pardonnée dans les deux pièces. Elles traitent donc un même sujet. Mais *Cinna* tout entier correspond seulement au IVe acte d'*Hernani,* car le reste du drame romantique est étranger à la conspiration. La complexité du développement romantique s'oppose à la simplicité classique.

   II. B. DEUXIÈME POINT, ASSEZ IMPORTANT

Dans les deux pièces, une intrigue politique est mêlée à une intrigue amoureuse, d'où une autre ressemblance superficielle. Pourtant, l'essentiel pour Corneille est la lutte qui se passe dans l'âme d'Auguste, tandis que pour Hugo la crise morale est remplacée par les coups de théâtre et les décors pittoresques. La tragédie psychologique, intérieure, de Corneille offre au fond assez peu de ressemblance avec le drame tout extérieur de Victor Hugo.

   II. C. TROISIÈME POINT, LE PLUS IMPORTANT

Quant aux personnages, des parallèles sont évidents: Cinna et Hernani incarnent la vengeance; Auguste et Don Carlos, la clémence; Maxime et Ruy Gomez, la jalousie. Mais des différences de conception séparent les personnages d'inspiration classique de ceux de la période romantique. Chez Corneille, chaque caractère est intègre et consistant; malgré son évolution à travers la pièce, il reste simple et uni. Les personnages d'Hugo, d'autre part, présentent un caractère ambivalent, presque contradictoire: Hernani est bandit et rêveur; Doña Sol, Espagnole hautaine, est une amante faible; Don Carlos, le grand empereur, n'est qu'un étudiant fou.

III. CONCLUSION

Cette brève comparaison nous permet de constater que les ressemblances entre ces deux pièces sont toutes superficielles et que des différences profondes les distinguent. Ces différences—complexité, extériorisation, ambivalence chez Hugo comparé à Corneille—sont caractéristiques de l'esthétique romantique. La comparaison entre *Cinna* et *Hernani* offre un moyen d'apprécier le changement profond de valeurs esthétiques qui avait eu lieu en France dans les deux cents ans qui séparent ces deux chefs-d'oeuvre.

Adapté de M. Roustan, *La Dissertation littéraire,* 1942

EXERCICE

1. Déterminez les diverses parties du plan de l'extrait de Pascal. Donnez un titre à chacune des parties — le titre résumant l'idée principale qui y est développée.
2. En combien de parties le développement peut-il se diviser? Donnez un sous-titre à chacune des parties.
3. Déterminez les diverses parties du plan de l'extrait de Zola, chapitre I.
4. Écrivez une dissertation sur deux des extraits du chapitre V. Suivez le plan donné pour la comparaison de deux oeuvres.

Thème

The methods and results of science have shaken [1] to their foundations the old cosmogony and philosophy. It is now universally recognized that the earth is not the center of the universe, but a mere dot in a mediocre solar system whirling through immeasurable space. Man is only one of some millions of species of living things on the earth, and although in mind and soul he is the paragon of animals, it is becoming increasingly certain that the traditional views regarding his supernatural creation and divine perfection are no longer tenable. On the contrary, the sciences of geology, bi-

[1] Employez *ébranlé.*

ology, psychology, sociology, and anthropology are furnishing an ever-increasing amount of evidence that the body, mind, and society of man are products of evolution. The old philosophy of universal supernaturalism is giving place to a philosophy of universal naturalism; everything that has been scientifically analyzed is found to be natural—that is, orderly, lawful, causal—and many men of science claim that "nature is everything that is." Belief in an anthropomorphic God, a big man in the skies who made us little men in His own image,[2] established society, ethics, and religion by His commands, and governs the world as a human autocrat, is rapidly yielding place to more idealistic conceptions.

It appears probable that the universe and man are subject to immutable natural laws; that causality is universal in the living as well as in the lifeless world; that the entire man, body, mind, and soul, develops from a germ and is the product of heredity and environment; that will itself is no exception to universal causality, since it is merely a link in the chain of cause and effect, being itself the effect of preceding causes and the cause of succeeding effects; that freedom is the result of intelligence acting as cause; that intelligence is the capacity of consciously profiting by experience; that instincts and emotions are causally related to body functions; that society, ethics, and even religion are based primarily on instincts, emotions, reaction patterns, and ductless glands.[3]

Edwin Grant Conklin, "Science and the Faith of the Modern," 1922

[2] Employez *à sa propre image*.
[3] Ductless glands = *glandes* (f.) *endocrines*.

8

Lectures

[Les auteurs étudiés jusqu'ici, bien que possédant une optique différente, ont tous essayé de résoudre le même problème: comment communiquer au lecteur une idée fidèle des objets, des personnes, des situations qu'ils avaient vus ou imaginés? Pour ce faire, ils ont utilisé tous les aspects stylistiques étudiés dans ce livre: le rythme, les sons, les images, etc., tous enfermés dans un cadre logique. Les auteurs que nous étudions dans ce chapitre se servent bien sûr des mêmes outils; mais, tout en conservant une certaine logique grammaticale traditionnelle, ils ont présenté leurs idées avec une nouvelle logique psychologique, afin de traduire le nouveau monde qu'ils ont rêvé. L'accent porte donc moins sur la logique des mots (en fait, nous sommes en présence d'un vocabulaire en train de se créer) que sur le pouvoir évocateur des mots; c'est-à-dire, le récit se base surtout sur les sons, les rythmes, les images. De ce fait les auteurs adoptent la plupart des aspects de la poésie sauf la disposition régulière des vers. Pour ces raisons nous donnons à ce genre le nom de «poème en prose.»]

Un Rêve

J'ai rêvé tant et plus, mais je n'y entends note.
Pantagruel, livre III

Il était nuit. Ce furent d'abord, — ainsi j'ai vu, ainsi je raconte, — une abbaye aux murailles lézardées par la lune, — une forêt percée de sentiers tortueux, — et le Morimont † grouillant de capes et de chapeaux.

Ce furent ensuite, — ainsi j'ai entendu, ainsi je raconte, — le glas

† *le Morimont,* la place aux exécutions à Dijon.

122

Chapitre 8: Lectures 123

funèbre d'une cloche auquel répondaient les sanglots funèbres d'une cellule, — des cris plaintifs et des rires féroces dont frissonnait chaque feuille le long d'une ramée — et les prières bourdonnantes des pénitents noirs qui accompagnaient un criminel au supplice.

Ce furent enfin, — ainsi s'acheva le rêve, ainsi je raconte, — un moine qui expirait couché dans la cendre des agonisants, — une jeune fille qui se débattait pendue aux branches d'un chêne, — et moi que le bourreau liait échevelé sur les rayons de la roue.

Dom Augustin, le prieur défunt, aura, en habit de cordelier, les honneurs de la chapelle ardente; et Marguerite, que son amant a tuée, sera ensevelie dans sa blanche robe d'innocence, entre quatre cierges de cire.

Mais moi, la barre du bourreau s'était, au premier coup, brisée comme un verre, les torches des pénitents noirs s'étaient éteintes sous des torrents de pluie, la foule s'était écoulée avec les ruisseaux débordés et rapides — et je poursuivais d'autres songes vers le réveil.

Aloysius Bertrand (1807-41), *Gaspard de la nuit*

QUESTIONNAIRE

Questions précises:

1. Quelles images sont présentées dans le premier paragraphe? Comment donnent-elles le ton du morceau?
2. Qu'est-ce que l'image du «moine expirant dans la cendre des agonisants» suggère?
3. Pourquoi l'auteur décrit-il la jeune fille en train de se débattre «pendue aux branches d'un chêne»?
4. Qu'est-ce que la barre du bourreau?
5. Pourquoi l'auteur choisit-il de dire que cette barre «s'était, au premier coup, brisée comme un verre»?
6. Pourquoi parle-t-il alors des «torrents de pluie» et des «ruisseaux débordés et rapides»?

Questions générales:

1. Le titre de ce poème en prose se justifie-t-il?
2. Commentez la citation de Rabelais en tête du poème. Quelle en est l'importance?
3. Quel titre auriez-vous donné au morceau? Pourquoi?
4. Justifiez l'emploi des temps des verbes.

Vocabulaire:

1. Qu'est-ce que les mots suivants évoquent?

lézardées	glas	ardente
percée	bourdonnantes	échevelé
grouillant	écoulée	

2. Relevez les mots qui expriment:
   (a) la souffrance
   (b) la mort
3. Commentez le choix des épithètes dans les expressions suivantes:
   le glas *funèbre*
   des cris *plaintifs*
   des rires *féroces*
4. Pourquoi l'auteur emploie-t-il le mot *songes* à la fin du morceau et non le mot *rêves*?
5. Qu'est-ce que suggère le verbe *poursuivais*?
6. L'expression «Il était nuit» est inhabituelle. Pourquoi? Quel en est l'effet?
7. Quel est l'effet des répétitions (sons et mots)?
8. Justifiez la place des adjectifs épithètes dans ce poème en prose.
9. Quels sont les mots et expressions qui vous paraissent poétiques dans ce morceau? Pourquoi? (Définissez d'abord le mot *poétique;* puis montrez en quoi ces mots sont poétiques: pouvoir évocateur, position particulière dans la phrase, sens spécial, emploi inhabituel, etc.)

Analyse de la phrase:
1. Déterminez les diverses parties du plan du morceau. Donnez un titre à chacune des parties — le titre résumant l'idée principale qui y est développée.
2. En combien de parties le développement peut-il se diviser? Donnez un sous-titre à chacune des parties.
3. Quel est l'effet provoqué par la fragmentation (due à la ponctuation) du rythme de la phrase dans tout le morceau?
4. Le rythme de la phrase contribue-t-il à donner au texte son caractère poétique?

L'Amour cherche les lieux abandonnés

L'amour par les longues soirées pluvieuses, cherche les lieux abandonnés.

Nous avons suivi ce chemin d'herbe qui s'en allait je ne sais où dans le dimanche de septembre. Il nous a conduits sur la hauteur où s'amassait la pluie comme une blanche forêt perdue. C'est là, dans une vigne terreuse et noircie, que me précédait mon amour. Je regardais avec compassion sous la soie mouillée ses épaules transparues, et sa main en arrière, selon le geste de son écharpe fauve et trempée, disant: encore plus loin! Plus perdus encore!

Nous avons trouvé ce bosquet désert avec de grands arceaux de fer tombés, vestiges d'une tonnelle. On découvrait une ville au loin qui fumait de pluie dans la vallée. Visages humains, qui regardiez derrière les

Chapitre 8: Lectures

fenêtres, que les heures étaient lentes à passer devant vous dans les rues, et monotone à vos oreilles la sonnerie régulière de l'eau dans le chenal — auprès de la soirée errante dans les avenues de notre réduit de feuillage! Nous nous sommes jeté de la pluie à la figure et nous nous sommes grisés à son goût profond. Nous sommes montés dans les branches, jusqu'à mouiller nos têtes dans le grand lac du ciel agité par le vent. La plus haute branche, où nous étions assis, a craqué, et nous sommes tombés tous deux avec une cascade de feuilles et de rire, comme au printemps deux oiseaux empêtrés d'amour. Et parfois vous aviez ce geste sauvage, amour, d'écarter, avec les cheveux, de vos yeux, les branches de la tonnelle, pour que le jour prolongeât dans notre domaine les chevauchées sur les chemins indéfinis, les rencontres coupables, les attentes à la grille, et les fêtes mystérieuses que vous donnent la pluie, le vent et les espaces perdus.

Mais pour le soir qui va venir, amour, nous cherchons une maison.

Dans la vigne, nous avons longtemps secoué la porte du refuge, en nous serrant sur le seuil pour nous tenir à l'abri, ainsi que deux perdrix mouillées. Nous entendions à nos coups répondre sourdement la voix de l'obscurité enfermée. Derrière la porte il y avait, pour nous, de la paille où nous enfouir dans la poussière lourde et l'ombre de juillet moissonné; des fruits traînant sur des claies avec l'odeur de grands jardins pourris où sombrent pour la dernière fois les amants attardés; dans un coin, des sarments noircis, avec de vieilles choses, amour, qu'en vain vous auriez voulu reconnaître; et, vers le soir, dans la cheminée délabrée, nous aurions fait prendre un grand feu de bois mort, dont la chaleur obscure aurait, le reste de la nuit, réchauffé vos pieds nus dans ses mains.

«Quelqu'un» avait la clef de ce refuge, et nous avons continué d'errer. Aucun domaine terrestre, amour, ne vous a paru suffisamment déserté! Ni, dans la forêt, le rendez-vous de chasse comme une borne muette au carrefour de huit chemins égarés; ni même, au tournant le plus lointain de la route, cette chapelle rouillée sous les branchages funèbres.

Mais le lieu même de notre amour, ce fut, par la nuit d'automne où nous dûmes nous déprendre, cette cour abandonnée sous la pluie, dont elle m'ouvrit secrètement la porte. Sur le seuil où elle m'appela tout bas, je ne pus distinguer la forme de son corps; et des jardins épais où nous entrâmes à tâtons, je ne connaîtrai jamais le visage réel. «Touchez, disait-elle, en appuyant sur mes yeux sa chevelure, comme mes cheveux sont mouillés!» Autour de nous ruisselaient immensément les profondes forêts nocturnes. Et je baisais sur cette face invisible que jamais plus je ne devais revoir la saveur même de la nuit. Un instant, elle enfonça dans mes manches, contre la chaleur de mes bras, ses mains fines et froides, caresse triste qu'elle aimait. Perdus pour les hommes et pour nous-mêmes, pareils à deux noyés confondus qui flottent dans la nuit, ah! nous avions trouvé le désert où déployer enfin comme une tente notre royaume sans nom. Au seuil de l'abandon sans retour, vous me disiez, amour, dont la tête encore roule sur mon épaule, avec cette voix plus sourde que le désespoir: «Jamais!... il n'y aura jamais de fin! Éternellement, nous nous parlerons ainsi tout bas, bouche à bouche, ainsi que deux enfants qu'on a mis à dormir ensemble, la veille d'un grand bonheur, dans une maison inconnue; — et la voix de la forêt qui déferle jusqu'à la vitre illuminée se mêle à leurs paroles . . .»

Alain-Fournier (1886-1914), *Miracles*
© Éditions Gallimard

QUESTIONNAIRE

Questions précises:

1. Expliquez «dans le dimanche de septembre.»
2. Le mot *perdue* («une blanche forêt perdue») crée-t-il immédiatement une ambiance poétique?
3. Pourquoi l'auteur a-t-il employée l'expression «mon amour» («que me précédait mon amour»)?
4. Qu'est-ce que le mot *compassion* nous révèle sur les sentiments du narrateur?
5. Expliquez l'image «fumait de pluie.»
6. Quel est l'effet du *vous* dans «Et parfois vous aviez ce geste sauvage . . .»?
7. La personnification du feu («un grand feu de bois mort . . .») vous semble-t-elle naturelle ou forcée?
8. Pourquoi «rouillée» et «funèbres» à la fin du sixième paragraphe?
9. «Et la voix de la forêt qui déferle jusqu'à la vitre illuminée se mêle à leurs paroles.» Qui parle? Pourquoi? Quelle est ici la valeur du présent de l'indicatif?
10. Pour quelles raisons Alain-Fournier emploie-t-il tantôt *nous*, tantôt *vous* et tantôt *elle* dans son récit?

Questions générales:

1. Relevez les mots et expressions qui évoquent le douloureux mystère de l'amour.
2. Relevez les mots et expressions se rapportant au thème de l'eau.
3. Pourquoi l'auteur a-t-il choisi ce thème pour unifier son récit?
4. Comment Alain-Fournier conçoit-il l'amour?

Vocabulaire:

1. Étudiez de près le *sens* des mots en italique. Faites entrer dans une nouvelle phrase chacun de ces mots et les employant dans le même sens.

Chapitre 8: Lectures

(a) «Il nous a conduit sur *la hauteur* où s'amassait la pluie comme une blanche forêt *perdue*.»
(b) «Je regardais avec compassion ses épaules *transparues* . . .»
(c) «Nous nous sommes jeté de la pluie à la figure et nous nous sommes *grisés* à son goût *profond*.»
(d) «. . . les *chevauchées* sur les chemins indéfinis . . .»
(e) «. . . des sarments noircis, avec de vieilles *choses,* amour . . .»
(f) «. . . dans la cheminée *délabrée,* nous aurions fait prendre un grand feu de bois mort, dont la chaleur *obscure* . . .»
(g) «. . . pareils à deux noyés *confondus*.»

2. Donnez les synonymes des mots en italique. Faites entrer chacun de ces mots dans une nouvelle phrase. Marquez clairement les écarts de signification et montrez que chacun de ces mots est plus poétique, dans le contexte, que ses synonymes.
(a) «L'amour cherche les *lieux* abandonnés.»
(b) «Mais le lieu même de notre amour, ce fut, par la nuit d'automne où nous dûmes nous *déprendre*. . . .»
(c) «Et je *baisais* sur cette *face* invisible. . . .»
(d) «avec cette voix plus *sourde* que le désespoir. . . .»
(e) «et la voix de la forêt qui déferle jusqu'à la vitre *illuminée* se mêle à leurs paroles. . . .»
(f) «. . . et des jardins *épais* où nous entrâmes à tâtons. . . .»

3. Quelles sont les connotations poétiques des expressions suivantes? (Sonorité des mots? emploi des mots dans un sens spécial? juxtaposition inhabituelle de certains mots? construction particulière? etc.)
(a) «. . . auprès de *la soirée errante* dans *les avenues de notre réduit de feuillage*»
(b) «dans *le grand lac du ciel* agité par le vent»
(c) «Nous entendions à nos coups répondre sourdement *la voix de l'obscurité enfermée*.»
(d) «. . . où nous enfouir dans la poussière lourde et *l'ombre de juillet moissonné* . . .»
(e) «. . . un grand feu de bois mort, dont *la chaleur obscure* aurait . . .»
(f) «Aucun *domaine terrestre* . . .»
(g) «. . . une borne *muette* au carrefour *de huit chemins égarés*. . .»
(h) «Autour de nous *ruisselaient immensément* les profondes forêts *nocturnes*.»
(i) «. . . et *la voix de la forêt qui déferle* jusqu'à la vitre illuminée . . .»

4. «Touchez, disait-elle, en appuyant sur mes yeux sa chevelure, comme mes cheveux sont mouillés.» Pourquoi l'auteur a-t-il préféré se servir d'abord du mot *chevelure*?

5. Relevez toutes les figures de rhétorique.

128 UN CERTAIN STYLE

6. Étudiez la place des adjectifs dans ce récit. Relevez ceux qui forment avec leurs substantifs des expressions particulièrement poétiques *en raison de leur position*.
7. Certains mots sont répétés. Lesquels et à quel effet?
8. Relevez les onomatopées et employez-les dans de nouvelles phrases auxquelles vous essayerez de donner une couleur poétique.

Analyse de la phrase:

1. Analysez du point de vue de *leurs fonctions* tous les mots du paragraphe suivant (p. 125):
«'Quelqu'un' avait la clef de ce refuge . . . les branchages funèbres.»
2. Relevez toutes les phrases dans lesquelles l'ordre grammatical des mots n'est pas respecté. Montrez comment le déplacement des termes contribue à donner un caractère poétique au texte en prose.
3. La longueur inégale des paragraphes a-t-elle un effet particulier?
4. Déterminez les diverses parties du *plan* du morceau. Donnez un titre *poétique* à chacune des parties.
5. En combien de parties le développement peut-il se diviser? Donnez un sous-titre poétique à chacune des parties.
6. Comparez ce texte au texte de Chateaubriand (chapitre VII). Que remarquez-vous? (Ressemblances et différences dans l'expression).
7. Pourquoi peut-on dire que cet extrait d'Alain-Fournier est un poème en prose? (Votre réponse devra s'appuyer sur l'étude de tous les aspects du vocabulaire et de la phrase, et sur la structure du passage.)

QUESTIONS SUR LES DEUX TEXTES

1. Lequel des deux poèmes en prose vous semble plus «poétique»? (Répondez en vous référant à la définition que vous avez donnée lors de l'exercice p. 124. (Vocabulaire, 9)
2. Dans quel poème le rythme joue-t-il un rôle important?
3. Lequel des deux poètes vous a frappé le plus par le choix de ses images?
4. Le titre «Un Rêve» pourrait-il s'appliquer aux deux poèmes?
5. Écrivez une dissertation sur les deux poèmes. Suivez le plan donné pour la comparaison de deux oeuvres (Chap. VII).

Introduction à la poésie

Le poème en prose nous mène naturellement à la poésie. Il n'est pas question dans le cadre du présent livre d'étudier les problèmes complexes soulevés par l'analyse stylistique dans ce domaine, mais seulement de présenter aux étudiants une introduction exposant les éléments techniques fondamentaux nécessaires à toute appréciation poétique, en tête desquels figure la versification.

La Versification*

COMPTE DES SYLLABES

Afin de déterminer le rythme d'un vers il est nécessaire de savoir compter les syllabes: la structure même du vers français repose sur le nombre des syllabes. Ces syllabes «poétiques» sont en général énoncées plus distinctement que les syllabes d'un texte en prose. Toutefois la poésie contemporaine tend à ne plus exploiter cet aspect déclamatoire.

Toute syllabe terminée par un *e muet* s'élide devant un mot qui commence par une voyelle ou un *h muet,* et ne compte pas:

    Triomphant dans le templ(e), il ne s'informe pas. (Racine)
    1 2   3   4   5 6   7 8   9 10 11 12

    A quel indign(e) honneur m'avais-tu reservée? (Racine)
    1   2 3 4   5 6   7 8 9 1011 12

La syllabe finale lorsqu'elle est muette (c'est-à-dire lorsqu'elle contient un *e muet*) ne compte jamais:

    Car je croyais ouïr de ces bruits prophétiqu(es)
    1 2   3 4 5 6 7   8   9   10 11 12

    Qui précédaient la mort des Paladins antiqu(es).
                                                Vigny

On compte toujours le *e muet* précédé d'une consonne s'il n'est pas élidé ou s'il ne se trouve pas dans une syllabe finale:

    Cascades qui tombez des neiges entraînées,
    1 2 3   4   5   6   7   8 9 10 11 12

    Sources, gaves, ruisseaux, torrents des Pyrénées.
    1   2   3 4 5   6   7 8   9   1011 12
                                                Vigny

Remarque 1: A l'intérieur d'un mot le *e muet* précédé d'une voyelle ne compte pas dans le vers:

    Ses chansons, sa gai(e)té, sont bientôt revenues (Chénier)
    1   2   3   4 5   6   7   8 9 1011 12

* Les auteurs recommandent aux élèves de consulter Maurice Grammont, *Petit traité de versification française* (Paris: Armand Colin, 1967).

Remarque 2: Lorsque deux voyelles sonores * pures † se suivent dans le même mot elles comptent en principe pour deux syllabes:

J'étudiai
1 2 3 4

Humilier
1 234

En fait dans ce cas le poète est entièrement libre, et l'on ne peut vraiment savoir si les deux voyelles comptent pour deux syllabes qu'en étudiant le mètre des vers précédents.

Le Mètre

Parmi tous les mètres reguliers (décasyllabes, octosyllabes, etc.) le vers de douze syllabes, l'alexandrin, fut jusqu'à une époque récente le plus employé par les poètes français. Il apparut au douzième siècle (*Pèlerinage de Charlemagne à Jérusalem, Roman d'Alexandre*) mais son apogée se situe au dix-septième siècle avec Racine et Corneille:

Albe vous a nommé, je ne vous connais plus.
1   2   3   4   5   6   7   8   9   10 11   12

Je vous connais encore et c'est ce qui me tue.
1   2   3   4   5   6   7   8   9 10 11 12

Corneille

Le vers de dix syllabes ou décasyllabe était très employé au Moyen Age. On lui préféra ensuite l'alexandrin à cause de la majesté de ce dernier qui correspondait mieux à l'esprit classique, mais le vers décasyllabe ne disparut pas complètement:

Dans le vieux parc solitaire et glacé
1   2   3   4   5 6 7   8   9 10

Deux formes ont tout à l'heure passé.
1   2   3   4   5   6   7 8 9 10

Verlaine

Le vers de neuf syllabes est peu commun:

De la musique avant toute chose
1 2   3 4   5 6   7   8   9

---

* Toutes les voyelles sauf le *e muet*.
† Pures par rapport aux semi-consonnes qui sont *ui, oui* et le yod (lui, Louis, oui, nation, bien, etc.).

Chapitre 8: Introduction à la poésie

> Et pour cela préfère l'Impair
> Plus vague et plus soluble dans l'air,
> Sans rien en lui qui pèse ou qui pose.
>
> Verlaine

Le vers de huit syllabes ou octosyllabe, le plus apprécié au Moyen Age, est toujours très employé:

> Donc, si vous me croyez, mignonne,
> 1   2   3   4   5 6   7 8
>
> Tandis que votre âge fleuronne
> En sa plus verte nouveauté,
> Cueillez, cueillez votre jeunesse.
> Comme à cette fleur, la vieillesse
> Fera ternir votre beauté.
>
> Ronsard

Pour des exemples de vers de sept, six, cinq, etc. syllabes, il suffit de se reporter au poème des *Djinns* de Victor Hugo (chapitre X).

EXERCICE

A. Comptez les syllabes et indiquez le mètre des vers suivants:

1. Encore un printemps de passé
   Je songe à ce qu'il eut de tendre.
   Apollinaire

2. O blanche fiancée!
   O jeune vierge en fleur!
   Nerval

3. Tels ils marchaient dans les avoines folles,
   Et la nuit seule entendit leurs paroles.
   Verlaine

4. Une souris craignait un Chat
   Qui dès longtemps la guettait au passage.
   Que faire en cet état? Elle, prudente et sage,
   Consulte son voisin: c'était un maître Rat,
   Dont la rateuse seigneurie
   S'était logée en bonne hôtellerie.
   La Fontaine

5. Un vaste et tendre
   Apaisement
   Semble descendre
   Du firmament.
   Verlaine

132   UN CERTAIN STYLE

6. Comme je descendais des Fleuves impassibles,
   Je ne me sentis plus guidé par les haleurs . . .
                                         Rimbaud

7. Je sors de ma maison
   Plein de sommeil encore,
   Une petite pluie
   Trottine sur mes mains.
                     Jules Romains

8. Ce toit tranquille, où marchent des colombes,
   Entre les pins palpite, entre les tombes; . . .
                                         Valéry

9. Mon enfant, ma soeur,
   Songe à la douceur,
   D'aller là-bas vivre ensemble!
                     Baudelaire

10. Je suis le Ténébreux, — le veuf, — l'inconsolé
    Le Prince d'Aquitaine à la tour abolie.
                                   Nerval

B. Les vers suivants ont douze syllabes: mettez entre parenthèses les *e muets* qui ne sont pas comptés:

1. Oui, madame, il est vrai, je pleure, je soupire   (Racine)
2. Et rose elle a vécu ce que vivent les roses   (Malherbe)
3. L'exemple d'une aveugle et basse obéissance   (Racine)
4. Je couche d'un revers mille ennemis à bas   (Corneille)
5. Qui se venge à demi court lui-même à sa perte   (Corneille)
6. Nicomède, en deux mots, ce désordre me fâche   (Corneille)
7. Tu la préfères, lâche, à ces prix glorieux   (Corneille)
8. Oui, depuis que le monde est monde entre les mondes   (Rostand)
9. Je respire à la fois l'inceste et l'imposture   (Racine)
10. Rome seule pouvait Rome faire trembler   (Du Bellay)

Césure, hémistiche, élision, et enjambement

La *césure* est une pause à l'intérieur du vers marquée ou non par la ponctuation; à l'époque classique elle divisait l'alexandrin en deux parties égales de six syllabes appelées *hémistiches*. Il n'est plus nécessaire que les hémistiches aient un nombre égal de syllabes; de nos jours on préfère d'ailleurs le mot *pause* au mot *césure* (Il s'agit de pauses de *sens*).

                           (pause avec ponctuation)
J'approuve son courroux, car, puisqu'il faut le dire,
Souvent de tous nos maux la raison est le pire.
                           (pause sans ponctuation)
                                      Boileau

L'élision: la voyelle muette *e* n'est pas prononcée lorsqu'elle se trouve devant une autre voyelle ou un *h* muet:

Tous deux sont d'unE humeur aiséE à irriter
L'un parle sans penser, et l'autrE à l'aventure.
                                  Jean Passerat

L'enjambement: en principe, il doit y avoir une pause à la fin de chaque vers. S'il n'y a pas de pause, si le sens du vers continue jusque dans le vers suivant, on dit qu'il y a enjambement.

Mais les vrais voyageurs sont ceux-là seuls qui partent
Pour partir; coeurs légers, semblables aux ballons,
De leur fatalité jamais ils ne s'écartent,
Et, sans savoir pourquoi, disent toujours: Allons!
                                    Baudelaire

Puisque j'ai mis ma lèvre à ta coupe encor pleine,
Puisque j'ai dans tes mains posé mon front pâli,
Puisque j'ai respiré parfois la douche haleine
De ton âme, parfum dans l'ombre enseveli, . . .
                                    Victor Hugo

La Rime

Le vers français est essentiellement syllabique; son rythme étant moins marqué que celui du vers anglais, la rime y joue un rôle primordial. «Deux mots riment ensemble quand leur dernière voyelle sonore et éventuellement les consonnes qui la suivent ont le même timbre.» *

Genres: Rimes masculines et rimes féminines †

Les rimes féminines se terminent par une syllabe contenant un *e muet* (*incendie, hardie; calmes, palmes; entendue, vue; confondent, répondent*); toutes les autres rimes sont masculines (*unité, clarté; enfants, triomphants; chercher, marcher*).

* Henri Bonnard, *Notions de style, de versification et d'histoire de la langue française* (Paris: S.U.D.E.L., 1949).
† Au commencement du Moyen Age l'assonance prévalait; les voyelles sonores étaient identiques mais pouvaient être suivies de consonnes différentes (*visage* et *larges*).

Qualité: Rime pauvre, rime suffisante et rime riche

pauvre: homophonie (c'est-à-dire similitude des sons) de la dernière voyelle sonore:
poilu et *barbu*

suffisante: homophonie de la dernière voyelle et d'un seul autre élément sonore (qui précède ou qui suit):
clerc et *fer; enfant* et *éléphant*

riche: homophonie de la dernière voyelle et d'au moins deux autres éléments sonores.
charmante et *amante; portiques* et *basaltiques*

Disposition: Rimes plates, croisées et embrassées

plates: les rimes se succèdent deux à deux (*aa, bb*)
    Il nous regarde encore, ensuite il se recouche,
    Tout en léchant le sang répandu sur sa bouche,
    Et sans daigner savoir comment il a péri,
    Refermant ses grand yeux, meurt sans jeter un cri.
                              Vigny

Remarque: Les poètes classiques avaient coutume d'alterner rimes plates masculines et rimes plates féminines; certains modernes respectent encore cette coutume.

croisées: les rimes se succèdent dans l'ordre *abab:*
    Il est amer et doux, pendant les nuits d'hiver,
    D'écouter, près du feu qui palpite et qui fume,
    Les souvenirs lointains lentement s'élever
    Au bruit des carillons qui chantent dans la brume.
                            Baudelaire

Remarque: La rime *hiver* (où le *r* est prononcé), *s'élever* (où le *r* ne l'est pas) s'appelle une rime défectueuse.

embrassées: les rimes se succèdent dans l'ordre *abba.*
    Que mon fils ait perdu sa dépouille mortelle,
    Ce fils qui fut si brave et que j'aimai si fort,
    Je ne l'impute point à l'injure du sort,
    Puisque finir à l'homme est chose naturelle.
                            Malherbe

Remarque: En général, les rimes masculines altèrnent avec les rimes féminines, comme on peut le constater dans les textes précédents, quelle que soit la disposition des rimes.

Chapitre 8: Introduction à la poésie

Rime intérieure

La rime intérieure est un son qui se trouve à l'intérieur d'un vers qui répète la rime finale:

> Dans un chemin montant, sablonneux, malaisÉ,
> Et de tous les côtés au soleil exposÉ,
>   Six forts chevaux tiraient un coche.
> La Fontaine

EXERCICES

A. Marquez les césures d'un trait vertical dans les vers suivants:

1. Tels que la haute mer contre les durs rivages
   A la grande tuerie ils se sont tous rués,
   Ivres et haletants, par les boulets troués,
   En d'épais tourbillons pleins de clameurs sauvages.
   Leconte de Lisle

2. La mitraille, c'est fort gênant; c'est de la pluie;
   Seulement ce qui tombe et ce qui vous ennuie,
   Ce sont des grains de flamme et non des gouttes d'eau.
   Hugo

3. Nous ne sommes pas vos ennemis
   Nous voulons nous donner de vastes et d'étranges domaines
   Où le mystère en fleurs s'offre à qui veut le cueillir
   Il y a là des feux nouveaux des couleurs jamais vues
   Apollinaire

B. Déterminez si les groupes de mots suivants sont des rimes masculines ou féminines ou des assonances:

manège et *neige*   *milieu* et *dieu*
serpents et *rampants*   *automne* et *bonne*
demain et *plein*   *emblèmes* et *blasphèmes*
étoile et *voir*   *impossible* et *disponible*
somme et *pomme*   *clarté* et *chanter*
remords et *mort*   *chef* et *ceps*
distraits et *secrets*   *involontaire* et *frère*

C. Distinguez les rimes pauvres, suffisantes ou riches parmi les groupes suivants·

poisson et *poison*   *la table* et *véritable*
compagnon et *non*   *défunt* et *parfum*
immonde et *monde*   *la rue* et *une main inconnue*

lampe et *tempe* *ils ont* et *ils sont*
jette et *fête* *sonore* et *encore*
maux et *rameaux* *tous* et *loup*
culotte et *tremblote* *branche* et *blanche*
souhaits et *jamais* *mouillés* et *chatouillés*

D. Identifiez (genre, qualité, disposition) les rimes suivantes:

1. La nature est une temple où de vivants piliers
   Laissent parfois sortir de confuses paroles;
   L'homme y passe à travers des forêts de symboles
   Qui l'observent avec des regards familiers.
   Baudelaire

2. Hélas! la plaine, hélas! elle est finie!
   Et ses clochers sont morts et ses moulins perclus.
   La plaine, hélas! elle a toussé son agonie
   Dans les derniers hoquets d'un angelus.
   Verhaeren

3. O triste, triste était mon âme
   A cause, à cause d'une femme.
   Je ne me suis pas consolé
   Bien que mon coeur s'en soit allé.
   Verlaine

4. J'ai cherché trente ans, mes soeurs,
   Où s'est-il caché?
   J'ai marché trente ans, mes soeurs,
   Sans m'en rapprocher . . .
   Maeterlinck

5. Tranquilles cependant, Charlemagne et ses preux
   Descendaient la montagne et se parlaient entre eux.
   A l'horizon déjà, par leurs eaux signalées,
   De Luz et d'Argelès se montraient les vallées.
   Vigny

6. Le sable rouge est comme une mer sans limite,
   Et qui flambe, muette, affaissée en son lit,
   Une ondulation immobile remplit
   L'horizon aux vapeurs de cuivre où l'homme habite.
   Leconte de Lisle

7. Il est ainsi de pauvres coeurs
   Avec, en eux, des lacs de pleurs,
   Qui sont pâles, comme les pierres
   D'un cimetière.
   Verhaeren

Thème

A poem is the very image of life expressed in its eternal truth. There is this difference between a story and a poem, that a story is a catalogue of detached facts, which have no other connexion than [1] time, place, circumstance, cause and effect; the other is the creation of actions according to [2] the unchangeable forms of human nature, as existing [3] in the mind of the Creator, which is itself the image of all other minds. The one is partial, and applies only to a definite period of time, and a certain combination of events which can never again recur[4]; the other is universal, and contains within itself the germ of a relation to whatever [5] motives or actions have place in the possible varieties of human nature. Time, which destroys the beauty and the use [6] of the story of particular facts, stripped of the poetry which should invest them,[7] augments that of poetry, and for ever develops new and wonderful applications of the eternal truth which it contains. Hence epitomes have been called the moths of just history; they eat out [8] the poetry of it. A story of particular facts is as a mirror which obscures and distorts that which should be beautiful; poetry is a mirror which makes beautiful that which is distorted.

The parts of a composition may be poetical, without the composition as a whole [9] being a poem. A single sentence may be considered as a whole,[10] though it may be found in the midst of a series of unassimilated [11] portions: a single word even may be a spark of inextinguishable thought. And thus all the great historians, Herodotus, Plutarch, Livy, were poets; and although the plan of these writers, especially that of Livy, restrained them from developing this faculty in its highest degree, they made copious and ample amends [12] for their subjection, by filling all the interstices of their subjects with living images.

Percy Bysshe Shelley, A Defence of Poetry, 1821

[1] Than = than those of.
[2] Employez *qui s'accordent avec*.
[3] Existing = as they exist.
[4] Employez *se reproduire*.
[5] Whatever ici peut être "the" ou "all the."
[6] Employez *utilité*.
[7] Stripped . . . them: *dépouillé de la poésie qui pourrait les revêtir.*
[8] Employez *ronger*.
[9] As a whole: *dans son ensemble.*
[10] As a whole: *comme un tout.*
[11] Employez *discordantes*.
[12] They . . . amends: *ils se sont dédommagés* et des adverbes.

9

Lectures

L'Albatros

Souvent, pour s'amuser, les hommes d'équipage
Prennent des albatros, vastes oiseaux des mers,
Qui suivent, indolents compagnons de voyage,
Le navire glissant sur les gouffres amers.

A peine les ont-ils déposés sur les planches,
Que ces rois de l'azur, maladroits et honteux,
Laissent piteusement leurs grandes ailes blanches
Comme des avirons traîner à côté d'eux.

Ce voyageur ailé, comme il est gauche et veule!
Lui, naguère si beau, qu'il est comique et laid!
L'un agace son bec avec un brûle-gueule,
L'autre mime, en boitant, l'infirme qui volait!

Le Poète est semblable au prince des nuées
Qui hante la tempête et se rit de l'archer;
Exilé sur le sol au milieu des huées,
Ses ailes de géant l'empêchent de marcher.

      Charles Baudelaire, 1859

QUESTIONNAIRE

Questions précises et générales:

1. Résumez le poème en faisant bien ressortir les intentions de l'auteur.
2. Quel contraste y a-t-il entre la première et la deuxième strophe? (Relevez les expressions qui permettent de communiquer ce contraste au lecteur.)

Chapitre 9: Lectures   **139**

3. Y a-t-il un changement de ton dans la troisième strophe?
4. Comment l'image de l'albatros contribue-t-elle à l'unité du tableau?
5. La description des hommes d'équipage se moquant de l'oiseau est-elle exagérée?
6. Pourquoi le poète, selon Baudelaire, se trouve-t-il hors de la société?
7. Soulignez les mots-clés (cf. Ch. I, p. 5).
8. Dans la scène présentée, le poète aurait pu souligner certains autres aspects? Lesquels? Pourquoi ne l'a-t-il pas fait?
9. Dans quelle mesure la liberté du lecteur s'exerce-t-elle ici?
10. Que serait ce poème si la troisième strophe était omise? Quel changement du point de vue des idées exprimées ici une telle omission apporterait-elle?

Vocabulaire:

1. Lisez la première strophe à haute voix et indiquez les sons répétés. Cette répétition a-t-elle un effet particulier?
2. Expliquez le sens et l'emploi des mots suivants:

vastes	gouffres amers
piteusement	veule
hante	se rit de

3. Relevez et commentez les figures de style.

Analyse de la phrase:

1. En vous référant aux modèles du chapitre III (pp. 47-50), analysez les propositions des deux strophes suivantes du point de vue de la fonction des mots ou groupes de mots.

(a) Souvent, pour s'amuser, les hommes d'équipage
Prennent des albatros, vastes oiseaux des mers,
Qui suivent, indolents compagnons de voyage,
Le navire glissant sur les gouffres amers.

(b) A peine les ont-ils déposés sur les planches,
Que ces rois de l'azur, maladroits et honteux,
Laissent piteusement leurs grandes ailes blanches
Comme des avirons traîner à côté d'eux.

2. La syntaxe suit-elle l'ordre logique? Expliquez l'effet visé par l'auteur.

3. Déterminez les diverses parties du plan du poème. Donnez un titre à chacune des parties.

Versification:

1. Combien de syllabes chaque vers contient-il?
2. Quels *e* muets ne sont pas comptés?
3. Quelles sortes de rimes le poète emploie-t-il?
4. Comment ces rimes sont-elles disposées?

5. Les césures sont-elles régulières?
6. Y a-t-il des cas d'enjambement?
7. Y a-t-il une rime intérieure?

La Nuit de mai (extrait)

Lorsque le pélican, lassé d'un long voyage,
Dans les brouillards du soir retourne à ses roseaux,
Ses petits affamés courent sur le rivage
En le voyant au loin s'abattre sur les eaux.
Déjà, croyant saisir et partager leur proie,
Ils courent à leur père avec des cris de joie,
En secouant leurs becs sur leurs goîtres hideux.
Lui, gagnant à pas lents une roche élévée,
De son aile pendante abritant sa couvée,
Pêcheur mélancolique, il regarde les cieux.
Le sang coule à longs flots de sa poitrine ouverte;
En vain il a des mers fouillé la profondeur;
L'Océan était vide et la plage déserte;
Pour toute nourriture il apporte son coeur.
Sombre et silencieux, étendu sur la pierre,
Partageant à ses fils ses entrailles de père,
Dans son amour sublime il berce sa douleur;
Et, regardant couler sa sanglante mamelle,
Sur son festin de mort il s'affaisse et chancelle,
Ivre de volupté, de tendresse et d'horreur.
Mais parfois, au milieu du divin sacrifice,
Fatigué de mourir dans un trop long supplice,
Il craint que ses enfants ne le laissent vivant;
Alors il se soulève, ouvre son aile au vent,
Et se frappant le coeur avec un cri sauvage,
Il pousse dans la nuit un si funèbre adieu,
Que les oiseaux des mers désertent le rivage,
Et que le voyageur attardé sur la plage,
Sentant passer la mort, se recommande à Dieu.
Poète, c'est ainsi que font les grands poètes.
Ils laissent s'égayer ceux qui vivent un temps;
Mais les festins humains qu'ils servent à leurs fêtes
Ressemblent la plupart à ceux des pélicans.

Chapitre 9: Lectures 141

    Quand ils parlent ainsi d'espérances trompées,
    De tristesse et d'oubli, d'amour et de malheur,
    Ce n'est pas un concert à dilater le coeur.
    Leurs déclamations sont comme des épées;
    Elles tracent dans l'air un cercle éblouissant,
    Mais il y pend toujours quelque goutte de sang.

                      Alfred de Musset, 1835

QUESTIONNAIRE

Questions précises et générales:

1. Quelle impression vous donne les deux premiers vers?
2. Pourquoi le sang coule-t-il de la poitrine du pélican?
3. Les mots *volupté, tendresse,* et *horreur* vous semblent-ils bien choisis pour refléter les idées de l'auteur?
4. Quel est ce voyageur dont parle Musset? Est-ce qu'il contribue à l'atmosphère dramatique de la scène?
5. Pourquoi Musset qualifie-t-il le sacrifice de «divin»?
6. Quels sont les «festins humains» dont il parle?
7. L'image du pélican vous paraît-elle bien choisie?
8. Résumez le poème en faisant bien ressortir les intentions de l'auteur.
9. Est-ce que le contraste entre les deux premiers vers et le reste du poème est trop frappant?
10. Selon Musset, le poète se trouve-t-il hors de la société? Comparez son attitude à celle de Baudelaire.
11. Soulignez les mots-clés.

Vocabulaire:

1. Expliquez le sens et l'emploi des mots suivants:

    brouillards   s'abattre   goîtres
    couvée   mamelle   volupté
    tendresse   horreur   dilater

2. Étudiez les images du poème selon les impressions *sensorielles* représentées (visuelles, auditives, tactiles, olfactives).
3. Expliquez le sens de chaque image et son rapport avec le sujet.

Analyse de la phrase:

1. En vous référant aux modèles du chapitre III (pp. 47-50), analysez les phrases suivantes:

(a) Lorsque le pélican, lassé d'un long voyage,
     Dans les brouillards du soir retourne à ses roseaux,
     Ses petits affamés courent sur le rivage
     En le voyant au loin s'abattre sur les eaux.

(b) Ils laissent s'égayer ceux qui vivent un temps;
   Mais les festins humains qu'ils servent à leurs fêtes
   Ressemblent la plupart à ceux des pélicans.
2. La syntaxe subit-elle un bouleversement? Justifiez l'auteur.

Versification:

1. Indiquez les rimes du poème.
2. Comment ces rimes sont-elles disposées?
3. Y a-t-il une rime intérieure?
4. Combien de syllabes y a-t-il dans chaque vers?
5. Les césures sont-elles régulières?
6. Y a-t-il des exemples d'enjambement?

QUESTIONS GÉNÉRALES SUR «L'ALBATROS» ET «LA NUIT DE MAI»

1. Dégagez clairement le sens de chaque poème.
2. Pourquoi les auteurs ont-ils choisi des oiseaux pour représenter le poète?
3. Conçoivent-ils d'une manière identique le rôle du poète?
4. Comment Baudelaire et Musset réussissent-ils à créer un nouveau langage qui diffère de celui que nous offre la prose?
5. Quel est à votre avis l'auteur qui «expérimente» le plus dans le domaine poétique, c'est-à-dire, quel est le texte qui vous frappe le plus du point de vue poétique? (Comparez les images, la structure des vers, le rythme, etc.)
6. Écrivez une dissertation sur les deux poèmes. Suivez le plan donné pour la comparaison de deux oeuvres. (chapitre VII).

Introduction à la poésie (*suite*)

Le Rythme

Comme nous l'avons vu dans le deuxième chapitre, l'accent joue un rôle important dans la langue française. C'est cet accent qui lui donne son caractère à la fois rythmique et musical. En matière de prose le lecteur a beaucoup de liberté (cf. pp. 34-5) dans l'interprétation du rythme du passage. Il n'en est pas de même en poésie.

Traditionnellement le rythme du vers française a imposé des limites à la liberté du poète qui est toujours conscient de la parenté de sa langue avec la musique. De nos jours les poètes recherchent la pleine liberté et réussissent à se soustraire à la tyrannie de la forme, du rythme et de la rime.

Chapitre 9: Introduction à la poésie 143

En principe, le vers français est frappé de deux accents *fixes,* l'un sur la dernière syllabe non muette, l'autre sur la syllabe avant la césure:

Bientôt nous plong<u>e</u>rons / dans les froides té<u>nè</u>bres
Adieu vive clar<u>té</u> / de nos étés trop <u>courts</u>
J'entends déjà tom<u>ber</u> / avec des chocs fu<u>nè</u>bres
Le bois retent<u>iss</u>ant / sur le pavé des <u>cours</u>.
Baudelaire

Il existe d'autres accents (ce sont aussi des accents d'harmonie et de durée), des accents *mobiles* secondaires. La place la plus régulière dans l'alexandrin est sur la troisième et sur la neuvième syllabe:

Mon ép<u>oux</u> va par<u>aî</u>tre, et son <u>fils</u> avec <u>lui</u>.
Je verrai le té<u>moin</u> de ma <u>flamme</u> adul<u>tère</u>
Obser<u>ver</u> de quel <u>front</u> j'ose abor<u>der</u> son <u>père</u>,*
Le coeur <u>gros</u> de sou<u>pirs</u>, qu'il n'a <u>point</u> écou<u>tés</u>,
L'oeil hu<u>mide</u> de <u>pleurs</u>, par l'in<u>grat</u> rebu<u>tés</u>.
Racine

Plus un poète observe la régularité de l'accent plus l'accent mobile impressionne le lecteur. Ainsi si les vers précédents ne comportaient que des accents fixes, leur force en eût été diminuée. L'hémistiche suivant de Corneille:

<u>V</u>a, cours, <u>v</u>ole et nous <u>venge</u>

nous montre que même deux syllabes qui se suivent peuvent être accentuées. Un vers trop régulier ennuie le lecteur; tout en respectant la césure le poète peut toujours varier son vers en mettant ailleurs un mot important avec un accent d'intensité qui fait oublier la régularité de la césure:

Ainsi, parfois, quand l'âme / est <u>triste</u>, nos pensées
S'envolent un moment / sur leurs ailes blessées.
Hugo

Normalement *âme* devrait être frappé d'un accent puisque ce mot se trouve à la sixième syllabe, mais ici on ne peut pas séparer *âme* du verbe *être* et de l'adjectif qui l'accompagne: l'accent le plus important tombe donc sur le mot *triste*: dans le deuxième vers l'accent est normal et tombe à la césure sur *moment*. Le changement de position de l'accent donne une fluidité au vers qui s'accorde parfaitement avec le sens du verbe *s'envolent* du vers suivant.

* Sur ces cinq vers, quatre sont réguliers mais le troisième pourrait être frappé d'un autre accent sur *ose*, ce qui en ferait ressortir la valeur.

Quoique cet effet ne fût pas inconnu au dix-septième siècle, c'est surtout à partir du dix-neuvième qu'on l'exploita.

EXERCICES

A. Soulignez les accents (deux traits: accents fixes; un trait: accents mobiles) et expliquez leurs effets dans les vers suivants (indiquez par des nombres les groupes rythmiques).*

1. Je ne t'écoute plus. Va-t-en, monstre, exécrable.
   Va, laisse-moi le soin de mon sort déplorable.
   Racine

2. Il pleure dans mon coeur
   Comme il pleut sur la ville,
   Quelle est cette langueur
   Qui pénètre mon coeur?
   Verlaine

3. Ah! le voici. Grands Dieux! à ce noble maintien
   Quel oeil ne serait pas trompé comme le mien?
   Faut-il que sur le front d'un profane adultère
   Brille de la vertu le sacré caractère?
   Racine

4. Il est un jour, une heure, où dans le chemin rude,
   Courbé sous le fardeau des ans multipliés,
   L'esprit humain s'arrête, et pris de lassitude,
   Se retourne pensif vers les jours oubliés.
   Leconte de Lisle

B. Dans les vers suivants indiquez les accents et expliquez les effets qu'ils provoquent:

1. L'homme qui maintenait à contre-vent la barre,
   Sentait vibrer tout le navire entre ses mains
   Verhaeren

2. Saint-Pierre a renié Jésus . . . ; il a bien fait!
   Baudelaire

3. Tu fouettais tous ces viles marchands à tour de bras
   Baudelaire

Formes

Les vers se groupent en *strophes* dans des poèmes à forme non fixe et dans des poèmes à forme fixe. La strophe est un groupe de deux à douze

* Après chaque accent se place une coupe.

syllabes qui forme un ensemble rythmique et logique; les formes les plus employés sont le distique, le tercet (strophe de trois vers), et le quatrain (strophe de quatre vers).

Poèmes à forme non fixe

La plupart des poèmes dramatiques (les pièces de Racine, Corneille, Molière, et Hugo, par exemple), sont constitués d'une longue série de distiques, c'est-à-dire de deux vers rimant ensemble (*aabbcc,* etc.).

Poèmes à forme fixe

Autrefois ils étaient nombreux (le rondeau, le virelai, la ballade) mais un seul a été remis en honneur à l'époque moderne: le sonnet; d'origine italienne, il se compose de quatre strophes (en général deux quatrains et deux tercets rimant *ccd, ede;* cf. *Les Conquérants,* chap. X).

Exemples de poèmes à forme non fixe

Poème dramatique

Non, non, je te défends, Céphise, de me suivre.
Je confie à tes soins mon unique trésor:
Si tu vivais pour moi, vis pour le fils d'Hector.
De l'espoir des Troyens seule dépositaire,
Songe à combien de rois tu deviens nécessaire.
Veille auprès de Pyrrhus; fais-lui garder sa foi:
S'il le faut, je consens qu'on lui parle de moi.
Fais-lui valoir l'hymen où je me suis rangée;
Dis-lui qu'avant ma mort je lui fus engagée,
Que ses ressentiments doivent être effacés,
Qu'en lui laissant mon fils, c'est l'estimer assez.
Fais connaître à mon fils les héros de sa race;
Autant que tu pourras, conduis-le sur leur trace.
Dis-lui par quels exploits leurs noms ont éclaté,
Plutôt ce qu'ils ont fait que ce qu'ils ont été;
Parle-lui tous les jours des vertus de son père;
Et quelquefois aussi parle-lui de sa mère.
Mais qu'il ne songe plus, Céphise, à nous venger:
Nous lui laissons un maître, il le doit ménager.
Qu'il ait de ses aïeux un souvenir modeste:
Il est du sang d'Hector, mais il en est le reste;
Et pour ce reste enfin j'ai moi-même en un jour
Sacrifié mon sang, ma haine et mon amour.

Racine, *Andromaque,* 1667

Distique

COLLOQUE SENTIMENTAL

Dans le vieux parc solitaire et glacé
Deux formes ont tout à l'heure passé.

Leurs yeux sont morts et leurs lèvres sont molles,
Et l'on entend à peine leurs paroles.

Dans le vieux parc solitaire et glacé
Deux spectres ont évoqué le passé.

— Te souvient-il de notre extase ancienne?
— Pourquoi voulez-vous donc qu'il m'en souvienne?

— Ton coeur bat-il toujours à mon seul nom?
Toujours vois-tu mon âme en rêve? — Non.

— Ah! les beaux jours de bonheur indicible
Où nous joignions nos bouches! — C'est possible.

— Qu'il était bleu, le ciel, et grand, l'espoir!
— L'espoir a fui, vaincu, vers le ciel noir.

Tels ils marchaient dans les avoines folles,
Et la nuit seule entendit leurs paroles.

       Paul Verlaine (1844-96)

Tercet

LES ROSES DE SAADI

J'ai voulu ce matin te rapporter des roses;
Mais j'en avais tant pris dans mes ceintures closes
Que les noeuds trop serrés n'ont pu les contenir.

Les noeuds ont éclaté. Les roses envolées
Dans le vent, à la mer s'en sont toutes allées.
Elles ont suivi l'eau pour ne plus revenir;

La vague en a paru rouge et comme enflammée.
Ce soir, ma robe encor en est tout embaumée . . .
Respires-en sur moi l'odorant souvenir.

    Marceline Desbordes-Valmore (1786-1859)

Quatrain

CHANSON GOTHIQUE

Belle épousée
J'aime tes pleurs!
C'est la rosée
Qui sied aux fleurs.

Les belles choses
N'ont qu'un printemps,
Semons de roses
Les pas du Temps!

Soit brune ou blonde
Faut-il choisir?
Le Dieu du monde,
C'est le Plaisir.

    Gérard de Nerval (1808-55)

EXEMPLES DE POÈMES À FORME FIXE

Rondeau

Ma foi, c'est fait de moi: car Isabeau
M'a conjuré de lui faire un rondeau,
Cela me met en une peine extrême.
Quoi! treize vers, huit en eau, cinq en ême!
Je lui ferais aussitôt un bateau.

En voilà cinq pourtant en un monceau,
Faisons en huit, en invoquant Brodeau,
Et puis mettons par quelque stratagème:
    Ma foi, c'est fait.

Si je pouvais encor de mon cerveau
Tirer cinq vers, l'ouvrage serait beau.
Mais cependant je suis dedans l'onzième,
Et si je crois que je fais le douzième,
En voilà treize ajustés au niveau:
    Ma foi, c'est fait!

        Vincent Voiture (1597-1648)

148 UN CERTAIN STYLE

Sonnet

CORRESPONDANCES

La nature est un temple où de vivants piliers
Laissent parfois sortir de confuses paroles;
L'homme y passe à travers des forêts de symboles
Qui l'observent avec des regards familiers.

Comme de longs échos qui de loin se confondent
Dans une ténébreuse et profonde unité,
Vaste comme la nuit et comme la clarté,
Les parfums, les couleurs et les sons se répondent.

Il est des parfums frais comme des chairs d'enfants,
Doux comme les hautbois, verts comme les prairies,
— Et d'autres, corrompus, riches et triomphants,

Ayant l'expansion des choses infinies,
Comme l'ambre, le musc, le benjoin et l'encens,
Qui chantent les transports de l'esprit et des sens.

                    Charles Baudelaire (1821-67)

Ballade *

Les négociateurs de Tyr et ceux-là qui vont à leurs affaires aujourd'hui sur l'eau dans de grandes imaginations mécaniques,
Ceux que le mouchoir par les ailes de cette mouette encore accompagne quand le bras qui l'agitait a disparu,
Ceux à qui leur vigne et leur champ ne suffisaient pas, mais Monsieur avait son idée personnelle sur l'Amérique,
Ceux qui sont partis pour toujours et qui n'arriveront pas non plus,
Tous ces dévoreurs de la distance, c'est la mer elle-même à présent qu'on leur sert, penses-tu qu'ils en auront assez?
Qui une fois y a mis les lèvres ne lâche point facilement la coupe:
Ce sera long d'en venir à bout, mais on peut tout de même essayer.

        Il n'y a que la première gorgée qui coûte

Équipages des bâtiments torpillés dont on voit les noms dans les statistiques,
Garnisons des cuirassés tout à coup qui s'en vont par le plus court à la terre,
Patrouilleurs de chalutiers poitrinaires, pensionnaires de sous-marins ataxiques,

---

* Pour des exemples plus traditionnels, voir le chapitre X.

Chapitre 9: Thème

>Et tout ce que décharge un grand transport pêle-mêle quand il se met la quille en l'air,
>Pour eux tous voici le devoir autour d'eux à la mesure de cet horizon circulaire.
>C'est la mer qui se met en mouvement vers eux, plus besoin d'y chercher sa route.
>Il n'y a qu'à ouvrir la bouche toute grande et à se laisser faire:
>>Ce n'est que la première gorgée qui coûte
>
>Qu'est-ce qu'ils disaient, la dernière nuit, les passagers des grands transatlantiques,
>La nuit même avant le dernier jour où le sans-fil a dit: «Nous sombrons!»
>Pendant que les émigrants de troisième classe là-bas faisaient timidement un peu de musique
>Et que la mer inlassablement montait et redescendait à chaque coupée du salon?
>«Les choses qu'on a une fois quittées, à quoi bon leur garder son coeur?
>«Qui voudrait que la vie recommence quand il sait qu'elle est finie toute?
>«Retrouver ceux qu'on aime serait bon, mais l'oubli est encore meilleur:
>>Il n'y a que la première gorgée qui coûte.»
>
>ENVOI
>
>Rien que la mer à chaque côté de nous, rien que cela qui monte et qui descend!
>Assez de cette épine continuelle dans le coeur, assez de ces journées goutte à goutte!
>Rien que la mer éternelle pour toujours, et tout à la fois d'un seul coup! la mer et nous sommes dedans!
>>Il n'y a que la première gorgée qui coûte.
>>Paul Claudel (1868-1955)
>>extrait de *Feuilles de Saint,* © Éditions Gallimard

Thème

In aesthetics,[1] you find the word "art" used indeterminately in two ways. Sometimes the thinker appears to mean "art, any art, all art," and at other times, "good art." And similarly, in theories of meaning, the concept

---

[1] Aesthetics est au singulier en français: *Dans le domaine de l'esthétique.*

sometimes seems to imply "any meaning, whether right or wrong, sound or fallacious," and at other times "correct meaning."

Meaning, when used in the sense of "correct meaning," leads to an either-or approach. "New York is in Iowa" could, by the either-or principles, promptly be ruled out. The either-or test would represent the semantic ideal. But I am sorry to have to admit that, by the poetic ideal, "New York City is in Iowa" could *not* be ruled out.

Has one ever stood, for instance, in some little outlying town, on the edge of the wilderness, and watched a train go by? Has one perhaps suddenly felt that the train, and its tracks, were a kind of arm of the city, reaching out across the continent, quite as though it were simply Broadway itself extended? It is in such a sense that New York City can be found all over the country—and I submit that one would miss very important meanings, meanings that have much to do with the conduct of our inhabitants, were he to proceed here by the either-or kind of test.

"New York City is in Iowa" is "poetically" true. As a metaphor, it provides valid insight. To have ruled it out, by strict semantic authority, would have been vandalism.

"Poetic" meanings, then, cannot be disposed of on the true-or-false basis. Rather, they are related to one another like a set of concentric circles, of wider and wider scope. Those of wider diameter do not categorically eliminate those of narrower diameter. There is, rather, a progressive *encompassment*. To say that "man is a vegetable" contains much soundness. There is a vegetative level of human response,[2] and one can find out much about it (much more, in fact,[3] than we now know, as more is to be learned, for instance, about the ways in which the biologic organism responds to seasonal periodicity, changes in solar radiation, and the like[4]). Again[5]: to say that "man is an ant" does not "refute" the vegetational metaphor. The ant may be "vegetation-plus," since it too vegetates. And to say that "man is a communicant" is more comprehensive still, including the other metaphors but not abolishing them. These are examples of progressive encompassment that does not admit of mutual exclusion—and they are examples of what we take [6] poetic characterizations to do.

Kenneth Burke, *The Philosophy of Literary Form,* 1941

[2] Employez *réaction.*
[3] Employez *en effet.*
[4] The like: *choses pareilles.*
[5] Employez *encore une fois.*
[6] Employez *considérer.*

10

Lectures

Les Conquérants

Comme un vol de gerfauts hors du charnier natal,
Fatigués de porter leurs misères hautaines,
De Palos de Moguer,* routiers et capitaines
Partaient, ivres d'un rêve héroïque et brutal.

Ils allaient conquérir le fabuleux métal
Qui Cipango † mûrit dans ses mines lointaines,
Et les vents alizés inclinaient leurs antennes
Aux bords mystérieux du monde Occidental.

Chaque soir, espérant des lendemains épiques,
L'azur phosphorescent de la mer des Tropiques
Enchantait leur sommeil d'un mirage doré;

Ou penchés à l'avant des blanches caravelles,
Ils regardaient monter en un ciel ignoré
Du fond de l'océan des étoiles nouvelles.

José-Maria de Heredia, 1869

* Deux localités en Espagne. Palos est le port d'où s'embarqua Christophe Colomb pour ses deux premiers voyages de découverte de l'Amérique.
† Le Japon.

QUESTIONNAIRE

Questions précises et générales:
1. Quelle scène est présentée dans la première strophe?
2. Quel est l'effet de ces noms étrangers?
3. Quelle impression vous laisse ce poème?
4. Comment les images et les effets harmoniques contribuent-ils à créer cette impression?
5. L'image du gerfaut vous semble-t-elle bien choisie?
6. Le poète présente-t-il la scène d'une manière objective ou impose-t-il sa vision au lecteur?
7. Expliquez les mots-clés. (Synonymes? Raison(s) du choix de l'auteur?)

Vocabulaire:
1. Lisez la deuxième strophe à haute voix et indiquez les sons répétés. Cette répétition produit-elle un effet particulier?
2. Expliquez les sens et l'emploi des mots suivants:

   gerfauts   charnier
   hautaines   brutal
   fabuleux   mûrit
   antennes   ignoré

Analysez la fonction des mots (ou groupes de mots) en italique:
1. Comme un vol de gerfauts *hors du charnier natal,*
   Fatigués de porter leurs misères hautaines,
   De Palos de Moguer, routiers et capitaines
   Partaient, ivres d'un *rêve* héroïque et brutal.

2. Chaque soir, espérant des lendemains épiques,
   L'azur phosphorescent *de la mer des Tropiques*
   Enchantait leur sommeil d'un mirage doré;

   Ou penchés à l'avant des blanches caravelles,
   Ils regardaient monter en un ciel *ignoré*
   Du fond de l'océan *des étoiles nouvelles.*

Versification:
1. Quelle est la forme du poème?
2. Indiquez les rimes du poème.
3. Comment ces rimes sont-elles disposées?
4. Y a-t-il des exemples de rime intérieure?
5. Combien de syllabes y a-t-il dans chaque vers?
6. Les césures sont-elles régulières?
7. Y a-t-il des exemples d'enjambement?
8. Dans quels vers le rythme est-il régulier? Dans lesquels ne l'est-il pas?

Chapitre 10: Lectures

*Les Djinns**

        Murs, ville,
        Et port,
        Asile
        De mort,
        Mer grise
        Où brise
        La brise,
        Tout dort.

    Dans la plaine
    Naît un bruit.
    C'est l'haleine
    De la nuit.
    Elle brame
    Comme une âme
    Qu'une flamme
    Toujours suit!

La voix plus haute
Semble un grelot.
D'un nain qui saute
C'est le galop.
Il fuit, s'élance,
Puis en cadence
Sur un pied danse
Au bout d'un flot.

La rumeur approche
L'écho la redit.
C'est comme la cloche
D'un couvent maudit;
Comme un bruit de foule
Qui tonne et qui roule,
Et tantôt s'écroule,
Et tantôt grandit.

Dieu! la voix sépulcrale
Des Djinns! . . . Quel bruit ils font!
Fuyons sous la spirale

* Djinns: «Génies, esprits de la nuit.»

De l'escalier profond.
Déjà s'éteint ma lampe,
Et l'ombre de la rampe,
Qui le long du mur rampe,
Monte jusqu'au plafond.

C'est l'essaim des Djinns qui passe,
Et tourbillonne en sifflant!
Les ifs, que leur vol fracasse
Craquent comme un pin brûlant.
Leur troupeau, lourd et rapide,
Volant dans l'espace vide,
Semble un nuage livide
Qui porte un éclair au flanc.

Ils sont tout près! — Tenons fermée
Cette salle, où nous les narguons.
Quel bruit dehors! Hideuse armée
De vampires et de dragons!
La poutre du toit descellée
Ploie ainsi qu'une herbe mouillée,
Et la vieille porte rouillée
Tremble à déraciner ses gonds!

Cris de l'enfer! voix qui hurle et qui pleure!
L'horrible essaim, poussé par l'aquilon,
Sans doute, ô ciel! s'abat sur ma demeure.
Le mur fléchit sous le noir bataillon.
La maison crie et chancelle penchée,
Et l'on dirait que, du sol arrachée,
Ainsi qu'il chasse une feuille séchée,
Le vent la roule avec leur tourbillon!

Prophète! si ta main me sauve
De ces impurs démons des soirs,
J'irai posterner mon front chauve
Devant tes sacrés encensoirs!
Fais que sur ces portes fidèles
Meure leur souffle d'étincelles,
Et qu'en vain l'ongle de leurs ailes
Grince et crie à ces vitraux noirs!

Ils sont passés! — Leur cohorte
S'envole et fuit, et leurs pieds

Cessent de battre ma porte
De leurs coups multipliés.
L'air est plein d'un bruit de chaînes,
Et dans les forêts prochaines
Frissonnent tous les grands chênes,
Sous leur vol de feu pliés!

   De leurs ailes lointaines
   Le battement décroît,
   Si confus dans les plaines,
   Si faible, que l'on croit
   Ouïr la sauterelle
   Crier d'une voix grêle,
   Ou pétiller la grêle
   Sur le plomb d'un vieux toit.

      D'étranges syllabes
      Nous viennent encor;
      Ainsi des Arabes
      Quand sonne le cor,
      Un chant sur le grève
      Par instants s'élève,
      Et l'enfant qui rêve
      Fait des rêves d'or.

         Les Djinns funèbres,
         Fils du trépas,
         Dans les ténèbres
         Pressent leurs pas;
         Leur essaim gronde;
         Ainsi, profonde,
         Murmure une onde
         Qu'on ne voit pas.

            Ce bruit vague
            Qui s'endort,
            C'est la vague
            Sur le bord;
            C'est la plainte
            Presque éteinte,
            D'une sainte
            Pour un mort.

156 UN CERTAIN STYLE

>On doute
>La nuit . . .
>J'écoute: —
>Tout fuit,
>Tout passe;
>L'espace
>Efface
>Le bruit.

>>Victor Hugo, 1828

QUESTIONNAIRE

Questions précises et générales:

1. En combien de parties ce poème pourrait-il se diviser? Donnez un titre poétique à chacune des parties.
2. Quelle scène est présentée dans la première strophe? Dans la huitième? Dans la dernière?
3. Quelle impression vous laisse ce poème?
4. Comment les images et les effets harmoniques contribuent-ils à créer cette impression?
5. Expliquez les mots-clés. (Synonymes? Raison(s) du choix de l'auteur?)

Vocabulaire:

1. Lisez la huitième strophe et indiquez les sons répétés. Quel est l'effet de cette répétition?
2. Expliquez les sens et l'emploi des mots suivants:

brame	grelot	bout
maudit	essaim	tourbillonne
fracasse	narguons	descellée
gonds	aquilon	Prophète
encensoirs	fidèles	cohorte
ouïr	sauterelle	grêle (adj.)
la grêle	plomb	grève
trépas		

Analysez la fonction des mots (ou groupe de mots) en italique:

1. *D'un nain qui saute*
   C'est le galop.

2. Leur troupeau, lourd et rapide,
   Volant dans l'espace vide,
   Semble un nuage livide
   Qui porte un éclair *au flanc*.

3. La maison crie et chancelle *penchée*,
   Et l'on dirait que, du sol *arrachée*,
   Ainsi qu'il chasse une feuille séchée,
   Le vent *la* roule avec *leur* tourbillon!

Versification:

1. Quelle est la forme du poème?
2. Indiquez les rimes du poème.
3. Comment ces rimes sont-elles disposées?
4. Combien de syllabes y a-t-il dans chaque vers?
5. Y a-t-il des césures regulières dans certaines strophes?
6. Quels sont les cas d'enjambement?
7. Dans quels vers le rythme est-il régulier? Dans lesquels ne l'est-il pas?

QUESTIONS GÉNÉRALES SUR «LES CONQUÉRANTS» ET «LES DJINNS»

1. Comment les deux poètes traitent-ils le thème des conquérants?
2. Quelle est leur attitude en face de ces conquérants?
3. Quelle différence principale existe-t-il entre les deux poèmes?
4. L'expérimentation d'ordre métrique faite par Hugo vous paraît-elle louable?
5. Quel poème préférez-vous et pourquoi?
6. Écrivez une dissertation sur les deux poèmes. Suivez le plan donné pour la comparaison de deux oeuvres (chap. VII).

Ballade des pendus

Frères humains qui après nous vivez,
N'ayez [1] les coeurs contre nous endurcis,
Car, si pitié de nous pauvres avez,
Dieu en aura plus tôt de vous mercis.[2]
Vous nous voyez (i)ci attachés cinq, six:
Quant de [3] la chair, que trop avons nourrie,
Elle est pieça [4] dévorée et pourrie,
Et nous, les os, devenons cendre et poudre.
De notre mal personne ne s'en rie;
Mais priez Dieu que tous nous veuille absoudre!

[1] Lire «n'ayez pas les coeurs.»
[2] Lire «miséricorde.»
[3] Lire «quant à.»
[4] Lire «depuis quelque temps.»

Si frères vous clamons, pas n'en devez
Avoir dédain, quoi que fûmes occis
Par justice. Toutesfois, vous savez
Que tous hommes n'ont pas bons sens rassis;[5]
Excusez nous, puis que sommes transsis,[6]
Envers le fils de la Vierge Marie,
Que sa grâce ne soit pour nous tarie,
Nous préservant de l'infernale foudre.
Nous sommes morts, âme ne nous harie;[7]
Mais priez Dieu que tous nous veuille absoudre!

La pluie nous a debuez [8] et lavez,
Et le soleil desséchiez et noircis;
Pies, corbeaux, nous ont les yeux cavez,[9]
Et arrachié la barbe et les sourcis.
Jamais nul temps nous ne sommes assis;[10]
Puis çà, puis là, comme le vent varie,
A son plaisir, sans cesser, nous charie,
Plus becquetez d'oiseaux que dez à coudre.
Ne soyez donc de notre confrairie;
Mais priez Dieu que tous nous veuille absoudre!

Prince Jésus, qui sur tous a maistrie,
Garde qu'Enfer n'ait de nous seigneurie:
A lui n'ayons que faire ne que soudre.[11]
Hommes, ici n'a point de mocquerie;
Mais priez Dieu que tous nous veuille absoudre!

François Villon (1431-après 1463)

QUESTIONNAIRE

Questions précises et générales:
1. Dégagez clairement le sens du poème.
2. Résumez le thème de chaque strophe.

[5] Lire «tous les hommes ne possèdent pas du bon sens.»
[6] Lire «morts.»
[7] Lire «que nul ne nous harcèle.»
[8] Lire «nettoyer.»
[9] Lire «crever.»
[10] Lire «nous n'avons jamais du repos.»
[11] Lire «payer.»

Chapitre 10: Lectures

3. Quels aspects de la mort le poète nous présente-t-il? Comment la conçoit-il?
4. Quelles émotions essaye-t-il de provoquer chez le lecteur?
5. Quelles images choisit-il pour les provoquer?
6. En combien de parties ce poème pourrait-il se diviser? Donnez un titre «poétique» à chacune de ces parties.
7. La religion joue-t-elle ici un rôle?
8. Le poète réussit-il à provoquer la sympathie du lecteur? (Si oui, comment? si non, pourquoi?)
9. Quel est le rôle de la nature dans ce poème?

Vocabulaire:

1. Lisez le poème à haute voix et indiquez les sons répétés. Cette répétition a-t-elle un effet particulier?
2. Expliquez les sens et l'emploi des mots suivants:

occis	infernale
foudre	chair
seigneurie	sourcils
dé	garder

Analyse de la phrase:

1. Analysez la fonction des mots ou groupes de mots dans les phrases suivantes:
(a) Si frères vous clamons, pas n'en devez
    Avoir dédain, quoi que fûmes occis
    Par justice.
(b) Excusez-nous, puis que sommes transsis,
    Envers le fils de la Vierge Marie,
    Que sa grâce ne soit pour nous tarie,
    Nous préservant de l'infernale foudre.
2. Relevez et commentez les figures de style.
3. La syntaxe est-elle logique ou subit-elle un bouleversement?

Versification

1. Quelle est la forme du poème?
2. Quelles sont les rimes? Comment sont-elles disposées?
3. Y a-t-il une rime intérieure?
4. Combien de syllabes y a-t-il dans chaque vers?
5. Indiquez les césures et les enjambements. Quel est l'effet créé par les enjambements?
6. Le rythme met-il certains mots en valeur?

Ballade des pendus

Sur ses larges bras étendus
La forêt où s'éveille Flore,[1]
A des chapelets de pendus
Que le matin caresse et dore.
Ce bois sombre, où le chêne arbore
Des grappes de fruits inouïs [2]
Même chez le Turc et le More [3]
C'est le verger du roi Louis.

Tous ces pauvres gens morfondus,
Roulant des pensers qu'on ignore
Dans les tourbillons éperdus
Voltigent, palpitants encore.
Le soleil levant les dévore.
Regardez-les, cieux éblouis,
Danser dans les feux de l'aurore,
C'est le verger du roi Louis.

Ces pendus, du diable entendus,
Appellent des pendus encore.
Tandis qu'aux cieux, d'azur tendus,
Où semble luire un météore,
La rosée en l'air s'évapore,
Un essaim d'oiseaux réjouis
Par-dessus leur tête picore.
C'est le verger du roi Louis.

Prince, il est un bois que décore
Un tas de pendus enfouis
Dans le doux feuillage sonore.
C'est le verger du roi Louis.

Théodore de Banville (1823-91)

QUESTIONNAIRE

Questions précises et générales:

1. Dégagez clairement le sens du poème.
2. Quel est l'effet du mot «Flore»?

[1] Déesse romaine des fleurs et des jardins.
[2] Inouïs, parce que trop cruels.
[3] Les Turcs et les Mores représentent la cruauté.

Chapitre 10: Lectures   **161**

3. Que suggère le mot «arbore» (vers 5)?
4. Quel est «le météore» du vers 20?
5. Expliquez le sens de l'expression «du diable entendus» (vers 17).
6. Relevez et commentez les mots-clés de ce poème.
7. Relevez les images de ce poème.
8. Expliquez le sens de chaque image et son rapport avec le sujet.

Vocabulaire:

1. Lisez le poème à haute voix et indiquez les sons répétés. Cette répétition a-t-elle un effet particulier?
2. Certains mots sont-ils répétés? lesquels, et à quel effet?
3. En suivant la méthode présentée dans le chapitre II, expliquez le sens et l'emploi des mots suivants:

    larges   chapelets   arbore
    grappes   verger   tourbillons
    voltigent   essaim   picore
    enfouis

Analyse de la phrase:

1. Analysez les propositions des phrases suivantes:

(a) Tous ces pauvres gens morfondus,
    Roulant des pensers qu'on ignore
    Dans les tourbillons éperdus
    Voltigent, palpitants encore.

(b) Tandis qu'aux cieux, d'azur tendus,
    Où semble luire un météore,
    La rosée en l'air s'évapore,
    Un essaim d'oiseaux réjouis
    Par-dessus leur tête picore.

2. Relevez et commentez les figures de style.
3. La syntaxe est-elle naturelle ou subit-elle un bouleversement pour obéir aux lois de la versification?

Versification:

1. Quelle est la forme du poème?
2. Indiquez les rimes employées dans ce poème.
3. Y a-t-il une rime intérieure?
4. Combien de syllabes y a-t-il dans chaque vers?
5. Indiquez les césures et les enjambements et discutez-en les effets.

    QUESTIONS GÉNÉRALES SUR LES DEUX BALLADES DES PENDUS

1. Ces deux poèmes traitent d'un même sujet. En quoi le point de vue de Théodore de Banville est-il différent de celui de Villon? Cette différence ajoute-t-elle à la force du thème central ou le diminue-t-elle?

162 UN CERTAIN STYLE

2. Relevez dans chacun des poèmes les images les plus frappantes. Expliquez leur sens et leur rapport avec le sujet.
3. Quels sont les traits les plus saillants de chaque poète?
4. Lequel des deux poèmes est le plus amer?
5. Montrez comment la beauté poétique peut naître de détails laids, de descriptions désagréables.
6. Comparez la structure des vers dans les deux morceaux.
7. Comparez la structure syntaxique.
8. Comparez l'emploi des répétitions et leur effet.
9. En vous basant sur le plan donné pour la comparaison de deux oeuvres (pp. 118-19), écrivez une comparaison des deux poèmes.

Thème

To recapitulate, then: — I would define, in brief, the Poetry of words as *The Rhythmical Creation of Beauty*. Its sole arbiter is Taste. With the Intellect or with the Conscience, it has only collateral relations. Unless incidentally, it has no concern whatever either with Duty or with Truth.

    A few words, however, in explanation. *That* pleasure which is at once the most pure, the most elevating, and the most intense, is derived, I maintain, from the contemplation of the Beautiful. In the contemplation of Beauty we alone find it possible to attain that pleasurable elevation, or excitement *of the soul,* which we recognize as the Poetic Sentiment, and which is so easily distinguished from Truth, which is the satisfaction of Reason, or from Passion, which is the excitement of the Heart. I make Beauty, therefore,—using the word as inclusive of the sublime,—I make Beauty the province of the poem, simply because it is an obvious rule of Art that effects should be made to spring as directly as possible from [1] their causes;—no one as yet [2] having been weak enough to deny that the peculiar elevation in question is at least *most readily* attainable in the poem. It by no means follows, however, that the incitements of Passion, or the precepts of Duty, or even the lessons of Truth, may not be introduced into a poem, and with advantage; for they may subserve, incidentally, in various ways, the general purposes of the work:—but the true artist will always contrive to tone them down in proper subjection to that *Beauty* which is the atmosphere and the real essence of the poem.

Edgar Allan Poe, The Poetic Principle, 1848

[1] Spring . . . from: employez *provenir* ou *résulter de.*
[2] Employez *jusqu'ici.*

Passages supplémentaires

En vous basant sur la méthode présentée au cours de ce livre, étudiez les passages suivants. Suivez ce plan:

    1. Résumez brièvement le passage, et expliquez les intentions de l'auteur.
    2. Indiquez le plan général du texte (introduction, développement, conclusion).
    3. Montrez par une étude détaillée de la langue comment l'auteur réussit à traduire ses intentions (vocabulaire, syntaxe, images, rythme, sons).
    4. Donnez une appréciation personnelle du passage.

1.

J'entrais un jour chez un homme qui a beaucoup vécu, beaucoup fait et beaucoup souffert. Il tenait à la main un livre qu'il venait de fermer, et semblait plongé dans un rêve; je vis, non sans surprise, que ses yeux étaient pleins de larmes. Enfin, revenant à lui-même: «Elle est donc morte! dit-il. — Qui? — La pauvre Jeanne d'Arc.»

Telle est la force de cette histoire, telle sa tyrannie sur le coeur, sa puissance pour arracher des larmes. Bien dite ou mal contée, que le lecteur soit jeune ou vieux, qu'il soit, tant qu'il voudra, affermi par l'expérience, endurci par la vie, elle le fera pleurer. Hommes, n'en rougissez pas, et ne vous cachez pas d'être hommes. Ici la cause est belle. Nul deuil récent, nul événement personnel n'a droit d'émouvoir davantage un bon et digne coeur.

La vérité, la foi et la patrie ont eu leurs martyrs, et en foule. Les héros eurent leurs dévouements, les saints leur Passion. Le monde a admiré, et l'Église a prié. Ici c'est autre chose. Nulle canonisation,* ni culte, ni autel. On n'a pas prié, mais on pleure.

L'histoire est telle:

Une enfant de douze ans, une toute jeune fille, confondant la voix de son coeur avec la voix du ciel, conçoit l'idée étrange, improbable, absurde, si l'on veut, d'exécuter la chose que les hommes ne peuvent plus faire, de sauver son pays. Elle couve cette idée pendant six ans sans la confier à personne; elle n'en dit rien même à sa mère, rien à nul confesseur. Sans nul appui de prêtres ou de parents, elle marche tout ce temps seule avec Dieu dans la solitude de son grand dessein. Elle attend qu'elle ait dix-huit ans, et alors immuable, elle l'exécute malgré les siens et malgré tout le monde. Elle traverse la France ravagée et déserte, les routes infestées de brigands; elle s'impose à la cour de Charles VII, se jette dans la guerre; et dans les camps qu'elle n'a jamais vus, dans les combats rien ne l'étonne; elle plonge intrépide au milieu des épées; blessée toujours, découragée jamais, elle rassure les vieux soldats, entraîne tout le peuple qui devient soldat avec elle, et personne n'ose plus avoir peur de rien. Tout est sauvé! La pauvre fille, de sa chair pure et sainte, de ce corps délicat et tendre, a émoussé le fer, brisé l'épée ennemie, couvert de son sein le sein de la France.

La récompense, la voici. Livrée en trahison, outragée des barbares,

* Jeanne d'Arc a été canonisée le 16 mai 1920.

tentée des pharisiens qui essayent en vain de la prendre par ses paroles, elle résiste à tout en ce dernier combat, elle monte au-dessus d'elle-même, éclate en paroles sublimes, qui feront pleurer éternellement . . . Abandonnée et de son roi et du peuple qu'elle a sauvés, par le cruel chemin des flammes, elle revient dans le sein de Dieu. Elle n'en fonde pas moins sur l'échafaud le droit de la conscience, l'autorité de la voix intérieure.

Nul idéal qu'avait pu se faire l'homme n'a approché de cette très certaine réalité.

Ce n'est pas ici un docteur, un sage éprouvé par la vie, un martyr fort de ses doctrines, qui pour elles accepte la mort. C'est une fille, une enfant, qui n'a de force que de son coeur.

Le sacrifice n'est pas accepté et subi; la mort n'est point passive. C'est un dévouement voulu, prémédité, couvé pendant de longues années; une mort active, héroïque et persévérante, de blessure en blessure, sans que le fer décourage jamais, jusqu'à l'affreux bûcher.

Sa sublime ignorance enfin qui fit taire toute science en sa dernière épreuve, et rendit muets les docteurs, c'est là un trait unique devant qui tout s'efface. Les vrais sages ici et les savants du coeur ne diront pas comme Moïse: «Dieu a passé . . . Je l'ai vu par derrière.» Ils diront: «Le voici. Cette lueur est le regard de Dieu.»

Jules Michelet, *Jeanne d'Arc,* 1853

2. *Le Tambour des dunes*

Je traversais les grandes dunes au sud de Ouargla. C'est là un des plus étranges pays du monde. Vous connaissez le sable uni, le sable droit des interminables plages de l'Océan. Eh bien! figurez-vous l'Océan lui-même devenu sable au milieu d'un ouragan; imaginez une tempête silencieuse de vagues immobiles en poussière jaune. Elles sont hautes comme des montagnes, ces vagues, inégales, différentes, soulevées tout à fait comme des flots déchaînés, mais plus grandes encore, et striées comme de la moire. Sur cette mer furieuse, muette et sans mouvement, le dévorant soleil du Sud verse sa flamme implacable et directe. Il faut gravir ces lames de cendre d'or, redescendre, gravir encore, gravir sans cesse, sans repos et sans ombre. Les chevaux râlent, enfoncent jusqu'aux genoux, et glissent en dévalant l'autre versant des surprenantes collines.

Nous étions deux amis suivis de huit spahis et de quatre chameaux avec leurs chameliers. Nous ne parlions plus, accablés de chaleur, de fatigue, et desséchés de soif comme ce désert ardent. Soudain un de ces hommes poussa une sorte de cri, tous s'arrêtèrent; et nous demeurâmes immobiles, surpris par un inexplicable phénomène connu des voyageurs en ces contrées perdues.

Quelque part, près de nous, dans une direction indéterminée, un tambour battait, le mysterieux tambour des dunes; il battait distinctement, tantôt plus vibrant, tantôt affaibli, arrêtant, puis reprenant son roulement fantastique.

Les Arabes, épouvantés, se regardaient; et l'un dit, en sa langue: «La mort est sur nous.» Et voilà que tout à coup, mon compagnon, mon ami, presque mon frère, tomba de cheval la tête en avant, foudroyé par une insolation.

Et pendant deux heures, pendant que j'essayais en vain de le sauver, toujours ce tambour insaisissable m'emplissait l'oreille de son bruit monotone, intermittent et incompréhensible, et je sentais se glisser dans mes os la peur, la vraie peur, la hideuse peur, en face de ce cadavre aimé, dans ce trou incendié par le soleil entre quatre monts de sable, tandis que l'écho inconnu nous jetait, à deux cents lieues de tout village français, le battement rapide du tambour.

Guy de Maupassant, *Contes de la Bécasse,* 1883

EXERCICE

Écrivez une dissertation sur *Le Tambour des dunes* et *Les Djinns* (chapitre X). Suivez le plan donné pour la comparaison de deux oeuvres (chapitre VII). Montrez surtout comment les deux auteurs réussissent à communiquer au lecteur l'idée de *la peur*.

3.

La bête est immobile, comme en attente, droite encore, bien qu'ayant peut-être flairé le danger. Seules ses antennes se couchent l'une après l'autre et se relèvent, dans un mouvement de bascule alterné, lent mais continu.

Soudain l'avant du corps se met en marche exécutant une rotation sur place, qui incurve le trait oblique vers le bas du mur. Et aussitôt, sans avoir le temps d'aller plus loin, la bestiole choit sur le carrelage, se tordant à demi et crispant par degrés ses longues pattes, cependant que les mâchoires s'ouvrent et se ferment à toute vitesse autour de la bouche, à vide, dans un tremblement réflexe . . . Il est possible, en approchant l'oreille, de percevoir le grésillement léger qu'elles produisent.

Le bruit est celui du peigne dans la longue chevelure. Les dents d'écaille passent et repassent du haut en bas de l'épaisse masse noire aux reflets roux, électrisant les pointes et s'électrisant elles-mêmes, faisant crépiter les cheveux souples, fraîchement lavés, durant toute la descente de la main fine — la main fine aux doigts effilés, qui se referment progressivement.

Les deux longues antennes accélèrent leur balancement alterné. L'animal s'est arrêté au beau milieu du mur, juste à la hauteur du regard. Le grand développement des pattes, à la partie postérieure du corps, fait reconnaître sans risque d'erreur la scutigère, ou "mille-pattes-araignée.» Dans le silence, par instant, se laisse entendre, le grésillement caractéristique, émis probablement à l'aide des appendices buccaux.

Franck, sans dire un mot, se relève, prend sa serviette; il la roule en bouchon, tout en s'approchant à pas feutrés, écrase la bête contre le mur. Puis, avec le pied, il écrase la bête sur le plancher de la chambre.

Ensuite il revient vers le lit et remet au passage la serviette de toilette sur sa tige métallique, près du lavabo.

La main aux phalanges effilées s'est crispée sur le drap blanc. Les cinq doigts écartés se sont refermés sur eux-mêmes, en appuyant avec tant de force qu'ils ont entraîné la toile avec eux: celle-ci demeure plissée de cinq faisceaux de sillons convergents . . . Mais la moustiquaire retombe, tout autour du lit, interposant le voile opaque de ses mailles innombrables, où des pièces rectangulaires renforcent les endroits déchirés.

Dans sa hâte d'arriver au but, Franck accélère encore l'allure. Les cahots deviennent plus violents. Il continue néanmoins d'accélérer. Il n'a pas vu, dans la nuit, le trou qui coupe la moitié de la piste. La voiture fait un saut, une embardée . . . Sur cette chaussée défectueuse le conducteur ne peut redresser à temps. La conduite-intérieure bleue va s'écraser, sur le bas côté, contre un arbre au feuillage rigide qui tremble à peine sous le choc, malgré sa violence.

Aussitôt des flammes jaillissent. Toute la brousse en est illuminée, dans le crépitement de l'incendie qui se propage. C'est le bruit que fait le mille-pattes, de nouveau immobile sur le mur, en plein milieu du panneau.

Alain Robbe-Grillet, *La Jalousie,* 1959
© Éditions de Minuit.

4.

Dans la petite chapelle, il n'y avait, ce matin-là, pas grand monde. Le pasteur Vautier, sans doute intentionnellement, avait pris pour texte de sa méditation ces paroles du Christ: Efforcez-vous d'entrer par la porte étroite.

Alissa se tenait à quelques places devant moi. Je voyais de profil son visage; je la regardais fixement, avec un tel oubli de moi qu'il me semblait que j'entendais à travers elle ces mots que j'écoutais éperdument. — Mon oncle était assis à côté de ma mère et pleurait.

Le pasteur avait d'abord lu tout le verset: Efforcez-vous d'entrer par la porte étroite, car la porte large et le chemin spacieux mènent à la perdition, et nombreux sont ceux qui y passent; mais étroite est la porte et resserrée la voie qui conduisent à la Vie, et il en est peu qui les trouvent. Puis, précisant les divisions du sujet, il parlait d'abord du chemin spacieux . . . L'esprit perdu, et comme en rêve, je revoyais la chambre de ma tante; je revoyais ma tante étendue, riante; je voyais le brillant officier rire aussi . . . et l'idée même du rire, de la joie, se faisait blessante, outrageuse, devenait comme l'odieuse exagération du péché! . . .

Et nombreux sont ceux qui y passent, reprenait le pasteur Vautier; puis il peignait et je voyais une multitude parée, riant et s'avançant folâtrement, formant cortège où je sentais que je ne pouvais, que je ne voulais pas trouver place, parce que chaque pas que j'eusse fait avec eux m'aurait écarté d'Alissa. — Et le pasteur ramenait le début du texte, et je voyais cette porte étroite par laquelle il fallait s'efforcer d'entrer. Je me la représentais, dans le rêve où je plongeais, comme une sorte de laminoir, où je m'introduisais avec effort, avec une douleur extraordinaire où se mêlait pourtant un avant-goût de la félicité du ciel. Et cette porte devenait encore la porte même de la chambre d'Alissa; pour entrer je me réduisais, me vidais de tout ce qui subsistait en moi d'égoïsme . . . Car étroite est la voie qui conduit à la Vie, continuait le pasteur Vautier — et par-delà toute macération, toute tristesse, j'imaginais, je pressentais une autre joie, pure, mystique, séraphique et dont mon âme déjà s'assoiffait. Je l'imaginais, cette joie, comme un chant de violon à la fois strident et tendre, comme une flamme aiguë où le coeur d'Alissa et le mien s'épuisaient. Tous deux nous avancions, vêtus de ces vêtements blancs dont nous parlait l'Apocalypse, nous tenant par la main et regardant un même but . . . Que m'importe si ces rêves d'enfant font sourire! je les redis sans y changer. La confusion qui peut-être y paraît n'est que dans les mots et dans les imparfaites images pour rendre un sentiment très précis.

— Il en est peu qui la trouvent, achevait le pasteur Vautier. Il expliquait comment trouver la porte étroite . . . Il en est peu. — Je serais de ceux-là. . .

J'étais parvenu vers la fin du sermon à un tel état de tension morale que, sitôt le culte fini, je m'enfuis sans chercher à voir ma cousine — par fierté, voulant déjà mettre mes résolutions (car j'en avais pris) à l'épreuve, et pensant la mieux mériter en m'éloignant d'elle aussitôt.

André Gide, La Porte étroite, 1909,
Mercure de France

5.

Agathe hurlait dans un autre lieu, à une autre époque. Élisabeth et **Paul** s'en souciaient moins que des nobles secousses qui remuaient les vitres. L'éclairage dur de la lampe remplaçait le crépuscule, sauf du côté d'Élisabeth qui recevait la pourpre du lambeau rouge et s'y maintenait protégée, fabriquant le vide, halant Paul vers une ombre d'où elle observait en pleine lumière.

Le moribond s'exténuait. Il se tendait du côté d'Élisabeth, du côté de la neige, du jeu, de la chambre de leur enfance. Un fil de la Vierge le reliait à la vie, attachait une pensée diffuse à son corps de pierre. Il distinguait mal sa soeur, une longue personne criant son nom. Car Élisabeth, comme une amoureuse retarde son plaisir pour attendre celui de l'autre, le doigt sur la détente, attendait le spasme mortel de son frère, lui criait de la rejoindre, l'appelait par son nom, guettant la minute splendide où ils s'appartiendraient dans la mort.

Paul, épuisé, laissa rouler sa tête. Élisabeth crut que c'était la fin, appuya le canon du revolver contre sa tempe et tira. Sa chute entraîna un des paravents qui s'abattit sous elle avec un tintamarre effroyable, découvrant la lueur pâle des vitres de neige, ouvrant dans l'enceinte une blessure intime de ville bombardée, faisant de la chambre secrète un théâtre ouvert aux spectateurs.

Ces spectateurs, Paul les distinguait derrière les vitres.

Tandis qu'Agathe, morte d'épouvante, se taisait et regardait saigner le cadavre d'Élisabeth, il distinguait dehors, s'écrasant parmi les rigoles de givre et de glace fondue, les nez, les joues, les mains rouges de la bataille des boules de neige. Il reconnaissait les figures, les pèlerines, les cache-cols de laine. Il cherchait Dargelos. Lui seul il ne l'apercevait pas. Il ne voyait que son geste, son geste immense.

— Paul! Paul! Au secours!

Agathe grelotte, se penche.

Mais que veut-elle? Que prétend-elle? Les yeux de Paul s'éteignent. Le fil se casse et il ne reste de la chambre envolée que l'odeur infecte et qu'une petite dame sur un refuge, qui rapetisse, qui s'éloigne, qui disparaît.

Jean Cocteau, Les Enfants terribles, 1929,
Éditions Bernard Grasset

6.

J'appuie ma main sur la banquette, mais je la retire précipitamment; ça existe. Cette chose sur quoi je suis assis, sur quoi j'appuyais ma main s'appelle une banquette. Ils l'ont faite tout exprès pour qu'on puisse s'asseoir, ils ont pris du cuir, des ressorts, de l'étoffe, ils se sont mis au travail, avec l'idée de faire un siège et quand ils ont eu fini, c'était ça qu'ils avaient fait. Ils ont porté ça ici dans cette boîte, et la boîte roule et cahote à présent, avec ses vitres tremblantes, et elle porte dans ses flancs cette chose rouge. Je murmure: c'est une banquette, un peu comme un exorcisme. Mais le mot reste sur mes lèvres: il refuse d'aller se poser sur la chose. Elle reste ce qu'elle est, avec sa peluche rouge, milliers de petites pattes rouges, en l'air, toutes raides, de petites pattes mortes. Cet énorme ventre tourné en l'air, sanglant, ballonné — boursouflé avec toutes ses pattes mortes, ventre qui flotte dans cette boîte, dans ce ciel gris, ce n'est pas une banquette. Ça pourrait tout aussi bien être un âne mort, par exemple, ballonné par l'eau et qui flotte à la dérive, le ventre en l'air dans un grand fleuve gris, un fleuve d'inondation; et moi je serais assis sur le ventre de l'âne et mes pieds tremperaient dans l'eau claire. Les choses se sont délivrées de leurs noms. Elles sont là, grotesques, têtues, géantes et ça paraît imbécile de les appeler des banquettes ou de dire quoi que ce soit sur elles: je suis au milieu de Choses, les innommables. Seul, sans mots, sans défenses, elles m'environnent, sous moi, derrière moi, au-dessus de moi.

Jean-Paul Sartre, *La Nausée,* 1938,
© Éditions Gallimard

7.

Katow n'oubliait pas qu'il avait été déjà condamné à mort, qu'il avait vu des mitrailleuses braquées sur lui, les avait entendu tirer . . . «Dès que je serai dehors, je vais essayer d'en étrangler un, et de laisser mes mains assez longtemps serrées pour qu'ils soient obligés de me tuer. Ils me brûleront, mais mort.» A l'instant même, un des soldats le prit à bras-le-corps, tandis qu'un autre ramenait ses mains derrière son dos et les attachait. «Les petits auront eu de la veine, pensa-t-il. Allons! supposons que je sois mort dans un incendie.» Il commença à marcher. Le silence retomba, comme une trappe, malgré les gémissements. Comme naguère sur le mur blanc, le fanal projeta l'ombre maintenant très noire de Katow sur les grandes fenêtres nocturnes; il marchait pesamment, d'une jambe sur l'autre, arrêté par ses blessures; lorsque son balancement se rapprochait du fanal, la silhouette de sa tête se perdait au plafond. Toute l'obscurité de la salle était vivante, et le suivait du regard pas à pas. Le silence était devenu tel que le sol résonnait chaque fois qu'il le touchait lourdement du pied; toutes les têtes, battant de haut en bas, suivaient le rythme de sa marche, avec amour, avec effroi, avec résignation, comme si, malgré les mouvements semblables, chacun se fût dévoilé en suivant ce départ cahotant. Tous restèrent la tête levée: la porte se refermait.

Un bruit de respirations profondes, le même que celui du sommeil, commença à monter du sol: respirant par le nez, les mâchoires collées par l'angoisse, immobiles, maintenant, tous ceux qui n'étaient pas encore morts attendaient le sifflet.

André Malraux, La Condition humaine, 1933,
© Éditions Gallimard

8. *Le Papillon*

Lorsque le sucre élaboré dans les tiges surgit au fond des fleurs, comme des tasses mal lavées, — un grand effort se produit par terre d'où les papillons tout à coup prennent leur vol.

Mais comme chaque chenille eut la tête aveuglée et laissée noire, et le torse amaigri par la véritable explosion d'où les ailes symétriques flambèrent,

Dès lors le papillon erratique ne se pose plus qu'au hasard de sa course, ou tout comme.

Allumette volante, sa flamme n'est pas contagieuse. Et d'ailleurs, il arrive trop tard et ne peut que constater les fleurs écloses. N'importe: se conduisant en lampiste, il vérifie la provision d'huile de chacune. Il pose au sommet des fleurs la guenille atrophiée qu'il emporte et venge ainsi sa longue humiliation amorphe de chenille au pied des tiges.

Minuscule voilier des airs maltraité par le vent en pétale superfétatoire, il vagabonde au jardin.

Francis Ponge, Le Parti pris des choses, 1942,
© Éditions Gallimard

9. *L'Albatros*

Dans l'immense largeur du Capricorne au Pôle
Le vent beugle, rugit, siffle, râle et miaule,
Et bondit à travers l'Atlantique tout blanc
De bave furieuse. Il se rue, éraflant
L'eau blême qu'il pourchasse et dissipe en buées;
Il mord, déchire, arrache et tranche les nuées
Par tronçons convulsifs où saigne un brusque éclair;
Il saisit, enveloppe et culbute dans l'air
Un tournoiement confus d'aigres cris et de plumes
Qu'il secoue et qu'il traîne aux crêtes des écumes,
Et, martelant le front massif des cachalots,
Mêle à ses hurlements leurs monstrueux sanglots.
Seul, le Roi de l'espace et des mers sans rivages
Vole contre l'assaut des rafales sauvages.
D'un trait puissant et sûr, sans hâte ni retard,
L'oeil dardé par delà le livide brouillard,
De ses ailes de fer rigidement tendues,
Il fend le tourbillon des rauques étendues,
Et, tranquille au milieu de l'épouvantement,
Vient, passe, et disparaît majestueusement.

Leconte de Lisle, 1884

EXERCICE

Comparez ce poème avec celui de Baudelaire qui porte le même titre (chap. IX).

10.

Je te donne ces vers afin que si mon nom
Aborde heureusement aux époques lointaines,
Et fait rêver un soir les cervelles humaines,
Vaisseau favorisé par un grand aquilon,

Ta mémoire, pareille aux fables incertaines,
Fatigue le lecteur ainsi qu'un tympanon,
Et par un fraternel et mystique chaînon
Reste comme pendue à mes rimes hautaines;

Passages supplémentaires

> Être maudit à qui, de l'abîme profond
> Jusqu'au plus haut du ciel, rien, hors moi, ne répond!
> — O toi qui, comme une ombre à la trace éphémère,
>
> Foules d'un pied léger et d'un regard serein
> Les stupides mortels qui t'ont jugée amère,
> Statue aux yeux de jais, grand ange au front d'airain!
>
> Baudelaire, Sonnet (*Les Fleurs du mal*), 1857

EXERCICE

Faites une comparaison entre ce poème et le sonnet de Ronsard («Quand vous serez bien vieille . . .») étudié au chapitre II, La Traduction et ses difficultés.

APPENDICE GRAMMATICAL

Sections I-VII are to be studied in conjunction with Chapter I.

I. *The Indefinite Article*

A. FORMS

	Singular	Plural
Masculine	un homme—a man	des hommes—men
Feminine	une femme—a woman	des femmes—women

B. USE

The indefinite article in French corresponds to the indefinite article in English, *a, an:*

une sorte de corridor	a sort of corridor
un lourd soleil	a heavy (hot) sun
une clarté blanchâtre	a whitish light
un lit de velours	a bed of velvet

Exceptions:

1. The indefinite article in French has no distributive function:

He earns $300 *a* month.	Il gagne 300 dollars *par* mois.
Those pears cost 40 centimes *a* pound.	Ces poires coûtent 40 centimes *la* livre.
They have two books *a*piece.	Ils ont deux livres *par* personne.

As the preceding examples show, the distributive idea is expressed in French by *par* (usually in expressions of time) or by the definite article (usually in expressions of price). Where English uses an indefinite article with parts of the body, French often uses the definite article:

| Il a *la* barbe rouge. | He has *a* red beard. |

2. The indefinite article is omitted:

   a. with nouns denoting profession, religion, and nationality, when those nouns are not qualified by an adjective. The article is omitted when these nouns follow *être* and such verbs as *devenir, rester, se faire, naître,* and *mourir,* that is, when the nouns function as predicate nominatives:

Madame Raquin était mercière.	Madame Raquin was a notions dealer.
Madame Raquin était *une* vieille mercière de Vernon.	Madame Raquin was an old notions dealer of Vernon.
Camille était resté petit garçon.	Camille had remained a little boy.

177

Camille était toujours resté *un* petit garçon doux et charmant.	Camille had always remained a sweet and charming little boy.
Il est docteur.	He is a doctor.
C'est *un* docteur célèbre.	He is a famous doctor.

b. in apposition to nouns and clauses:

Permettez-moi de vous présenter Maxime, vice-président de cette compagnie.
Allow me to introduce to you Maxime, a vice president of this company.

Laurent s'est lié à Thérèse, jeune mercière du quartier.
Laurent attached himself to Thérèse, a young notions dealer of the neighborhood.

But when the noun or clause in apposition is particularized, an article is used:

Permettez-moi de vous présenter Maxime, *un* des vice-présidents les plus jeunes et les plus dynamiques de cette compagnie.
Allow me to introduce to you Maxime, one of the youngest and most dynamic vice presidents of this company.

EXERCISE *

Translate the following:

1. a handsome man   2. intelligent women   3. Mr. Dupont has grey hair.   4. Didn't you know that Bertrand was a famous professor of French?   5. He became a soldier.   6. How many books do they have apiece?   7. If only I earned $100 a month.   8. Bananas cost two francs a pound.   9. Jean-Paul is a professor.   10. He married Cassandra, a girl of the neighborhood.

II. *The Definite Article*

A. Forms

	Singular	Plural
Masculine	le, l' (before vowel or mute *h*)	les
Feminine	la, l' (before vowel or mute *h*)	les

* Answers to the exercises in this *appendice grammatical* are given on pages 315-41.

Appendice grammatical: II

Contraction with *à* and *de:*

à plus *le:*	au	*de* plus *le:*	du
à plus *la:*	à la	*de* plus *la:*	de la
à plus *l':*	à l'	*de* plus *l':*	de l'
à plus *les:*	aux	*de* plus *les:*	des

B. USE

The definite article is used:

1. to generalize a noun:

*L'*histoire est un sujet intéressant. History is an interesting subject.
Les rues étroites sont utiles. Narrow streets are useful.

2. to particularize a noun:

Je veux *le* beurre qui est sur la table. I want the butter which is on the table.
La rue est étroite. The street is narrow.

Note: When the noun is used neither in a specific nor a general sense, the partitive article is used. (See Section III.)

Note: The article in French is repeated with each noun:
Le français, l'italien, l'espagnol, et le portugais sont des langues romanes.
French, Italian, Spanish, and Portuguese are romance languages.

3. to distinguish a part of one's body when a common action or state is being referred to. English usage requires the possessive adjective as a rule:

Chacun court à ses occupations, *la* tête basse.
Each one runs to his occupations, with *his* head lowered.

To indicate the possessor of the part of the body, an indirect object is used. When the possessor is the subject, the reflexive pronoun *se* is used:

Elle *lui* lava les mains. She washed his (or her, another person's) hands.
Il *se* lava les mains. He washed his (own) hands.
Il *s'*est fait mal à la tête. He hurt his (own) head.

But when the action or state is not one of the commoner ones, or when the part of the body is qualified in such a way that it ceases to be ordinary, the possessive adjective is used:

Il mit la boîte sur *ses* genoux et l'ouvrit avidement.
He put the box in *his* lap and greedily opened it.

Elle vint à moi, *ses* grands yeux noirs chargés de larmes.
She came towards me, *her* big black eyes filled with tears.

4. to indicate the time when a habitual action occurs:

Le soir, trois becs de gaz éclairent le passage.
In the evening, three lamp-posts light the passageway.

Le dimanche il se promène.
Sundays (On Sundays) he goes for a walk.

Note: When referring to a particular day, no article is used:

Il est venu nous voir dimanche.
He came to see us last Sunday.

5. when expressing price:

Le pain coûte 1 franc *la* livre.
Bread costs one franc a pound.

C. Omission

The definite article is omitted:

1. in appositions, unless the noun or clause is particularized:

Ils se sont adressés à Cicéron, célèbre orateur romain.
They spoke to Cicero, the (a) famous Roman orator.

Cicéron, l'orateur romain le plus célèbre, fut assassiné le 7 décembre 43 av. j.-c.
Cicero, the most famous Roman orator, was assassinated on December 7, 43 b.c.

2. with *de* plus a noun forming an adjectival phrase. English usually uses an adjective for this construction:

par les beaux jours *d*'été	on beautiful summer days
par les vilains jours *d*'hiver	on unpleasant winter days
des marchands *de* jouets	toy dealers

Chaque objet était pendu à un crochet *de* fil *de* fer.
Each object was hanging from an iron wire hook.

3. with *sans, ni . . . ni,* and *avec,* when *avec* plus noun replace an adverb:

Ils attendaient *sans* peur son arrivée.
They were waiting fearlessly for his arrival.

Ni or *ni* argent ne l'intéressait.
Neither gold nor silver interested him.

Elle se questionnait *avec* colère.
She was questioning herself angrily.

Thérèse repoussait les livres *avec* impatience.
Thérèse was pushing the books back impatiently.

unless the noun is particularized:

Ils l'attendaient sans *la* peur qui accompagne d'ordinaire ces événements.
They were waiting for him without the fear which ordinarily accompanies these events.

4. with names of languages after the verb *parler:*

Il parle français.   He speaks French.

5. often, but not always, in enumerating a list of nouns:

Arbres, rivières, fleurs, montagnes, lacs défilaient devant les voyageurs.
Trees, rivers, flowers, mountains and lakes were passing before the travelers.

EXERCISE

Translate the following:
1. Give it to the professor. 2. He was speaking to the students. 3. I found it at the hotel. 4. Where is the key to the room? 5. He is going to speak to us of the countries he has visited. 6. I have not yet spoken to the others. 7. Did you close the door of the house? 8. The young man's sister is here. 9. I like chemistry. 10. Where are the books I gave you? 11. Horses and cows are domestic animals. 12. He was sitting by the window with his mouth open. 13. The doctor felt his (the little boy's) arm. 14. He broke his leg. 15. Her beautiful blue eyes were staring at him. 16. On Tuesdays he would go to the movies. 17. Eggs cost 50 cents a dozen. 18. Will you come to see us Friday? 19. Julius Caesar, the famous Roman general, spent several years in Gaul. 20. He had neither friends nor enemies. 21. What a beautiful silk dress! 22. Do your work courageously. 23. Unhesitatingly, he jumped from the window. 24. Don't you speak English? 25. Men, women, and little children died in the accident.

III. *The Partitive Article*

A. PARTITIVE FORMS

The full partitive forms (*de* plus the definite article) are:

du sucre
de la crème
des livres
*de l'*argent

B. Use of the full partitive form

When a noun falls into neither the general nor the specific categories mentioned above (Section II), the partitive is used. In English, *some* or *any* are often used to express the French concept of the partitive, although these words may be omitted in English.

>Je voudrais *du* café après mon repas.
>I would like coffee (or *some* coffee) after my meal.

C. Use of the short partitive form

The short partitive form is *de* without the definite article. This *de* alone is used:

1. after a negative verb:

Ne fais pas *de* bruit.	Don't make any noise.
Je ne veux plus *d'*histoires.	I don't want any more stories.
Il n'y a jamais *de* livres chez lui.	There are never any books at his place.

Note: ne . . . que does not convey the concept of the negative:

>Les vitres ne jettent que de la nuit sur les dalles gluantes.
>The panes throw only darkness onto the sticky flagstones.

Note: pas un usually means *not a single:*

>La jeune femme ne trouva *pas un* geste, ne prononça *pas une* parole.
>The young woman found not a single gesture, spoke not a single word.

2. when a plural noun, introduced by *de*, is preceded by an adjective (unless the noun and adjective are so closely connected they take on the meaning of one word, as in *des jeunes filles, des petits pois*):

>*De* grandes ombres s'allongent sur les dalles.
>Large shadows stretch out on the flagstones.
>But: *Des* souffles humides viennent de la rue. (Adjective follows.)
>Damp puffs of air come from the street.

3. after expressions of quantity:

Donnez-moi *un peu de* temps.	Give me a little time.

>Les boutiques pleines de ténèbres sont *autant de* trous lugubres.
>The shops filled with darkness are so many dismal holes.

Here is a list of most of these expressions of quantity:

beaucoup de	much, many, very much, very many
peu de	little, few
un peu de	a little, a few

Appendice grammatical: III

assez de	enough
combien de?	how many, how much?
plus de	more
moins de	less
trop de	too much, too many
beaucoup trop de	much too much, much too many
tant de	so much, so many
autant de	as much, as many, so many
une bouteille de	a bottle of
une livre de	a pound of
une douzaine de	a dozen (of)
une tasse de	a cup of
un tas de	a heap of
un million de	a million (but mille francs = 1000 francs)
un grand nombre de	a great number of, etc.

Notice, however, that *la plupart* takes the full form of the partitive:

> Je suis chez lui la plupart *du* temps.
> I am at his place most of the time.

Plusieurs (several) takes no form of the partitive:

> Plusieurs hommes se trouvaient dans l'église.
> Several men were in the church.

4. after certain adjectives and verbal expressions:

> Les boutiques *pleines de* ténèbres sont autant de trous lugubres.
> The shops filled with darkness are so many dismal holes.

> Il termina son voyage *dépourvu de* provisions.
> He ended his trip devoid of supplies.

> J'ai *besoin de* ces livres.
> I need these books.

Closely resembling this last usage of the partitive is the use of the preposition *de* to express the idea of "by" or "with" with a passive construction. In this construction also, the definite article is omitted, as it is in English:

> La route était bordée *de* fleurs.
> The road was lined *with* flowers.

> Le prisonnier fut entouré *d'*ennemis.
> The prisoner was surrounded by enemies.

5. before adjectives and nouns with the following words:

*Qu'*y a-t-il *de* nouveau?   What's new?

*Tout ce qu'*il y a *d'*important se trouve dans ce livre.
Everything important is found in this book.

Il n'a *rien* dit *d'*extraordinaire.
He said nothing extraordinary.

Je veux *quelque chose de* nouveau.
I want something new.

EXERCISE

Translate the following:

1. Have you seen the key to the house? 2. I want some money. 3. I have some tobacco. 4. There are some girls at the door. 5. I did not see any letters on the table. 6. She had only coffee to offer me. 7. Anne knows many young men. 8. Are there any girls in your French class? 9. He told me some interesting stories. 10. A bottle of ink, please. 11. Few men could have done that. 12. Buy me a dozen eggs and a pound of coffee. 13. Most professors do not wear a beard. 14. I see that several students have decided not to study. 15. The city is surrounded by mountains. 16. His bag was full of supplies. 17. He said nothing new.

General exercise on Sections I-III

Translate:

1. My apartment costs me $30 a month. 2. He wants to become a doctor. 3. My brother is a famous lawyer. 4. My father is Jewish, but my mother is Catholic. 5. On Mondays I go to school. 6. I like cats. 7. The English drink their tea without lemon. 8. The intelligent student raises his hand. 9. Saturday is a holiday in the United States. 10. Louis XIV was a terrible king. 11. He is an outstanding professor. 12. These cost me 60 cents a dozen. 13. He speaks French at home and English at school. 14. He was a journalist and he wanted to become the best journalist in the world. 15. I fell in love with Mary, the farmer's daughter. 16. Voltaire, the famous writer, had a terrible disposition. 17. I like history. 18. Dogs are man's best friend. 19. She led her child to the bathroom, washed his hands, brushed his teeth, combed his hair, and said, "Now it's my turn to wash my hands." 20. In the morning he would get up early to take a long walk. 21. During the day he would write, and at night he would drink coffee with his friends. 22. Butter is yellow. 23. Her house is filled with iron furniture. 24. Car salesmen are unscrupulous. 25. Neither dogs nor cats were allowed in that restaurant. 26. She tore up the letter angrily. 27. On warm spring days I

spend my time making wooden objects. 28. I shall see him Wednesday. 29. He writes his mother three times a year. 30. We are still living at a time when every child has a mother and a father. 31. He painted the bed and chairs yellow and the table and bookcase brown. 32. The good and bad adventures I had in this city cannot be forgotten. 33. Thérèse had neither love nor friendship. 34. Dr. Durand is our doctor. 35. I have just bought some books. 36. He doesn't have any friends. 37. That restaurant has too many customers, too little food, too much noise, and not enough waiters. 38. How much bread do you have? 39. There is a bottle of wine on each table. 40. Usually I like coffee after my meal. 41. Don't make any noise! 42. He never has any money. 43. Money is the root of all evil. 44. There were only sick people in that house. 45. She has no smart dresses. 46. He has a lot of talent. 47. I like milk very much. 48. Most of the students in this school are sick. 49. What's new? 50. This man's talent is well known. 51. I need money for this project. 52. He said something interesting. 53. The house was full of dust. 54. I need the money I told you about yesterday. 55. Some girls were at school on Sunday. 56. I prefer red scarves, but I usually wear light blue scarves. 57. They have no more milk. 58. I have something new to tell her. 59. I have a million francs at home. 60. How many glasses of wine do you want? 61. Cows are useful. 62. He smokes cigarettes. 63. Madeleine brought me milk and potatoes. 64. We ate excellent steaks. 65. Walls have ears. 66. I don't want any of your advice. 67. Give me something better. 68. I attended the village fair. 69. Buy me some summer shirts.

IV. *Nouns*

A. GENDER

All nouns in French are considered masculine or feminine. Not all nouns can be classified as one or the other gender according to their form or sense; however, certain general groups can be established.

1. Words denoting masculine beings are usually masculine; those denoting feminine beings, usually feminine:

la mère	the mother	le père	the father
la fille	the daughter	le fils	the son
la nièce	the niece	le neveu	the nephew

Note 1: La personne, la sentinelle, la connaissance, *and* la victime *(the person, the sentinel, the acquaintance, the victim) are always feminine even though referring to masculine beings:*

Jean-Claude fut la malheureuse victime de cet accident.
Jean-Claude was the unfortunate victim of that accident.

Note 2: Chose (thing) is feminine, but *quelque chose* (something) is not:

Je viens d'acheter *quelque chose* de *nouveau*.
I have just bought something new.

2. The following are usually masculine:

a. trees: le pommier, le poirier, le chêne (the apple tree, the pear tree, the oak)

b. metals: un acier, le fer, le cuivre (a steel, iron, copper)

c. seasons: un été, un automne, un hiver, un printemps (a summer, an autumn, a winter, a spring)

d. months, days of the week

e. all countries not ending in -e (and also *le Mexique,* Mexico): le Portugal, le Chili, le Pérou (Portugal, Chile, Peru)

f. nouns which end in:

a vowel other than -*e:*
le cinéma	the cinema
le métro	the subway

-*asme* and -*isme:*
le pléonasme	the pleonasm
le romantisme	the romanticism

g. the following masculine endings, which have corresponding feminine forms:

-*eur* (when it denotes an agent, a doer of something):
un vendeur	a salesman	une vendeuse	a saleswoman
un serveur	a barman	une serveuse	a barmaid
un tricheur	a cheat	une tricheuse	a cheat
un acteur	an actor	une actrice	an actress
un aviateur	an aviator	une aviatrice	an aviatrix

Abstract nouns in -*eur* are usually feminine: la douleur (sorrow), la grandeur (greatness): exceptions: le bonheur (happiness), un honneur (an honor).

-*er, -ier:*
un mercier	a notions dealer	une mercière	a notions dealer
un boutiquier	a shopkeeper	une boutiquière	a shopkeeper

-*eau:*
un chapeau	a hat	une chapelle	a chapel
un vaisseau	a vessel	la vaisselle	the dishes

Appendice grammatical: IV

-t:

un plat	a dish	une pâte	a paste
un lot	a share	une patte	a paw
un but	a goal	une date	a date
un projet	a project	une botte	a boot
		une butte	a mound
		une alumette	a match

-c:

| un sac | a bag | une sacoche | a saddlebag |
| un lac | a lake | une tache | a stain |

-ail:

un détail	a detail	une bataille	a battle
un travail	a work	la canaille	rabble
un chandail	a sweater	une trouvaille	a find

oir:

| un soir | an evening | une balançoire | a see-saw |
| un noir | a black | une gloire | a glory |

é:

| un dé | a thimble | une année | a year |

Abstract nouns in *-té* and *-ité* are feminine: la liberté (freedom), la fraternité (brotherhood).

-on:

| un baron | a baron | une baronne | a baroness |
| un bâton | a stick | une consonne | a consonant |

3. The following are usually feminine:

a. names of countries ending in *e* (with the exception of *le Mexique*, Mexico):

    la France, la Chine, la Russie   France, China, Russia

b. most names of rivers ending in *e:*

    la Seine, la Loire

c. words which end in:

-son:

une maison	a house
une saison	a season
une raison	a reason

-ion:
une civilisation   a civilization
une nation   a nation

-esse:
la paresse   laziness
la vieillesse   oldness (old age)

-ance, -anse, -ence, -ense:
une connaissance   an acquaintance
une danse   a dance
la décence   decency
une dépense   an expense

B. Number

1. To form the plural of most nouns, add *-s* to the singular form when it ends in a vowel or a consonant other than *-s, -x,* or *z:*

    le seuil   the threshold   les seuils   the thresholds
    la caisse   the case   les caisses   the cases

2. Nouns ending in *-s, -x* or *-z* are unchanged in the plural:

    le nez   the nose   les nez   the noses
    le lis   the lily   les lis   the lilies
    le prix   the prize   les prix   the prizes
    la noix   the nut   les noix   the nuts

3. Family names are unchanged regardless of the endings:

    les Raquin   les Duisit

4. Nouns ending in *-au* become *-aux* in the plural: le tuyau (tube), les tuyaux (tubes)

    "   "   " *-al* "   *-aux:* le mal (evil), les maux (evils)
    "   "   " *-ail* "   *-aux:* le vitrail (stained glass window), les vitraux (stained glass windows)
    "   "   " *-eau* "   *-eaux:* le bateau (boat), les bateaux (boats)
    "   "   " *-eu* "   *-eux:* le jeu (game), les jeux (games)

5. A limited number of nouns in *-ou* become *-oux* in the plural:

    les bijoux   jewels   les hiboux   owls
    les cailloux   pebbles   les joujoux   toys
    les choux   cabbages   les poux   lice
    les genoux   knees

Appendice grammatical: IV

All other nouns in *-ou* add *-s* for the plural:

    le fou   the madman   les fous   the madmen

6. The following nouns have irregular plurals:

    l'oeil   eye   les yeux   the eyes
    le ciel   the sky   les cieux   the skies
                                   les ciels,   the skies

7. Compound nouns fall into several groups:

a. those written as or considered as one word which form their plural by adding *-s:*

    la grand'mère   the grandmother
    les grand'mères   the grandmothers

    le pourboire   the tip
    les pourboires   the tips

Exceptions: monsieur (Mister), messieurs; madame (Madam), mesdames; mademoiselle (Miss), mesdemoiselles

b. those formed by an adjective and a noun. Both elements are made plural:

    la belle-mère   the mother-in-law
    les belles-mères   the mothers-in-law
    le grand-père   the grandfather
    les grands-pères   the grandfathers

c. those formed with a noun and a prepositional element. The principal noun is made plural:

    le chef-d'oeuvre   the masterpiece
    les chefs-d'oeuvre   the masterpieces

d. compound nouns formed by a verb plus a noun. These compound nouns are often invariable; that is, they often have the same form in the singular and plural:

    le porte-parole   the spokesman   les porte-parole   the spokesmen

8. Certain nouns used in the singular in English are most often found in the plural in French:

    les vacances (de Noël)   (Christmas) vacation
    ses forces   his strength
    les progrès   progress
    les ténèbres   darkness

EXERCISES

A. Supply the suitable form of the definite article for the following words (use the indefinite article if the word begins with a vowel):

___ comptoir, ___ crasse, ___ mercerie, ___ passage, ___ carton, ___ éclairage, ___ muraille, ___ couturière, ___ paresse, ___ Seine, ___ Mexique, ___ romantisme, ___ Belgique

B. Put the following nouns into the plural:

nez	timbre-poste	beau-frère
mal	porte-plume	monsieur
oeil	seuil	hors-d'oeuvre
grand-père	Smith	genou

V. Adjectives

A. FORM

1. Plural forms:

a. Add -s to the singular form of most adjectives to form the plural unless the singular already ends in *s, x,* or *z:*

un chat gris	a grey cat
deux chats gris	two grey cats
un garçon content	a pleased boy
deux garçons contents	two pleased boys
une fille charmante	a charming girl
deux filles charmantes	two charming girls

b. As is the case for nouns (see IV, B, 4), adjectives ending in *-au, -eau,* and *-eu* add *x* to form the plural:

nouveau	nouveaux	new
beau	beaux	beautiful

c. Adjectives ending in *-al* change the ending to *-aux* to form the plural: loyal, loyaux, with the exception of fatal, fatals.

2. Feminine forms:

a. To form the feminine of an adjective, add *-e* to the masculine form (unless, of course, the masculine form already ends in *-e;* e.g., *riche,* rich, has only one form for the masculine and feminine):

petit	petite	little
méchant	méchante	wicked

Appendice grammatical: V

b. Certain common adjectives ending in *-en, -on, -eil, -el, -as, -os, -et,* double the consonant and add *-e* to form the feminine:

parisien	parisienne	Parisian
breton	bretonne	Breton
pareil	pareille	like
sensationnel	sensationnelle	sensational
quel	quelle	what
gras	grasse	fat
gros	grosse	big
(ce) cet	cette	this
net	nette	clean

c. Adjectives ending in *-er* become *-ère:*

cher	chère	dear
dernier	dernière	last

d. Adjectives ending in *-eux* usually become *-euse:*

merveilleux	merveilleuse	marvelous
paresseux	paresseuse	lazy

e. Other feminine forms of adjectives are best learned separately:

neuf	neuve	new
vif	vive	alive
bref	brève	short
blanc	blanche	white
sec	sèche	dry
frais	fraîche	fresh
doux	douce	sweet
jaloux	jalouse	jealous
faux	fausse	false
gentil	gentille	nice
favori	favorite	favorite
épais	épaisse	thick
grec	grecque	Greek
long	longue	long
public	publique	public
roux	rousse	red

f. Five adjectives have an additional form which is always used before a masculine singular noun beginning with a vowel or mute *h:*

un bel étudiant	a good-looking student
une belle étudiante	a beautiful student
un beau garçon	a good-looking boy

un vieil homme	an old man
une vieille femme	an old woman
un vieux livre	an old book
le nouvel enfant	the new child
la nouvelle bonne	the new maid
le nouveau mois	the new month

and so too with *fou, fol, folle* (mad) and *mou, mol, molle* (soft).

g. Nouns taken as adjectives of color are invariable:

    une robe *marron*   (marron: chestnut)   a brown dress

h. Compound adjectives of color are invariable:

    une robe *vert clair*   a light green dress

Note: Rose (pink) has become a true adjective like *bleu, vert, jaune,* etc., and agrees with the noun it modifies:

    les robes roses   the pink dresses

B. Placement

1. Usually French adjectives follow the noun, but certain short and frequently used adjectives precede the noun. These are:

autre	other	mauvais	bad
beau	beautiful	meilleur	better
bon	good	moindre	less
court	short	nouveau	new
gros	big	petit	little
haut	high	pire	worse
jeune	young	vaste	vast
joli	pretty	vieux	old
long	long	vilain	nasty

2. Certain other frequently used adjectives change meaning depending on whether they precede or follow the noun they modify:

un homme brave	a brave man
un brave homme	a good man
une chose certaine	a certain thing (i.e., beyond doubt)
une certaine chose	a certain thing (particular)
un fruit cher	an expensive fruit
un cher homme	a dear man
la semaine dernière	last week (time expression)
la dernière semaine	the last week (in a series)

Appendice grammatical: V

un homme grand	a tall man
un grand homme	a great man
un artiste méchant	a wicked artist
un méchant artiste	a worthless artist
la rue même	the very street
la même rue	the same street
l'homme pauvre	the poor man (penniless)
le pauvre homme	the poor man (pitiful)
la semaine prochaine	next week (time expression)
la prochaine rue	the next street (in a series)
une maison propre	a clean house
sa propre maison	his own house

3. As the preceding list shows,* an adjective in its customary position (following a noun) conveys its usual, literal meaning; when it precedes the noun, the adjective often takes on a figurative or attenuated sense. As a general rule, most adjectives, especially those denoting nationality, religion, and profession, follow the noun; others are used almost exclusively in the figurative sense and precede (and, of course, those mentioned in V, B, 1 and 2, possessive, demonstrative, numeral adjectives, etc., also precede).

Still, a glance at any French text shows that this rule is quite flexible. Consider the following examples taken from the reading of Chapter I:

un *lourd* soleil	a heavy (hot) sun
des lanternes *lourdes* et *carrées*	heavy, square lanterns
d'*étroites* armoires	narrow wardrobes
l'*unique* souci	the only care
des *maigres* rayons	feeble rays
une planche *étroite* et *longue*	a long and narrow plank
des vitrines *profondes*	deep shopwindows

de *minces* planches peintes d'une *horrible* couleur *brune*
thin planks painted in a horrible brown color

l'aspect *sinistre* d'un *véritable* coupe-gorge
the sinister aspect of a veritable cut-throat place

In these examples, several adjectives are in "abnormal" positions; *lourd* and *étroit,* for example, usually follow the noun, *long* (une planche longue) generally precedes. The result of this change of position is twofold: (1) either the adjective takes on added importance (and this

---

* For a discussion of the displacement of the adjective as an element of style, see Chapter V.

is the case when an adjective which normally comes before the noun is placed after it: un homme *jeune,* une femme *belle*); or (2) the adjective is felt to express an inherent quality of the noun (and this is the case when adjectives which usually follow precede: la *blanche* neige, la *froide* raison).

Long (une planche *longue*), a short adjective usually found before the noun, is also in an "abnormal" position, but for a different reason. When a noun is modified by two or more words, certain general principles should be kept in mind:

a. Short adverbs, such as *moins, plus, si, très, trop* (less, more, so, very, too much), do not affect the position of the adjective they modify:

    une si grande rue   such a large streeet
    la plus jolie femme   the prettiest woman

But long adverbs cause the adjective to be placed after the noun:

    une rue extraordinairement grande   an extraordinarily wide street
    un homme terriblement vieux   a terribly old man

b. When two adjectives modify the noun, their position before or after the noun is not changed:

    un beau petit garçon   a good-looking little boy
    un petit garçon blond   a little blond boy
    une table noire rectangulaire   a rectangular black table

But if the adjectives are connected by a conjunction, those which usually precede may follow:

    une belle et grande église   a beautiful and large church
    une église belle et grande   a beautiful and large church
    une planche étroite et longue   a long narrow plank

When a noun is modified by two adjectives, both of which normally follow (or precede) the noun, one of the two is usually considered more closely connected to the noun than the other and is placed immediately after (or immediately before) it:

    un livre *bleu* intéressant   an interesting blue book
    une belle *petite* maison   a beautiful little house

    EXERCISE

Translate the following:

1. He wrote a very long book. 2. I bought an expensive dress because my old one was torn. 3. Have you seen my little black cat? 4. There is a good

hotel near here. 5. Here are my new pants and my green socks. 6. The long and painful illness destroyed my ambition. 7. John is a good man but he is a worthless artist. 8. I have many thick books in my new bookcase, but the small ones are my favorites. 9. My girl friend has rich parents. 10. What a pleasant surprise! 11. I was helped by a small, friendly, and intelligent boy. 12. Our big green house is old.

VI. Adverbs

A. FORM

1. Most adverbs are formed by adding *-ment* to the feminine of the adjective (the masculine is used if it ends in a vowel: *vrai, vraiment*—true, truly):

malheureux, malheureuse	unfortunate
malheureusement	unfortunately
sec, sèche	dry
sèchement	dryly

Note: Even though the masculine form ends in a vowel, the feminine form is used in *bellement, follement,* and *nouvellement* (gently, foolishly, newly).

Exceptions: a few adjectives change *e* to *é* to form the adverb:

aveugle	blind	aveuglément	blindly
précis, précise	precise	précisément	precisely
énorme	enormous	énormément	enormously
profond, profonde	deep	profondément	deeply

2. The adjectival endings *-ant* and *-ent* result in the adverbial endings *-amment, -emment:*

| indépendant | independent | indépendamment | independently |
| prudent | prudent | prudemment | prudently |

3. In certain common expressions, the adjective conveys the adverbial meaning:

parler haut (bas)	to speak loudly (in a low voice)
chanter juste (faux)	to sing on key (off key)
coûter cher	to be expensive
sentir bon (mauvais)	to smell good (bad)

B. Position

1. In a normal sentence the adverb will follow the conjugated form of the verb:

> Une clarté blanchâtre traîne *misérablement* dans le passage.
> A whitish light lingers miserably in the passageway.
>
> J'ai *déjà* vu Thérèse
> I have already seen Thérèse.

For emphasis, the adverb may be placed in a more conspicuous position; i.e., it may be the first or last word of the sentence:

> Ils marchent rapidement dans la rue.
> Rapidement, ils marchent dans la rue.
> Ils marchent dans la rue rapidement.
> They are walking rapidly in the street.

2. Adverbs of time (*aujourd'hui, demain, hier,* today, tomorrow, yesterday, etc.) and space (*ici, là, partout,* here, there, everywhere, etc.) are usually in a stressed position. With simple tenses (e.g., present, future) these adverbs are usually placed at the beginning or end of the sentence:

> Maintenant je vois que vous avez raison.
> Now I see that you are right.

Similarly, in compound tenses (*passé composé,* etc.) these adverbs do not follow the conjugated form of the verb:

> J'ai fait cela hier.   I did that yesterday.
> Hier j'ai fait cela.   Yesterday I did that.

Adverbs of location:

in time

alors	then [1]	demain	tomorrow
après	afterwards	ensuite	then
aujourd'hui	today	hier	yesterday
auparavant	previously	maintenant	now
autrefois	formerly	puis	then, next
avant	before	tard	late
		tôt	soon

in space

ailleurs	elsewhere	ici	here
dedans	inside	là	there
dehors	outside	là-bas	over there

[1] For a discussion of *alors, ensuite,* and *puis,* see Chapter IV.

Appendice grammatical: VII

| en bas | below | nulle part | nowhere |
| en haut | above | partout | everywhere |

3. When adverbs and adverbial phrases are too long and cumbersome, they are not usually placed between the conjugated form of the verb and the past participle:

> Le professeur a parlé vraiment très mal.
> The professor spoke very badly indeed.

4. The adverbs *bien, mieux, mal, trop,* and *peu* usually precede the infinitive:

> Pour bien chanter . . .   To sing well . . .
> Pour mieux réussir . . .   To succeed better . . .

5. *A peine* (scarcely), *aussi* (consequently, so), *du moins* (at least), *peut-être* (perhaps), and *toujours* (always), when they are the first word in the sentence, require an inversion of the verb:

> Peut-être a-t-il dit cela.   Perhaps he said that.

EXERCISE

Translate the following:

1. Your remark touches me deeply. 2. That's precisely what I thought. 3. Have you seen the newly arrived cars? 4. We can barely hear you. Speak loudly. 5. Do it, if you insist, but do it prudently. 6. Was this dress expensive? 7. Haven't you seen her yet? 8. Speak softly; the children are sleeping. 9. He is badly dressed. 10. She has unfortunately not yet finished her work. 11. Today I am doing what I should have done yesterday. 12. Do the dishes first; afterwards you will have enough time to have fun. 13. If you do not find your hat over there, you will find it nowhere. 14. He played marvelously well last night. 15. To speak well one must have something to say. 16. At least I had the time to see the museum.

VII. *Comparison of Adjectives and Adverbs*

A. Comparison of Adjectives

positive

| une *grande* maison | a large house |
| une maison *intéressante* | an interesting house |

comparative (affirmative)

| une *plus grande* maison | a larger house |
| une maison *plus intéressante* | a more interesting house |

superlative (affirmative)

la plus grande maison	the largest house
la maison *la plus intéressante*	the most interesting house

comparative (negative)

une *moins grande* maison	a smaller (less large) house
une maison *moins intéressante*	a less interesting house

superlative (negative)

la moins grande maison	the smallest (least large) house
la maison *la moins intéressante*	the least interesting house

B. Comparison of adverbs

C'est Henri qui court *vite*.	It is Henry who runs fast.
C'est Marie qui court *vite*.	It is Mary who runs fast.

comparative

C'est Henri qui court *plus vite*.	It is Henry who runs faster.
C'est Marie qui court *moins vite*.	It is Mary who runs less fast.

superlative

C'est Henri qui court *le plus vite*.	It is Henry who runs the fastest.
C'est Marie qui court *le moins vite*.	It is Mary who runs the least fast.

C. Comparison with "que"

Cette maison-ci est *plus* intéressante *que* celle-là.
This house is more interesting than that one.

Henri court *plus* vite *que* Jacques.
Henry runs faster than James.

Cette maison-ci est *moins* intéressante *que* celle-là.
This house is less interesting than that one.

Henri court *moins* vite *que* Jacques.
Henry runs less fast than James.

Cette maison-ci est *aussi* intéressante *que* celle-là.
This house is as interesting as that one.

Henri court *aussi* vite *que* Jacques.
Henry runs as fast as James.

Appendice grammatical: VII

D. Comparison with noun clauses

Noun clauses following a comparative usually take *ne* before the verb; in colloquial speech, this *ne* tends to drop:

> Cette rue est plus étroite que je ne le pensais.
> This street is narrower than I thought.

E. Irregular forms

Certain common adjectives and adverbs have irregular comparatives and superlatives:

bon (adj.)	meilleur	le meilleur
good	better	the best
bien (adv.)	mieux	le mieux
well	better	the best
mauvais (adj.)	pire (also: plus mauvais)	le pire (also: le plus mauvais)
bad	worse	the worst
mal (adv.)	pis	le pis
badly	worse	the worst

F. "More" and "less"

Davantage is also used for "more" but it cannot modify an adjective or an adverb:

> Il travaille davantage maintenant.   He is working more now.

Note the following expressions:

more and more	de plus en plus
less and less	de moins en moins
the more . . . the more	plus . . . plus
the less . . . the less	moins . . . moins

> Plus je travaille plus je veux travailler.
> The more I work, the more I want to work.

G. "De"

De is used for "than" when amounts are expressed:

> Je l'ai vu *plus de* trois fois à Paris.
> I saw him more than three times in Paris.

After superlatives, *de* translates the English *"in"*:

Tokyo est la plus grande ville *du* monde.
Tokyo is the largest city in the world.

EXERCISE

Translate the following:

1. This house is interesting, but mine is prettier.   2. He reads slowly, but he doesn't read more slowly than I.   3. I speak French as fast as you.   4. He sings more off key than I thought.   5. My sister is taller than yours.   6. He did it better the first time.   7. These flowers are worse than the last.   8. Here is the best restaurant in Paris.   9. She loves him more each day.   10. The countries in Africa are becoming more and more independent.   11. The more I work, the happier I am.   12. You've told me that story more than a hundred times.   13. What is the largest city in the world?

GENERAL EXERCISES ON SECTIONS I-VII

A. Translate:

1. His eyes are blue. (two ways)   2. She fixed her eyes on him.   3. His wound reopened; he could feel the pain in his arm.   4. He stopped short; his tooth was aching.   5. He cast his penetrating eyes around the room.   6. He walked up to her with a diabolical look in his eyes and asked her for a match.   7. If it were not for fear, these prisoners would not be working.   8. He entered the battle without fear.   9. Men, women, and children, all were put in the train.   10. Old and young, good and bad, all perished in the disaster.   11. With his head lowered and his hands in his pockets he walked out of the room.   12. The boy with the long nose is my friend.   13. When he was young his hair was blond and his face was covered with freckles, but now that he is grown, his hair is brown and his skin is without a blemish.   14. The lady in the red hat is my aunt.   15. With a flower in her mouth she danced all around the room.   16. With tears in her eyes she saw him leaving.

B. Articles and nouns.

1. Give the proper form of the definite article for the following words (use the indefinite article if the word begins with a vowel):

___ tante, ___ marteau, ___ cousin, ___ panorama, ___ sentinelle, ___ serviteur, ___ chose, ___ cerisier, ___ mardi, ___ fer, ___ été, ___ Angleterre, ___ Danemark, ___ Chine, ___ décembre, ___ naturalisme, ___ peur, ___ vendeuse, ___ hôtelière, ___ bonnet, ___ hâte, ___ navette, ___ volaille, ___ chat, ___ poche, ___ éducation, ___ thé, ___ raton, ___ Mexique, ___ bonne, ___ cloison, ___ plaisance, ___ sentence, ___ nacelle, ___ bac, ___ bétail, ___ mangeoire, ___ fierté, ___ Garonne, ___ rudesse

Appendice grammatical: VIII

2. Give the plural of the following nouns:

   le fauteuil, Paré, le riz, la perdrix, l'eau, le chou, le lance-bombes, la chaise, le fils, le fou, le beau-frère, le hors-d'oeuvre

C. Adverbs. Translate:

1. He gets up early. 2. Where is the car he bought yesterday? 3. Unfortunately the professor did not meet with his class. (Indicate the three possible positions of the adverb.) 4. John speaks frightfully fast. 5. Perhaps Paul will be there. 6. I often went to the theater when I was in Paris. 7. That student always arrives late. 8. In France there are many pretty cities. 9. He probably saw her. 10. Nevertheless, I shall love him. 11. He, however, will forget me. 12. I have not seen her yet. 13. In order to sing well one must practice often. 14. He is the best student in the class. 15. He works more now that he has his own apartment. 16. Jacques runs the fastest. 17. Paris is bigger than I thought. 18. The more he sees her the less he loves her. 19. There is nothing worse than getting up early in the morning. 20. You won't come to my party? So much the worse for you! (Too bad for you!)

Sections VIII-XIV are to be studied in conjunction with Chapter II.

VIII. *Possessives*

A. POSSESSIVE ADJECTIVES

masculine singular	*feminine singular*	*plural*	
mon	ma (mon)	mes	my
ton	ta (ton)	tes	your
son	sa (son)	ses	his, her, its
notre	notre	nos	our
votre	votre	vos	your
leur	leur	leurs	their

Note: The alternative form for the feminine singular is used when the word following the possessive adjective begins with a vowel or mute h:

sa femme	his wife
son aimable femme	his pleasant wife
son étudiante	his (her) student
sa belle étudiante	his (her) beautiful student

1. The possessive adjective takes the number and gender of the noun it modifies and *not* of the possessor; it takes its person from the possessor:

>Son livre et sa table
>Her (his) book and her (his) table

2. Whenever it becomes necessary to distinguish the gender of the possessor, the disjunctive pronoun is used (for the disjunctive pronouns, see Section XII):

>son livre à elle — her book
>sa table à lui — his table

This procedure can be used to reinforce possession for any person, even when gender is clearly understood:

>C'est ma maison à moi. — It is *my* house.

An additional way of emphasizing ownership is by using *propre* (own) with the possessive adjective:

>Mon propre livre . . . — My own book . . .

3. When something is owned by a thing rather than by a person, French often uses the definite article plus *en:*

>J'ai vu la maison dont tu parlais. *La* porte *en* était fermée.
>I saw the house you talked about. Its door was closed.

4. With parts of the body the definite article is used where English uses the possessive adjective (see II, B, 3).

5. As is the case with articles and prepositions, the possessive adjective must be repeated before each noun:

>My father and mother . . .   Mon père et ma mère . . .

B. Possessive pronouns

Singular		*Plural*		
masculine	*feminine*	*masculine*	*feminine*	
le mien	la mienne	les miens	les miennes	mine
le tien	la tienne	les tiens	les tiennes	yours
le sien	la sienne	les siens	les siennes	his, hers
le nôtre	la nôtre	les nôtres		ours
le vôtre	la vôtre	les vôtres		yours
le leur	la leur	les leurs		theirs

Appendice grammatical: IX

The same type of agreement takes place for the possessive pronoun as for the possessive adjective: the pronoun agrees in gender and number with the noun it replaces and *not* with the possessor from which it takes its "person."

Tous les livres sont sur la table. Les siens sont bleus.
All the books are on the table. Hers (his) are blue.

C. POSSESSION WITH "ÊTRE"

A further way to express possession is to use *à* and the disjunctive pronoun:

Ce chapeau est à lui (à elle, à nous, etc.).
This hat is his (hers, ours, etc.).

EXERCISE

Translate the following:

1. His administration was famous for its lack of imagination. 2. My sweater and your shirt are of the same color. 3. Her uncle has died. 4. It's her hat, not his. 5. It's *my* toy. 6. Your own father said it. 7. His head hurts. 8. Holland is an interesting country. Do you know its history? 9. My father, mother, and brother decided to take a trip. 10. I'm thinking about your remark, not mine. 11. *Our* children are good, but theirs are veritable monsters. 12. She gave me her book, not yours. 13. That pencil is mine.

IX. *Demonstratives*

A. ADJECTIVES

1. The forms for the demonstrative adjectives are:

masculine	*feminine*	*plural*
ce, cet	cette	ces
this, that	this, that	these, those

The masculine singular form *cet* is used when the demonstrative adjective precedes a word beginning with a vowel or mute h:

ce garçon   this boy   cet aimable garçon   this pleasant boy

2. *Ce garçon* is translated as either "this" or "that" boy. If a distinction between "this" and "that," "these" and "those," is to be made, the suffixes *-ci* or *-là* are attached to the noun:

ce garçon-ci   this boy
ce garçon-là   that boy

B. Pronouns

1. The demonstrative pronoun has the following forms:

Singular

masculine	celui-ci, celui-là	this one, that one
feminine	celle-ci, celle-là	this one, that one

Plural

masculine	ceux-ci, ceux-là	these, those
feminine	celles-ci, celles-là	these, those

2. The demonstrative pronoun is used for "this" or "that," "these" or "those," when a specific noun is being replaced. It consequently has number and gender.

>J'ai acheté beaucoup de livres. *Celui-ci* est le meilleur.
>I bought many books. This one is the best.

a. The suffixes *-ci* and *-là* serve to indicate proximity to or distance from the speaker.

>J'aime *celui-ci* mais je n'aime pas du tout *celui-là.*
>I like this one, but I don't like that one at all.

b. The forms *celui* and *celle,* etc., cannot stand alone and *require* distinguishing words whether they be in the form of (1) *-ci* or *-là,* (2) a relative clause, (3) a prepositional phrase, or (4) a combination of these:

>(1) Je veux ceux-*ci*.
>I want these.

>(2) Celui *que j'ai acheté* est cassé.
>The one I bought is broken.

>(3) Celui (celle) *de ta soeur* ne m'intéresse pas.
>Your sister's doesn't interest me.

>(4) Celui-*là que tu vois* est mon frère.
>That one whom you see is my brother.

c. The demonstrative pronoun is used to distinguish "the former" and "the latter":

>J'ai vu Marie et Pierre. *Celui-ci* est gentil, *celle-là* est méchante.
>I saw Mary and Peter. The latter is nice, the former is mean.

Ce dernier (cette dernière), however, is the more common form for "the latter."

Appendice grammatical: IX

d. The demonstrative pronoun plus *de* denotes possession and is equivalent to the English construction *'s:*

> Le chapeau *de* Marie est bleu, mais *celui de* Monique est rouge et *celui de* sa mère est jaune.
>
> Mary's hat is blue, but Monique's is red and her mother's is yellow.

e. Notice the French translation for the following English constructions:

> He who says that is not my friend.
> *Célui qui* dit cela n'est pas mon ami.
>
> He is the one who said that.
> *C'est lui* qui a dit cela.

3. The forms *ceci* and *cela* (*ça*) are used when the object to which they refer is not specific and consequently has no number and gender:

> Il m'a dit *ceci.*
> He told me this.
>
> Que pensez-vous de *cela?*
> What do you think of that?

Important: Cela is used as an indefinite subject with all verbs except *être* (English *it, that, those*):

> *Cela* m'intéresse beaucoup
> It (that) interests me very much.

4. As subject of *être*, *ce* is used for "it," "that," "he," "she," "they," etc., when *être* is followed by (a) a proper noun, (b) a pronoun, (c) a superlative, (d) a noun preceded by a modifier, or (e) when the antecedent is vague and has no gender and number.

   a. C'est Marie.
      It's Mary.

   b. C'est moi.
      It is I. (It's me.)

   c. C'est le meilleur mouton du troupeau.
      It is the best sheep in the flock.

   d. C'est ma soeur.
      She is (It's) my sister.

   e. C'est amusant, ce que tu me dis.
      What you are telling me is funny.

EXERCISE

Translate the following:

1. Do you know this woman? 2. Madam, this abominable child has just kicked me. 3. This flower is rare, not that one. 4. This little pig went to market. 5. I have several watches, but this one is the best. 6. Give me this one and keep those. 7. The one I saw was blue. 8. I will have to introduce you to Marie and Jeanne. The latter is my sister, the former is her friend. 9. Mary's dress is blue and her sister's is green. 10. Where is the one who said that? 11. That's what I thought. 12. Who told you that? 13. Where the devil did you buy this? 14. That's Jacques. 15. Does that amuse you? 16. That's pretty funny.

X. *Subject Pronouns*

A. SUBJECT PRONOUNS

je	I	nous	we
tu	you	vous	you
il	he	ils	they
elle	she	elles	they

B. USE

These pronouns are used only as the subject of a verb.

Tu is used in speaking to a person with whom the speaker is familiar (close friends, children, animals, etc.).* The polite form of address, *vous,* is used in all other cases.

Il and *elle* are used for both persons and things:

Il est malade.
He is ill.

Regardez la table dans le salon.   Elle est rouge.
Look at the table in the living room.   It is red.

Il is also used as an impersonal subject for (1) impersonal verbs and (2) *être* when the real subject is cumbersome and is placed after the verb:

(1) il pleut, il neige, il fait beau
    it is raining, it is snowing, the weather is beautiful

---

* The use of the *tu* sometimes implies social and psychological nuances. For instance, the use of *tu* may be a way of insulting someone: irate French drivers use it all the time!

Appendice grammatical: XI

(2) Il est malheureux que vous soyez malade.
It is unfortunate that you are sick.

Il est bon de vous voir.
It is good to see you.

C. Ce and il

Compare now the following sentences:

C'est mon père.	Il est père de famille.
He is (It's) my father.	He is the father of a family.
C'est un avocat.	Il est avocat.
He is a lawyer.	He is a lawyer.
C'est un Français.	Il est français.
He is a Frenchman.	He is French.

Column one is an example of the rules expressed in IX, B, 4. In column two, each noun has the function of an adjective modifying the subject *il,* which in turn refers to a specific antecedent.

Note: In careful speech, the third person plural of *être* is used, rather than the third person singular, if the noun following is in the third person plural:

careful speech	*familiar speech*
Ce sont mes amis.	C'est mes amis.
They are my friends.	They are (it's) my friends.

EXERCISE

Translate the following:

1. What's your name, my little fellow? 2. Did you see those girls? They took the baby's lollipop! 3. Are we leaving? 4. Look at that tree. It doesn't have any leaves. 5. How is the weather? It's snowing. 6. He must (use *falloir*) speak to me. 7. It is evident that you won't pass your exam. 8. He's a professor. 9. Is he an American? 10. They are the women I was talking about.

XI. Object Pronouns

A. Forms

1. The direct object pronouns are:

me	me	nous	us
te	you	vous	you
le, la (se)	him, her, it (oneself)	les	them

2. The indirect object pronouns are:

me	to me	nous	to us
te	to you	vous	to you
lui (se)	to him, to her, to it (to oneself)	leur	to them

B. Placement

1. Object pronouns are placed before the verb, in all cases except the affirmative imperative, in the following order:

| me
te
se
nous
vous | *before* | le
la
les | *before* | lui
leur | *before* | y | *before* | en |

Il me le donne.   Il la lui donne.   Il nous en donne.
He gives it to me.   He gives it to him.   He gives us some.

2. With the affirmative imperative, the object pronouns are attached to the verb and follow the order *direct object before indirect object*. *Y* and *en* come last.

With the affirmative imperative, the forms for *me* and *te* are *moi* and *toi*. Before *y* and *en* the following elisions take place: *m'en, m'y, t'en, t'y*.

Donne-le-moi.   Donne-m'en.   Dites-le-nous.
Give it to me.   Give me some.   Tell it to us.

Note: The pronoun *le* is used in French in some cases when its English equivalent is omitted:

Il est plus grand que je (ne) *le* pensais.
He is bigger than I thought (he was).

Êtes-vous étudiant? — Je *le* suis.
Are you a student?—I am.

On m'a dit que vous étiez triste et je vois maintenant que vous l'êtes toujours.
They told me you were sad and I see now that you still are.

Vous êtes intelligent. — Je *le* sais.
You are intelligent. — I know (it).

C. En

En is used to replace *de* plus a pronoun referring to a thing (or persons when quantity is involved) whether the thing or persons are expressed or not in English. This occurs:

1. with certain expressions of which *de* is a fixed element:

    Il m'a donné trois stylos. J'*en* avais besoin. (avoir besoin *de*)
    He gave me three pens. I needed them. (I had need *of* them.)

2. with expressions of quantity:

    Jacques avait beaucoup d'argent, mais Henri *en* avait peu.
    Jacques had a lot of money, but Henry had little (of it).

    Il m'*en* a donné dix.
    He gave me ten (of them).

3. to replace the partitive *de:*

    Voulez-vous du café? Merci, j'*en* ai.
    Do you want some coffee? No, thank you, I have some.

    Avez-vous des amis? Oui, j'*en* ai.
    Do you have friends? Yes, I have (some).

4. to indicate motion *from* a place:

    Il arrive de Paris. Il *en* arrive.
    He has just come from Paris. He has just come from there.

5. to indicate possession by things, not by people, see Section VIII, A, 3.

D. Y

Y is used to replace *à* plus a pronoun which refers to a thing. This occurs:

1. with certain verbs or expressions of which *à* is a fixed element:

    Pensez-vous à ce que je vous ai dit? Oui, j'*y* pense souvent.
    Are you thinking about what I told you? Yes, I often think about it.

2. to express motion *to* a place:

    Allez-vous souvent à la bibliothèque? Oui, j'*y* vais souvent.
    Do you often go to the library? Yes, I often go there.

It is consequently always used with the verb *aller,* but not in the future or conditional when two *i* sounds would come together.

    Quand irez-vous en ville? — J'irai demain.
    When will you go to town? — I shall go (there) tomorrow.

3. as an equivalent to *sur, dans, sous, en,* etc.:

> Avez-vous mis le livre sur la table? — Oui, je l'y ai mis.
> Did you put the book on the table? — Yes, I put it there.

4. When the location to which one is referring has not been clearly mentioned, the adverb *là* (there) is usually used. *Là* is also used to replace *y* when the use of *y* would cause confusion:

> Que faites-vous *là*? (The place has not been specified and is being pointed out.)
> What are you doing there?
>
> Vous allez souvent en ville? Que faites-vous là?
> You often go to the city? What do you do there?

In this sentence the use of *y* would result in *qu'y faites-vous,* easily confused with *qui faites-vous,* and is consequently avoided.

EXERCISE

Translate the following:

1. Give it to him. 2. Give him one. 3. Give him some. 4. Has she bought it? 5. Do you want some? 6. He told it to me. 7. Give them to him. 8. Send it to me. 9. Don't tell it to her. 10. Didn't you send it to her? 11. You're not as intelligent as I thought. 12. Is your grandson still sick? Yes, he is. 13. How many books do you have?—I have three of them. 14. Is he ashamed of what he has done? Yes, he is ashamed. 15. Do you want any potatoes? No thanks, I don't want any. 16. Don't go to the post office. I've just come back from there. 17. Are you paying attention to your work?—Of course I'm paying attention to it. 18. Will you go to school soon? Yes, I'll go there tomorrow. 19. Did you put the bread in the bag? Yes, I put it there. 20. What is he doing there?

XII. *Disjunctive Pronouns*

A. FORMS

The disjunctive pronouns are:

moi	me	nous	us
toi	you	vous	you
lui	him	eux	them
elle	her	elles	them
soi	oneself		

B. Use

These pronouns are used:

1. as the subject, when the verb is not given:

   Qui a dit cela? Pas *lui.*
   Who said that? He didn't. (Not he.)

2. in compound subjects and objects:

   Lui et moi, nous allons au théâtre ce soir. (*Nous* summarizes the compound subject. This "conjunctive" pronoun is not required, but euphony dictates its frequent use.)
   He and I are going to the theater tonight.

   Je les ai tués, *elle* et son mari.
   I killed them, her and her husband.

3. to stress any subject or object:

   Lui, il nous dit de ne pas faire cela.
   He tells us not to do that.

   Il le leur a dit *à elles.*
   He said it to *them.*

4. after *que* in comparisons and with *ne . . . que:*

   Il court plus vite que *toi.*
   He runs faster than you.

   Je n'ai vu que *lui.*
   I saw only him.

5. as the object of a preposition:

   Il s'occupe d'*eux.*
   He is taking care of them.

6. when the pronoun subject is separated from the verb by any word other than *ne* or the object pronouns:

   Eux seuls l'ont fait.
   They alone did it.

7. as an indirect object when the direct object is *me, te, se, nous,* or *vous:*

   Je te présente *à* elle.
   I introduce you to her.
   (*Je te la présente* means "I introduce her to you.")

8. to repeat the subject or object pronoun when stress is desired:

   Moi, je n'en veux pas.
   I don't want any.

EXERCISE

Translate the following:

1. Who did this? I did.   2. I told him and his sister not to bother me.   3. She and I are going out tonight.   4. *They* are going to do it.   5. I love only you.   6. I too intend to finish in August.   7. But I did it for you.   8. Think of me from time to time.   9. *He* wouldn't say that.   10. You are taller than she.

XIII. Relative Pronouns

A. Qui, que, ce qui, ce que

The relative pronoun *qui* (who, which, that) is used as the subject of a verb and refers to a specific antecedent:

> L'homme *qui* parle maintenant est fou.
> The man *who* is speaking now is mad.

The relative pronoun *que* (whom, which, that) is used as the object of a verb and refers to a specific antecedent:

> Voilà la femme *que* j'ai vue.
> There is the woman (whom) I saw.

When the relative pronoun refers to a whole clause or to an antecedent which is not specific, *ce qui* is used as subject of the verb, *ce que* as object:

> J'étudie les sciences, *ce qui* ne lui plaît pas du tout.
> I am studying science, which doesn't please him at all.
>
> Il a jeté sa femme par la fenêtre, *ce que* je trouve ridicule.
> He threw his wife out the window, which I find ridiculous.

Note: With certain verbs and expressions of which *de* is an integral part (*avoir envie de,* to want, to have a fancy for, *avoir besoin de,* to need, *il s'agit de,* it is a matter of), *ce dont* is the proper form for things (for persons, see below, XIII, B):

> Voici *ce dont* il s'agit.
> This is what it is about.

With those of which *à* is an integral part, the proper form is *ce à quoi* for things:

Dites-moi *ce à quoi* vous pensez.
Tell me what you are thinking about.

B. Inflected forms of the relative pronoun

As the object of a preposition, *lequel, laquelle, lesquels,* or *lesquelles* is used as the relative pronoun when the antecedent has number and gender:

Voilà la porte *par laquelle* on entre dans le bâtiment.
There is the door through which one enters the building.

The use of these forms is ordinarily restricted to things, while for persons *qui* is often preferred:

Voilà l'homme *à qui* j'ai parlé.
There is the man to whom I spoke.

But: Voilà une personne en *laquelle* j'ai toute confiance.
There is a person in whom I have complete confidence.

Note: After *entre* and *parmi,* the inflected form (*lequel,* etc.) is used to refer to a person:

Voici tous les hommes parmi *lesquels* je devrai choisir un mari.
Here are all the men among whom I shall have to choose a husband.

In the written language, the inflected forms of the relative pronoun (*lequel,* etc.) are also used when ambiguity could result from the use of *qui* or *que:*

Je suis entré par la porte principale du château, *laquelle* était rouge.
I entered by the main door of the castle, which (i.e., the door) was red.

C. Dont

Dont is used as the relative pronoun to replace *de* plus *qui* or *de* plus *lequel* when the noun it modifies is not the object of a preposition:

Voici l'homme *dont* je t'ai parlé.
Here is the man I spoke to you about.

But: Voici la maison à la porte *de laquelle* j'ai frappé.
Here is the house at whose door I knocked.

Unlike English usage, a subject and verb always follow immediately after *dont:*

Voilà la jeune fille *dont* j'ai fait la connaissance hier.
There is the girl whose acquaintance I made yesterday.

D. Quoi

Quoi is used when the relative pronoun (what or which) refers to a thing which is not specified (i.e., has no number and gender), and is the object of a preposition:

> N'oubliez pas de me dire de *quoi* il a parlé.
> Don't forget to tell me what he spoke about.

E. Où

Où (where, when) is used as a relative pronoun for space and time:

> Voilà la maison *où* je l'ai vu.
> There is the house in which I saw him.
>
> Le pays d'*où* il vient est loin d'ici.
> The country he comes from is far from here.
>
> Vous le lui direz au moment *où* il arrivera.
> You will tell it to him the moment (or when) he arrives.

EXERCISE

Translate the following:

1. There is the man I love. 2. The girl who is at the door is my sister. 3. Tell me what he said. 4. What amuses me is that she has a pink hat. 5. It is impossible to obtain what he has a fancy for. 6. What you are thinking about is no doubt interesting. Tell us about it. 7. Do you know the woman I was talking to? 8. The tobacco shop I want to go to is closed. 9. There are the two boys between whom I was sitting. 10. Is this the street you told me about? 11. Here is the restaurant at the door of which I saw him. 12. Did I tell you what he opened the door with? 13. Is that the hotel you saw him in? 14. I wonder where he comes from.

XIV. Interrogatives

A. Adjectives

The forms for the interrogative adjectives are:

	singular	plural	
masculine	quel	quels	which, what
feminine	quelle	quelles	which, what

Appendice grammatical: XIV

As is usually the case with adjectives, the interrogative adjective always modifies a noun:

Quel livre avez-vous acheté?
Which (what) book did you buy?

Par *quelle* porte sont-ils entrés?
Through which door did they go in?

Quel is also used for "who" and "what" when these are the subject of *être:*

Quelle est votre profession?
What is your profession?

Quel est cet homme?
Who is that man?

For questions asking for a definition, *Qu'est-ce que c'est que* is the proper form:

Qu'est-ce que c'est qu'une mouche?
What is a fly?

B. PRONOUNS

1. The form of the interrogative pronoun for persons is *qui,* whether it be subject, object of a verb, or object of a preposition:

Subject

Qui a dit cela? (*Qui est-ce qui* a dit cela? The alternate "long" form, with *est-ce* and without inversion, is used principally in conversation.)
Who said that?

Object

Qui avez-vous vu? (*Qui est-ce que* vous avez vu?)
Whom did you see?

Object of a Preposition

A *qui* a-t-il parlé? (A qui *est-ce qu'*il a parlé?)
To whom did he speak?

2. For things, *qu'est-ce qui* is the form of the subject, *que* (*qu'est-ce que*) the form for the object, and *quoi* the form for objects of prepositions:

Subject

Qu'est-ce qui vous fait penser qu'il a tort? (*Note: Qu'est-ce qui* is the only form; there is no short form.)
What makes you think he is wrong?

Object

Qu'a-t-il dit? (*Qu'est-ce qu*'il a dit?)
What did he say?

Object of a Preposition

A quoi pensez-vous? (A quoi *est-ce que* vous pensez?)
What are you thinking about?

3. *Lequel, laquelle,* etc. are the forms used when referring to specific persons and things (having number and gender):

Un de mes frères a dit que vous étiez triste. *Lequel* a dit cela?
One of my brothers said that you were sad. Which (one) said that?

Une de ces jeunes filles est jolie. De *laquelle* parlez-vous?
One of these girls is pretty. Which (one) are you speaking of?

4. Interrogative *what* standing alone is *quoi:*

Quoi? Jacques n'est pas là?
What? Jacques isn't there?

C. INDIRECT QUESTIONS

In indirect questions, *quel, qui, quoi,* and *lequel* do not change:

Elle lui a demandé *qui* il a vu.
She asked him whom he saw.

Savez-vous *lequel* j'ai acheté?
Do you know which one I bought?

But notice that *qu'est-ce qui* and *qu'est-ce que* are replaced by the relative pronouns *ce qui* and *ce que:*

Qu'est-ce qu'il y a sur la table? Il me demande *ce qu*'il y a sur la table.
What is there on the table? He asks me what there is on the table.

Qu'est-ce qui vous fait penser à cela? Il veut savoir *ce qui* me fait penser à cela.
What makes you think of that? He wants to know what makes me think of that.

Appendice grammatical: XIV   217

D. WHOSE?

When the English interrogative *whose* expresses possession, *à qui est* is the proper form to use:

> *A qui est* ce chapeau?
> Whose hat is this?

EXERCISE

Translate the following:

1. What hat do you prefer? 2. Which children are yours? 3. On what table did you place your package? 4. What is the purpose of the passage? 5. What is a calendar? 6. Who is there? 7. Whom did he go out with? 8. Whom did she see? 9. What makes you think he said that? 10. What was he alluding to? 11. What was he doing? 12. What? He hasn't left yet? 13. Which did you see? 14. Do you know what car he chose? 15. She asked me what I intended to do. 16. Tell me what you saw and what you did. 17. Would you like to know which one he bought? 18. Whose coat is this?

GENERAL EXERCISES ON SECTIONS VIII-XIV

A. Translate:

1. Do you like my dress? I don't like yours. 2. Mary's is the best. 3. Their car is new. 4. This hat is mine. 5. I like that country. Its history is interesting. 6. This is what he told me. 7. I like this one. 8. This child is my sister. 9. He who says that is not my friend. 10. He is the one I saw. 11. Give it to me. 12. Give them some. 13. Send it to him. 14. Don't give me any. 15. You were sick last year. Are you still sick? (use *malade* only once.) 16. He bought ten (of them). 17. I've got a lot of it. 18. He has many books, but I have very few. 19. Do you often go there? 20. How many do you have there? 21. They alone can do it. 22. Introduce me to her. 23. He runs faster than you.

B. Translate:

1. Who wrote *Tartuffe*? Not I. 2. I went out with them. 3. What book do you have? 4. What did he say? 5. What makes you think so? 6. What is a mongoose? 7. What is your profession? 8. What I have to do tonight will be boring. 9. What struck me was that his car had no wheels. 10. What do you need? 11. What I am thinking about would surprise you. 12. What are you thinking about? 13. What is the date today? 14. Which one do you want? 15. Whose hat is this? 16. Tell me what you think of it. 17. There is the fellow he spoke about. 18. Whom did you see? 19. What does one write with? 20. There is the table I put the book on. 21. There is

the woman whose husband I went to school with. 22. There is the man whose car we can go in. 23. Who said it? 24. Here is the door at which he knocked. 25. What? You are not going out? 26. What I want is a good meal. 27. Which one of them locked the door? 28. Nobody knows what has happened to him.

C. Translate:

1. Each century has its own pleasures, customs, and traditions. 2. It is not nice of you to make fun of him. 3. It means that you will not go to Paris. 4. Here are my children: this one is talented, that one is not. 5. It is good to hear you speaking. 6. Give him those. 7. I am always happy when I can work without her. 8. Give her a lot of it. 9. Several men attended the reunion, but most of them should not have been there. 10. Does he often go there? 11. He and I often see one another. 12. His faults were those of a stupid man. 13. I ate very little. So did they. 14. Think of them often. 15. She is my sister. 16. It's interesting. 17. She is nice.

Sections XV and XVI are to be studied in conjunction with Chapter III.

XV. Indefinite Pronouns, Adjectives, and Adverbs

A. AUTRE

    J'en ai *un autre.*
    I have *another one.*

    J'en ai *d'autres.*
    I have *others.*

    Je veux *autre chose.*
    I want *something else.*

    Note: *une autre chose* (another thing) is feminine; *autre chose* (something else) is not.

l'un . . . *l'autre:* the one . . . the other, one another
les uns . . . *les autres:* one another

    Je ne vois ni *l'un* ni *l'autre.*
    I see neither *the one* nor *the other.*

Appendice grammatical: XV

> Aimez-vous *les uns les autres*.
> Love *one another*.
>
> Ils sont entrés dans la salle *les uns après les autres*.
> They entered the room *one after another*.

Note: The plural of *un autre* is *d'autres; des autres* means "of the others."

B. Chaque

chaque (adj.): each, every
chacun, chacune (pron.): each (one), every (one)

> Chaque femme portait un chapeau. Each woman wore a hat.
> Chacune en portait un. Each one wore one.

C. N'importe

Notice the following combinations with *n'importe* and their translations.

n'importe qui	anyone whatever
n'importe quoi	anything whatever
n'importe comment	in any way whatever
n'importe où	at any place whatever
n'importe quand	at any time whatever
n'importe quel (livre)	any (book) whatever

D. Même

1. Adjective (plural *mêmes*)

As an adjective, *même* agrees with the word it modifies. When *même* precedes the noun, it is usually best rendered into English by "same":

> J'ai le *même* livre que toi.
> I have the same book as you.

Following the noun, *même* has these translations:

> Le jour *même* de mon arrivée, je suis allé la voir.
> On the *very* day of my arrival, I went to see her.
>
> La voiture *même* ne marchait pas.
> The car *itself* was not working.

2. Adverb

Même as an adverb has the meaning of "even":

> Je ne suis *même* pas sorti.
> I did not *even* go out.

3. Pronoun (plural *mêmes*)

Attached to a form of the disjunctive pronouns, *même* has the meaning of *"-self," "-selves":*

> Elle l'a fait *elle-même.*
> She did it *herself.*

E. On

On is only used as a subject. It is translated by "one," "people," "they," "we," "you"—all of them used in a vague sense. It is being used more and more to replace the first person plural (thereby making the French conjugation more "regular")—*on parle,* we speak.

(See Section XXI for the use of *on* as an alternate form of the passive.)

F. Plusieurs

Plusieurs (masc. and fem.): several

| Adjective: | Plusieurs femmes m'ont dit cela. | Several women told me that. |
| Pronoun: | Plusieurs m'ont parlé de lui. | Several spoke to me of him. |

> Des fautes? J'en ai fait plusieurs.
> Mistakes? I have made several of them.

Note: When *plusieurs* is an object, *en* or *de* must be present.

G. Quelconque, quiconque

1. *Quelconque* is an adjective meaning "any . . . whatever." There is only one form for the masculine and feminine; it always follows the noun:

> Donnez-moi un livre *quelconque.*
> Give me *any* book *whatever.*

2. *Quiconque* is a pronoun meaning "whoever," "anyone whatever," and is used both as subject and as object:

> *Quinconque* n'obéira pas à cette loi, sera fusillé.
> *Whoever* does not obey that law will be shot.

H. Quelque, quelqu'un, quelqu'une, quelques-uns, quelques-unes

1. Adjective: *quelque(s)*: some, a few

> Il finit par lui dire bonjour, ce qui ne fut pas fait sans *quelque* difficulté.
> He ended up by saying hello to him, which was not done without some difficulty.

Appendice grammatical: XV

> *Quelques* jeunes filles vous attendent.
> A few girls are waiting for you.

2. Adverb: *quelque . . . que* plus subjunctive: however

   > *Quelque* laid *qu'*il soit, c'est toujours mon mari.
   > However ugly he may be, he is still my husband.

Used without *que, quelque* before a numerical expression means "approximately":

> Il y a *quelque* cinquante ans de cela.
> That happened approximately fifty years ago.

3. Pronoun

The pronoun forms are *quelqu'un, quelqu'une, quelques-uns, quelques-unes:* someone, some, a few.

> *Quelqu'un* est à la porte.   Someone is at the door
> J'en ai *quelques-uns*.   I have a few of them.

I. Tel

Tel as an adjective has the following forms:

	Singular	Plural
masculine	tel	tels
feminine	telle	telles

1. *Tel* may stand alone as the subject of *être:*

   > *Telle* est la grandeur de la France.
   > Such is the greatness of France.

2. *Tel* may also directly modify a noun. Notice the following translations:

   > une *telle* jeune fille . . .   *such* a girl . . .
   > de *telles* jeunes filles . . .   *such* girls . . .

J. Tout

1. Pronoun

a. The pronoun *tout* has the following forms and translates the English "all," "everything," "everybody":

	singular	plural
masculine	tout	tous (the *s* is pronounced)
feminine	toute	toutes

Tout, as a pronoun, can be either subject or object:

    Tous sont allés au cinéma.   All of them went to the movies.

    Je vais vous raconter *tout* (or *tout* raconter).
    I am going to tell you all (everything).

However, it is more commonly found in apposition to the subject or object and is usually placed after the conjugated form of the verb (i.e., after the auxiliary and before the past participle):

    Ils sont *tous* allés au cinéma.   They all went to the movies.
    Je les ai *toutes* achetées.   I bought them all.

b. When the pronoun *tout* is followed by a relative pronoun, the form *ce que* or *ce qui* is used:

    Tout *ce qui* est sur la table est à moi.
    Everything that is on the table is mine.

    Voilà *tout ce qu*'il m'a dit.
    That is all (that) he told me.

2. Adjective

Tout as an adjective has the same forms as the pronoun, the only difference being that in the masculine plural, *tous,* the *s* is not pronounced:

As an adjective, *tout* means *the whole (of)* and *all (of)*:

    Tous les garçons sont là.
    All (of) the boys are there.

    J'ai lu *tout* le livre.
    I read the whole book.

Note: Tous les jours: every day

    When *tout* in the singular is used without a definite article or possessive adjective, it means *any and every.*

    Tout homme qui veut s'instruire doit suivre un cours de français.

    Any and every man who wants to improve his mind must take a French course.

3. Adverb

The adverb *tout* is usually invariable (does not agree) and means *quite, entirely, very:*

    Mon fils est *tout* petit.   My son is very small.

Appendice grammatical: XVI

Note: Before a *feminine* adjective beginning with a consonant or an aspirate *h,* agreement takes place in the singular and plural:

Ils sont *tout contents.*	They are very happy.
Elles sont *toutes contentes.*	They are very happy.
Elles sont *tout attristées.*	They are very sad.
Elle fut *toute haineuse.*	She was completely filled with hatred.

EXERCISE

Translate the following:

1. If you don't have another one of them, I'll choose something else. 2. Do you have others? 3. They ran across the street one after the other. 4. Each one will have a task to do. 5. Every one of the women wore a blue dress. 6. Take a card, any card whatever. 7. Anyone at all (whatever) could have done that. 8. Are you taking the same courses as I? 9. He himself said he would be here tonight. 10. He hasn't even come to see me. 11. She died on the very day he left. 12. They say that a prompt departure is taking you away from us, Lord. 13. We should try to do our best. 14. Several students were already there when the professor arrived. 15. Apples? Yes, I bought several of them. 16. Choose any card whatever. 17. Whoever obeys his orders will be rewarded. 18. Some of my friends will not be able to come. 19. However powerful you are, I'm not afraid of you. 20. Some prisoners refused to give their names. 21. Someone has just telephoned you. 22. Such was the glory of Rome. 23. Such a crime must not remain unpunished. 24. Such accidents are often unavoidable. 25. Everything interests him. 26. Are you all there? 27. I saw them all. 28. Everything you do is badly done. 29. All my friends are poor. 30. I go to school every day. 31. The whole class was sick. 32. They are completely happy. 33. Take a very little piece.

XVI. *Summary of Verb Forms*

A. FUTURE TENSE (LE FUTUR)

The future tense is formed by adding the future endings to the future stem. The future stem for verbs ending in *-er* and *-ir* is the infinitive, and for verbs ending in *-re* it is the infinitive minus *-e.* The future endings are:

-ai	-ons
-as	-ez
-a	-ont

(One immediately notices the striking similarity between these endings and the conjugated form of *avoir* in the present tense.)

Examples: chanter   —to sing
- *future stem:* chanter
- *future forms:*

je chanterai	I shall sing
tu chanteras	you will sing
il chantera	he will sing
nous chanterons	we shall sing
vous chanterez	you will sing
ils chanteront	they will sing

vendre   —to sell
- future stem: vendr-
- future forms:

je vendrai	I shall sell
tu vendras	you will sell
il vendra	he will sell
nous vendrons	we shall sell
vous vendrez	you will sell
ils vendront	they will sell

Note: *Appeler* (to call), *jeter* (to throw), *mener* (to lead), and *lever* (to raise) have the following future forms:

j'appe*ll*erai	je je*tt*erai	je mènerai	je lèverai
etc.	etc.	etc.	etc.

Payer (to pay), *employer* (to use), and *essuyer* (to wipe) have the following forms:

je paierai	j'emploierai	j'essuierai
etc.	etc.	etc.

Several other important verbs have a slightly irregular future stem. Irregular stems will be noted in the table of irregular verbs, pp. 235-45.

B. Conditional Tense (le conditionnel)

To the future stem add the following endings to form the conditional:

-ais	-ions
-ais	-iez
-ait	-aient

Note: These endings are the same as those used for the imperfect tense.

Example: mettre   —to put, to place
- *future stem:* mettr-
- *conditional forms:*

je mettrais	I would put
tu mettrais	you would put

Appendice grammatical: XVI

il mettrait	he would put
nous mettrions	we would put
vous mettriez	you would put
ils mettraient	they would put

C. PRESENT TENSE (LE PRÉSENT DE L'INDICATIF)

1. To form the present tense of verbs ending in *-er* (e.g., *chanter*—to sing, *donner*—to give, etc.), drop the *-er* from the infinitive and add the following endings:

-e	-ons
-es	-ez
-e	-ent

Example: parler   —to speak

present tense forms:	je parle	I speak
	tu parles	you speak
	il parle	he speaks
	nous parlons	we speak
	vous parlez	you speak
	ils parlent	they speak

2. To form the present tense of verbs ending in *-ir* and *-re,* find the stem and add the following endings:

-s	-ons
-s	-ez
-t	-ent

Note: For most verbs whose infinitive ends in *-ir* there are two stems: one stem formed by dropping the *-r* from the infinitive and used for the first, second and third persons singular, the other formed by replacing the *-r* by *-ss* used for the first, second, and third persons plural. The two stems for *finir* are, for example, *fini-* for the singular, *finiss-* for the plural.

For verbs ending in *-re,* simply drop the *-re* and add the endings. The stem for *vendre,* for example, is *vend-*.[1]

Examples:	réussir	—to succeed
	singular stem:	réussi-
	plural stem:	réussiss-
	present tense forms:	je réussis
		tu réussis

[1] The *t* is omitted after the consonant *d:* je vends, il vend.

il réussit
nous reussissons
vous réussissez
ils réussissent

attendre —to wait
present tense stem: attend-
present tense forms: j'attends
tu attends
il attend
nous attendons
vous attendez
ils attendent

3. Note the irregular plural forms in the present tense of the following verbs:

être:	nous sommes	vous êtes	ils sont
avoir:			ils ont
faire:		vous faites	ils font
aller:			ils vont
dire:		vous dites	

4. A few verbs in the *-er* conjugation are slightly irregular in the present tense either for orthophonic reasons or because of the shift in syllabic stress in the conjugated form:

a. To maintain the soft *g* sound [ʒ] in verbs ending in *-ger*, an *e* is inserted between the *g* and the ending beginning with *o* or *a:* je man*ge*, tu man*ges*, but nous man*ge*ons and ils man*ge*aient.

To maintain the soft *c* sound [s] in verbs ending in *-cer*, a *ç* is used before all endings beginning with *o* or *a:* je commen*c*e, tu commen*c*es, but nous commen*ç*ons and ils commen*ç*aient.

b. For verbs whose endings are mute *e* plus consonant plus *er*, a spelling change takes place which shows that the mute *e* of the infinitive has become [ɛ] in certain persons. For verbs of this type no general rule can be given to enable the student to ascertain whether the consonant is doubled or whether an accent is placed over the *e*. A few verbs of this type are:

appeler	jeter	mener	lever
(to call)	(to throw)	(to lead)	(to raise)
j'appe*ll*e	je je*tt*e	je m*è*ne	je l*è*ve
tu appe*ll*es	tu je*tt*es	tu m*è*nes	tu l*è*ves
il appe*ll*e	il je*tt*e	il m*è*ne	il l*è*ve

Appendice grammatical: XVI

nous appe*l*ons	nous je*t*ons	nous m*e*nons	nous l*e*vons
vous appe*l*ez	vous je*t*ez	vous m*e*nez	vous l*e*vez
ils appe*ll*ent	ils je*tt*ent	ils mènent	ils lèvent

As you can observe, this change takes place only in the persons ending in mute *e*.

c. Verbs ending in *-yer* change the *y* to *i* whenever the ending is a mute *e:*

payer (to pay)	employer (to use)	essuyer (to wipe)
je pa*i*e	j'emplo*i*e	j'essu*i*e
tu pa*i*es	tu emplo*i*es	tu essu*i*es
il pa*i*e	il emplo*i*e	il essu*i*e
nous pa*y*ons	nous emplo*y*ons	nous essu*y*ons
vous pa*y*ez	vous emplo*y*ez	vous essu*y*ez
ils pa*i*ent	ils emplo*i*ent	ils essu*i*ent

d. Verbs ending in *é* plus a consonant plus *er* change the *é* to *è* when the ending is a mute *e:*

préférer (to prefer)

je préfère	nous préférons
tu préfères	vous préférez
il préfère	ils préfèrent

D. Imperative (L'Impératif)

The forms for the imperative are almost identical to the forms of the present indicative tense; they are used in the second person singular and in the first and second persons plural: *

second person singular	chante!	sing	finis!	finish
first person plural	chantons!	let us sing	finissons!	let us finish
second person plural	chantez!	sing	finissez!	finish
second person singular	vends!	sell		
first person plural	vendons!	let us sell		
second person plural	vendez!	sell		

Note: The *s* ending of the second person singular of the present indicative tense is dropped from *-er* verbs in the imperative:

present: tu chantes *imperative:* chante!

But the *s* remains when the imperative is followed by *en* or *y:*

chante! chantes-en!
va! vas-y!

* For the subjunctive used as an imperative, see Section XIX, B, 5.

Avoir (to have), *être* (to be), *savoir* (to know) and *vouloir* (to want) provide the only irregular forms in the imperative:

aie!	sois!	sache!	veuille!
ayons!	soyons!	sachons!	veuillons!
ayez!	soyez!	sachez!	veuillez!

E. Present Participle (le participe présent)

For most verbs, the present participle can be derived by taking away the ending from the first person plural of the present indicative and adding *-ant*:

nous parl*ons*	parl*ant*	speaking
nous finiss*ons*	finiss*ant*	finishing
nous all*ons*	all*ant*	going

Avoir, être, and *savoir* have irregular forms: ayant, étant, sachant.

F. Imperfect Tense (l'imparfait de l'indicatif)

To derive the stem for the imperfect tense, drop *-ons* from the first person plural of the present indicative. To conjugate a verb in the imperfect tense, add to the stem the following endings:

-ais	-ions
-ais	-iez
-ait	-aient

Example: parler —to speak

first person plural of present indicative: nous parl*ons*
imperfect tense forms:
je parlais — I spoke, was speaking.
tu parlais — you spoke, were speaking
il parlait — he spoke, was speaking
nous parlions — we spoke, were speaking
vous parliez — you spoke, were speaking
ils parlaient — they spoke, were speaking

Note: *Être* has the only irregular stem: *ét-* (*étais*)

G. Present Subjunctive (le présent du subjonctif)

To form the stem for the present subjunctive, drop *-ent* from the third person plural of the present indicative (ils chantent: stem *chant-*; ils finissent: stem *finiss-*) and add these endings:

Appendice grammatical: XVI

-e	-ions
-es	-iez
-e	-ent

Example: finir —to finish

third person plural present indicative: ils finissent

present subjunctive forms:
que je finisse	that I finish
que tu finisses	that you finish
qu'il finisse	that he finish
que nous finissions	that we finish
que vous finissiez	that you finish
qu'ils finissent	that they finish

Note: *Avoir* and *être* do not conform to this general pattern:

que j'aie	que je sois
que tu aies	que tu sois
qu'il ait	qu'il soit
que nous ayons	que nous soyons
que vous ayez	que vous soyez
qu'ils aient	qu'ils soient

H. PAST DEFINITE (LE PASSÉ SIMPLE)

To form the past definite of, *-er* verbs, add the following endings to the stem:

-ai	-âmes
-as	-âtes
-a	-èrent

The stem is derived by dropping the *-er* ending from the infinitive:

je parlai	I spoke	je mangeai	(*e* inserted before *a* to
tu parlas	you spoke	tu mangeas	maintain the soft *g*
il parla	he spoke	il mangea	sound)
nous parlâmes	we spoke	nous mangeâmes	
vous parlâtes	you spoke	vous mangeâtes	
ils parlèrent	they spoke	ils mangèrent	

For all verbs not ending in *-er,* the following endings are added to the stem:

-s	-̂mes
-s	-̂tes
-t	-rent

Verbs ending in *-ir* form their stem by dropping *-r* from the infinitive:

je finis	j'ouvris
tu finis	tu ouvris
il finit	il ouvrit
nous finîmes	nous ouvrîmes
vous finîtes	vous ouvrîtes
ils finirent	ils ouvrirent

For verbs ending in *-re*, drop the *-re* ending and add *i* to obtain the stem:

j'attendis	je vendis
tu attendis	tu vendis
il attendit	il vendit
nous attendîmes	nous vendîmes
vous attendîtes	vous vendîtes
ils attendirent	ils vendirent

Note: Many "irregular" verbs have endings for the *passé simple* in *u*. These will be given separately in the summaries of irregular verbs.

I. Imperfect Subjunctive (l'imparfait du subjonctif)

To derive the stem for the imperfect subjunctive take away the infinitive ending (*-er, -ir, -re*).

1. Verbs ending in *-er* have the following forms:

que je parlasse	that I spoke	que j'appelasse
que tu parlasses	that you spoke	que tu appelasses
qu'il parlât	that he spoke	qu'il appelât
que nous parlassions	that we spoke	que nous appelassions
que vous parlassiez	that you spoke	que vous appelassiez
qu'ils parlassent	that they spoke	qu'ils appelassent

2. Verbs ending in *-ir* and *-re* have the following forms:

que je finisse	que je vendisse
que tu finisses	que tu vendisses
qu'il finît	qu'il vendît
que nous finissions	que nous vendissions
que vous finissiez	que vous vendissiez
qu'ils finissent	qu'ils vendissent

Note: For all verbs, the vowel in the ending (*a, i,* or *u*) is the same as the vowel in the ending of the past definite.

Appendice grammatical: XVI

J. Past Participle (le participe passé)

1. For all verbs ending in *-er,* drop the *-er* from the infinitive and add *é:*

parler	parlé	spoken
aller	allé	gone
commencer	commencé	begun

2. For regular verbs ending in *-ir,* drop the *r* from the infinitive:

| finir | fini | finished |
| choisir | choisi | chosen |

3. For regular verbs ending in *-re,* drop the *-re* from the infinitive and add *-u:*

| vendre | vendu | sold |
| attendre | attendu | waited |

K. Compound Tenses (les temps composés)

1. All simple verb tenses have a corresponding compound tense. The compound tenses are formed by adding the past participle to the appropriate tense of the auxiliary verb:

Present Indicative	Conversational Past
(*présent de l'indicatif*)	(*passé composé*)
je chante, je finis, je vends	j'ai chanté, fini, vendu
Imperfect	Pluperfect
(*imparfait*)	(*plus-que-parfait*)
je chantais, finissais, vendais	j'avais chanté, fini, vendu
Future	Future Perfect
(*futur*)	(*futur antérieur*)
je chanterai, finirai, vendrai	j'aurai chanté, fini, vendu
Conditional	Conditional Perfect
(*conditionnel*)	(*conditionnel antérieur*)
je chanterais, finirais, vendrais	j'aurais chanté, fini, vendu
Past Definite	Past Anterior
(*passé simple*)	(*passé antérieur*)
je chantai, finis, vendis	j'eus chanté, fini, vendu
Present Subjunctive	Perfect (Past) Subjunctive
(*présent du subjonctif*)	(*parfait du subjonctif*)
que je chante, finisse, vende	que j'aie chanté, fini, vendu

IMPERFECT SUBJUNCTIVE
(*imparfait du subjonctif*)
que je chantasse, finisse, vendisse

PLUPERFECT SUBJUNCTIVE
(*plus-que-parfait du subjonctif*)
que j'eusse chanté, fini, vendu

INFINITIVE
(*infinitif*)
chanter, finir, vendre

PERFECT INFINITIVE
(*parfait de l'infinitif*)
avoir chanté, fini, vendu

PRESENT PARTICIPLE
(*participe présent*)
chantant, finissant, vendant

PERFECT PARTICIPLE
(*parfait du participe présent*)
ayant chanté, fini, vendu

2. In compound tenses, a few intransitive verbs of motion or change of condition use the appropriate form of *être* as the auxiliary:

| je suis parti | I left |
| il est allé | he went |

Here are the more common verbs in this category:

aller	to go
venir (revenir, devenir)	to come (to return, to become)
sortir	to go out
partir (repartir)	to leave (to start out again)
entrer (rentrer)	to enter (to re-enter)
arriver	to arrive
rester	to remain
monter (remonter)	to go up (to go up again)
descendre (redescendre)	to go down (to go down again)
tomber	to fall
naître	to be born
mourir	to die

3. Reflexive verbs are also conjugated with *être:*

| Je me suis appelé | I called myself (was named) |
| Je me suis levé | I got up |

4. The passive voice also is conjugated with *être:*

| Il a été tué. | He was killed. |

L. IRREGULAR VERBS: ÊTRE, AVOIR, ALLER

The three most irregular verbs in French are the auxiliaries *être* and *avoir,* and *aller.* Here are their conjugations:

Appendice grammatical: XVI

	INFINITIVE	
AVOIR	ÊTRE	ALLER

PARTICIPLES

Present

| ayant | étant | allant |

Past

| eu | été | allé |

INDICATIVE

Present

j'ai	je suis	je vais
tu as	tu es	tu vas
il a	il est	il va
nous avons	nous sommes	nous allons
vous avez	vous êtes	vous allez
ils ont	ils sont	ils vont

Imperfect

j'avais	j'étais	j'allais
tu avais	tu étais	tu allais
il avait	il était	il allait
nous avions	nous étions	nous allions
vous aviez	vous étiez	vous alliez
ils avaient	ils étaient	ils allaient

Future

j'aurai	je serai	j'irai
tu auras	tu seras	tu iras
il aura	il sera	il ira
nous aurons	nous serons	nous irons
vous aurez	vous serez	vous irez
ils auront	ils seront	ils iront

Past Definite

j'eus	je fus	j'allai
tu eus	tu fus	tu allas
il eut	il fut	il alla
nous eûmes	nous fûmes	nous allâmes
vous eûtes	vous fûtes	vous allâtes
ils eurent	ils furent	ils allèrent

CONDITIONAL

| j'aurais | je serais | j'irais |
| tu aurais | tu serais | tu irais |

il aurait	il serait	il irait
nous aurions	nous serions	nous irions
vous auriez	vous seriez	vous iriez
ils auraient	ils seraient	ils iraient

SUBJUNCTIVE
Present

(que)	j'aie	(que)	je sois	(que)	j'aille
	tu aies		tu sois		tu ailles
	il ait		il soit		il aille
	nous ayons		nous soyons		nous allions
	vous ayez		vous soyez		vous alliez
	ils aient		ils soient		ils aillent

Imperfect

(que)	j'eusse	(que)	je fusse	(que)	j'allasse
	tu eusses		tu fusses		tu allasses
	il eût		il fût		il allât
	nous eussions		nous fussions		nous allassions
	vous eussiez		vous fussiez		vous allassiez
	ils eussent		ils fussent		ils allassent

IMPERATIVE

aie	sois	va
ayons	soyons	allons
ayez	soyez	allez

COMPOUND TENSES
Conversational Past

| j'ai eu | j'ai été | je suis allé |
| etc. | etc. | etc. |

Pluperfect

| j'avais eu | j'avais été | j'étais allé |
| etc. | etc. | etc. |

Future Perfect

| j'aurai eu | j'aurai été | je serai allé |
| etc. | etc. | etc. |

Conditional Perfect

| j'aurais eu | j'aurais été | je serais allé |
| etc. | etc. | etc. |

Appendice grammatical: XVI   235

	Past Anterior	
j'eus eu	j'eus été	je fus allé
etc.	etc.	etc.

	Perfect (Past) Subjunctive	
(que) j'aie eu	(que) j'aie été	(que) je sois allé
etc.	etc.	etc.

	Pluperfect Subjunctive	
(que) j'eusse eu	(que) j'eusse été	(que) je fusse allé
etc.	etc.	etc.

2. IRREGULAR VERBS: SYNOPSES

The following verbs have forms which cannot be derived by following the instructions in sections A through L,1. The synopsis of a verb is arranged by order of its principal parts:

    a. Infinitive
    b. Present indicative
    c. Past definite
    d. Part participle

Let us take *écrire* as an example. Its synopsis, listed below, is:

ÉCRIRE

    a. Regular
    b. Pres. ind.: j'écris, tu écris, il écrit, nous écrivons, vous écrivez, ils écrivent
    c. Past def.: j'écrivis
    d. Past part.: écrit

Regular means that the future stem is derived regularly from the infinitive (see § A above). The future forms, then, are: j'écrirai, tu écriras, il écrira, nous écrirons, vous écrirez, ils écriront. The conditional forms are: j'écrirais, tu écrirais, il écrirait, nous écririons, vous écririez, ils écriraient.

From the present indicative forms, the following can be derived:

1. Imperative: écris, écrivons, écrivez (see § D)
2. Present participle: écrivant (see § E)
3. Imperfect: j'écrivais, tu écrivais, il écrivait, nous écrivions, vous écriviez, ils écrivaient (see § F)
4. Present subjunctive: que j'écrive, que tu écrives, qu'il écrive, que nous écrivions, que vous écriviez, qu'ils écrivent (see § G)

From the forms given for the past definite you can conjugate both the past definite: j'écrivis, tu écrivis, il écrivit, nous écrivîmes, vous écrivîtes, ils écrivirent; and the imperfect subjunctive: que j'écrivisse, que tu écrivisses, qu'il écrivît, que nous écrivissions, que vous écrivissiez, qu'ils écrivissent (see §§ H and I).

The past participle enables you to conjugate the compound tenses: conversational past: j'ai écrit; pluperfect: j'avais écrit. (see §§ J and K).

ACQUÉRIR (to acquire)
    a. Future stem: acquerr-
    b. Pres. ind.: j'acquiers, tu acquiers, il acquiert, nous acquérons, vous acquérez, ils acquièrent; Pres. subj.: j'acquière, tu acquières, il acquière, nous acquérions, vous acquériez, ils acquièrent
    c. Past def.: j'acquis
    d. Past part.: acquis

ASSEOIR (to seat), S'ASSEOIR (to sit down)
    a. Future stem: assiér-
    b. Pres. ind.: j'assieds, tu assieds, il assied, nous asseyons, vous asseyez, ils asseyent (alternate forms for the pres. ind. and derived tenses: j'assois tu assois, il assoit, nous assoyons, vous assoyez, ils assoient)
    c. Past def.: j'assis
    d. Past part.: assis; conversational past: j'ai assis (I seated); je me suis assis (I sat down)

BATTRE (to beat)
    a. Regular
    b. Pres. ind.: je bats, tu bats, il bat, nous battons, vous battez, ils battent
    c. Past def.: je battis
    d. Past part.: battu

BOIRE (to drink)
    a. Regular
    b. Pres. ind.: je bois, tu bois, il bois, nous buvons, vous buvez, ils boivent; Pres. subj.: je boive, tu boives, il boive, nous buvions, vous buviez, ils boivent
    c. Past def.: je bus
    d. Past part.: bu

CONCLURE (to conclude)
    a. Regular
    b. Pres. ind.: je conclus, tu conclus, il conclut, nous concluons, vous concluez, ils concluent

Appendice grammatical: XVI

    c. Past def.: je conclus
    d. Past part.: conclu

CONDUIRE (to conduct, to drive)

    a. Regular
    b. Pres. ind.: je conduis, tu conduis, il conduit, nous conduisons, vous conduisez, ils conduisent
    c. Past def.: je conduisis
    d. Past part.: conduit

CONNAÎTRE

    a. Regular
    b. Pres. ind.: je connais, tu connais, il connaît, nous connaissons, vous connaissez, ils connaissent
    c. Past def.: je connus
    d. Past part.: connu

COUDRE (to sew)

    a. Regular
    b. Pres. ind.: je couds, tu couds, il coud, nous cousons, vous cousez, ils cousent
    c. Past def.: je cousis
    d. Past part.: cousu

COURIR (to run)

    a. Future stem: courr-
    b. Pres. ind.: je cours, tu cours, il court, nous courons, vous courez, ils courent
    c. Past def.: je courus
    d. Past part.: couru

COUVRIR (to cover)

    a. Regular
    b. Pres. ind.: je couvre, tu couvres, il couvre, nous couvrons, vous couvrez, ils couvrent
    c. Past def.: je couvris
    d. Past part.: couvert

CRAINDRE (to fear)

    a. Regular
    b. Pres. ind.: je crains, tu crains, il craint, nous craignons, vous craignez, ils craignent
    c. Past def.: je craignis
    d. Past part.: craint

CROIRE (to believe)

    a. Regular
    b. Pres. ind.: je crois, tu crois, il croit, nous croyons, vous croyez, ils croient; Pres. subj.: croie, croies, croie, croyions, croyiez, croient
    c. Past def.: je crus
    d. Past part.: cru

CROÎTRE (to grow)

    a. Regular
    b. Pres. ind.: je croîs, tu croîs, il croît, nous croissons, vous croissez, ils croissent
    c. Past def.: je crûs
    d. Past part.: crû

CUEILLIR (to gather, to pick)

    a. Future stem: cueiller-
    b. Pres. ind.: je cueille, tu cueilles, il cueille, nous cueillons, vous cueillez, ils cueillent
    c. Past def.: je cueillis
    d. Past part.: cueilli

DEVOIR (to owe, must)

    a. Future stem.: devr-
    b. Pres. ind.: je dois, tu dois, il doit, nous devons, vous devez, ils doivent; Pres. subj.: je doive, tu doives, il doive, nous devions, nous deviez, ils doivent
    c. Past def.: je dus
    d. Past part.: dû (*f.* due, *pl.* du(e)s)

DIRE (to say, to tell)

    a. Regular
    b. Pres. ind.: je dis, tu dis, il dit, nous disons, vous dites, ils disent
    c. Past def.: je dis
    d. Past part.: dit

DORMIR (to sleep)

    a. Regular
    b. Pres. ind.: je dors, tu dors, il dort, nous dormons, vous dormez, ils dorment
    c. Past def.: je dormis
    d. Past part.: dormi

Appendice grammatical: XVI

ÉCRIRE (to write)
  a. Regular
  b. Pres. ind.: j'écris, tu écris, il écrit, nous écrivons, vous écrivez, ils écrivent
  c. Past def.: j'écrivis
  d. Past part.: écrit

ENVOYER (to send)
  a. Future stem: enverr-
  b. Pres. ind.: j'envoie, tu envoies, il envoie, nous envoyons, vous envoyez, ils envoient; Pres. subj.: j'envoie, tu envoies, il envoie, nous envoyions, vous envoyiez, ils envoient
  c. Past def.: j'envoyai
  d. Past part.: envoyé

FAIRE (to do, to make)
  a. Future stem: fer-
  b. Pres. ind.: je fais, tu fais, il fait, nous faisons, vous faites, ils font; Pres. subj.: je fasse, tu fasses, il fasse, nous fassions, vous fassiez, ils fassent
  c. Past def.: je fis
  d. Past part.: fait

FALLOIR (must, to be necessary; a verb with incomplete conjugation)
  a. Future: il faudra
  b. Pres. ind.: il faut; Pres. part.: ———; Imp.: il fallait; Pres. subj.: il faille
  c. Past def.: il fallut
  d. Past part.: fallu

FUIR (to flee)
  a. Regular
  b. Pres. ind.: je fuis, tu fuis, il fuit, nous fuyons, vous fuyez, ils fuient; Pres. subj.: je fuie, tu fuies, il fuie, nous fuyions, vous fuyiez, ils fuient
  c. Past def.: je fuis
  d. Past part.: fui

HAÏR (to hate)
  a. Regular
  b. Pres. ind.: je hais, tu hais, il hait, nous haïssons, vous haïssez, ils haïssent
  c. Past def.: je haïs
  d. Past part.: haï

LIRE (to read)
- a. Regular
- b. Pres. ind.: je lis, tu lis, il lit, nous lisons, vous lisez, ils lisent
- c. Past def.: je lus
- d. Past part.: lu

MENTIR (to lie)
- a. Regular
- b. Pres. ind.: je mens, tu mens, il ment, nous mentons, vous mentez, ils mentent
- c. Past def.: je mentis
- d. Past part.: menti

METTRE (to put)
- a. Regular
- b. Pres. ind.: je mets, tu mets, il met, nous mettons, vous mettez, ils mettent
- c. Past def.: je mis
- d. Past part.: mis

MOURIR (to die)
- a. Future stem: mourr-
- b. Pres. ind.: je meurs, tu meurs, il meurt, nous mourons, vous mourez, ils meurent
- c. Past def.: je mourus
- d. Past part.: mort, compound tenses conjugated with *être*

NAÎTRE (to be born)
- a. Regular
- b. Pres. ind.: je nais, tu nais, il naît, nous naissons, vous naissez, ils naissent
- c. Past def.: je naquis
- d. Past part.: né; compound tenses conjugated with *être*

OFFRIR (to offer)
- a. Regular
- b. Pres. ind.: j'offre, tu offres, il offre, nous offrons, vous offrez, ils offrent
- c. Past def.: j'offris
- d. Past part.: offert

OUVRIR (to open)
- a. Regular
- b. Pres. ind.: j'ouvre, tu ouvres, il ouvre, nous ouvrons, vous ouvrez, ils ouvrent

Appendice grammatical: XVI

    c. Past def.: j'ouvris
    d. Past part.: ouvert

PARTIR (to leave)

    a. Regular
    b. Pres. ind.: je pars, tu pars, il part, nous partons, vous partez, ils partent
    c. Past def.: je partis
    d. Past part.: parti; compound tenses conjugated with *être*

PEINDRE (to paint)

    a. Regular
    b. Pres. ind.: je peins, tu peins, il peint, nous peignons, vous peignez, ils peignent
    c. Past def.: je peignis
    d. Past part.: peint

PLAIRE (to please)

    a. Regular
    b. Pres. ind.: je plais, tu plais, il plaît, nous plaisons, vous plaisez, ils plaisent
    c. Past def.: je plus
    d. Past part.: plu

PLEUVOIR (to rain; a verb with incomplete conjugation)

    a. Future: il pleuvr-
    b. Pres. ind.: il pleut; Pres. part.: pleuvant; Imp.: il pleuvait; Pres. subj.: il pleuve
    c. Past def.: il plut
    d. Past part.: plu

POUVOIR (to be able)

    a. Future stem.: pourr-
    b. Pres. ind.: je peux, tu peux, il peut, nous pouvons, vous pouvez, ils peuvent; Pres. subj.: je puisse, tu puisses, il puisse, nous puissions, vous puissiez, ils puissent
    c. Past def.: je pus
    d. Past part.: pu

PRENDRE (to take)

    a. Regular
    b. Pres. ind.: je prends, tu prends, il prend, nous prenons, vous prenez, ils prennent; Pres. subj.: je prenne, tu prennes, il prenne, nous prenions, vous preniez, ils prennent

c. Past def.: je pris
d. Past part.: pris
Conjugated like *prendre: apprendre, comprendre*

PRODUIRE (to produce)

a. Regular
b. Pres. ind.: je produis, tu produis, il produit, nous produisons, vous produisez, ils produisent
c. Past def.: je produisis
d. Past part.: produit
Conjugated like *produire: conduire, réduire, construire, détruire, cuire*

RECEVOIR

a. Future stem: recevr-
b. Pres. ind.: je reçois, tu reçois, il reçoit, nous recevons, vous recevez, ils reçoivent; Pres. subj.: je reçoive, tu reçoives, il reçoive, nous recevions, vous receviez, ils reçoivent
c. Past def.: je reçus
d. Past part.: reçu

(SE) REPENTIR (to repent)

a. Regular
b. Pres. ind.: je me repens, tu te repens, il se repent, nous nous repentons, vous vous repentez, ils se repentent
c. Past def.: repentis
d. Past part.: repenti

RÉSOUDRE (to resolve, to solve)

a. Regular
b. Pres. ind.: je résous, tu résous, il résout, nous résolvons, vous résolvez, ils résolvent
c. Past def.: je résolus
d. Past part.: résolu

RIRE (to laugh)

a. Regular
b. Pres. ind.: je ris, tu ris, il rit, nous rions, vous riez, ils rient; Pres. subj.: je rie, tu ries, il rie, nous riions, vous riiez, ils rient
c. Past def.: je ris
d. Past part.: ri

SAVOIR (to know)

a. Future stem: saur-
b. Pres. ind.: je sais, tu sais, il sait, nous savons, vous savez, ils savent; Pres. part.: sachant; Imp.: je savais; Pres. subj.: je sache, tu saches, il

Appendice grammatical: XVI

sache, nous sachions, vous sachiez, ils sachent; Imperative: sache, sachons, sachez
c. Past def.: je sus
d. Past part.: su

SENTIR (to feel, to smell)

  a. Regular
  b. Pres. ind.: je sens, tu sens, il sent, nous sentons, vous sentez, ils sentent
  c. Past def.: je sentis
  d. Past part.: senti

SERVIR (to serve)

  a. Regular
  b. Pres. ind.: je sers, tu sers, il sert, nous servons, vous servez, ils servent
  c. Past def.: je servis
  d. Past part.: servi

SORTIR (to go out)

  a. Regular
  b. Pres. ind.: je sors, tu sors, il sort, nous sortons, vous sortez, ils sortent
  c. Past def.: je sortis
  d. Past part.: sorti; compound tenses conjugated with *être*

SOUFFRIR (to suffer)

  a. Regular
  b. Pres. ind.: je souffre, tu souffres, il souffre, nous souffrons, vous souffrez, ils souffrent
  c. Past def.: je souffris
  d. Past part.: souffert

SUFFIRE (to be sufficient)

  a. Regular
  b. Pres. ind.: je suffis, tu suffis, il suffit, nous suffisons, vous suffisez, ils suffisent
  c. Past def.: je suffis
  d. Past part.: suffi

SUIVRE (to follow)

  a. Regular
  b. Pres. ind.: je suis, tu suis, il suit, nous suivons, vous suivez, ils suivent
  c. Past def.: je suivis
  d. Past part.: suivi

TENIR (to hold)

    a. Future stem: tiendr-

    b. Pres. ind.: je tiens, tu tiens, il tient, nous tenons, vous tenez, ils tiennent; Pres. subj.: je tienne, tu tiennes, il tienne, nous tenions, vous teniez, ils tiennent

    c. Past def.: je tins

    d. Past part.: tenu

VAINCRE (to conquer)

    a. Regular

    b. Pres. ind.: je vaincs, tu vaincs, il vainc, nous vainquons, vous vainquez, ils vainquent

    c. Past def.: je vainquis

    d. Past part.: vaincu

VALOIR (to be worth)

    a. Future stem: vaudr-

    b. Pres. ind.: je vaux, tu vaux, il vaut, nous valons, vous valez, ils valent; Pres. subj.: je vaille, tu vailles, il vaille, vous valions, vous valiez, ils vaillent

    c. Past def.: je valus

    d. Past part.: valu

VENIR (to come)

    a. Future stem: viendr-

    b. Pres. ind.: je viens, tu viens, il vient, nous venons, vous venez, ils viennent; Pres. subj.: je vienne, tu viennes, il vienne, nous venions, vous veniez, ils viennent

    c. Past def.: je vins

    d. Past part.: venu; compound tenses conjugated with *être*

VÊTIR (to dress)

    a. Regular

    b. Pres. ind.: je vêts, tu vêts, il vêt, nous vêtons, vous vêtez, ils vêtent

    c. Past def.: je vêtis

    d. Past part.: vêtu

VIVRE (to live)

    a. Regular

    b. Pres. ind.: je vis, tu vis, il vit, nous vivons, vous vivez, ils vivent

    c. Past def.: je vécus

    d. Past part.: vécu

Appendice grammatical: XVI

VOIR (to see)
- a. Future stem: verr-
- b. Pres. ind.: je vois, tu vois, il voit, nous voyons, vous voyez, ils voient; Pres. subj.: je voie, tu voies, il voie, nous voyions, vous voyiez, ils voient
- c. Past def.: je vis
- d. Past part.: vu

VOULOIR (to wish, to want)
- a. Future stem: voudr-
- b. Present ind.: je veux, tu veux, il veut, nous voulons, vous voulez, ils veulent; Pres. subj.: je veuille, tu veuilles, il veuille, nous voulions, vous vouliez, ils veuillent; Imperative: veuille, veuillons, veuillez
- c. Past def.: je voulus
- d. Past part.: voulu

EXERCISES

A. Present indicative. Give the plural of the following forms:
1. il finit   2. je mets   3. tu es   4. il fait   5. elle a   6. je préfère   7. elle paie   8. je commence   9. j'emploie   10. je vais   11. il connaît   12. tu fais   13. tu peins   14. il détruit   15. je ris   16. tu sors   17. je vaincs   18. je vois   19. elle sert   20. tu sais

Give the singular of the following forms:

1. vous vous appelez   2. elles boivent   3. vous dites   4. nous sommes   5. nous mangeons   6. vous menez   7. ils vont   8. vous préférez   9. vous essuyez   10. ils conduisent   11. nous dormons   12. nous mourons   13. nous pouvons   14. vous vous repentez   15. elles sentent   16. ils suivent   17. vous venez   18. vous voulez   19. ils tiennent   20. nous recevons

B. Future. Put the following forms into the future:
1. tu vas   2. vous appelez   3. nous cueillons   4. j'ai   5. vous employez   6. nous devons   7. il est   8. elles font   9. je m'assieds   10. elle court   11. nous mourons   12. tu envoies   13. il pleut   14. ils peuvent   15. vous savez   16. nous venons   17. je vois   18. elle veut

C. Conversational past. Put the following verbs into the conversational past:
1. je sors   2. tu vois   3. il s'appelle   4. vous battez   5. tu deviens   6. il descend   7. elles conduisent   8. ils boivent   9. vous devez   10. tu entres   11. il revient   12. ils disent   13. nous mettons   14. il meurt   15. il va   16. il pleut   17. vous prenez   18. nous pouvons   19. elle reçoit   20. nous ouvrons

D. Past definite. Put the following verbs into the past definite:

1. je suis allé   2. tu as battu   3. il a bu   4. nous avons été.   5. vous avez conduit   6. il a vécu   7. ils ont réussi   8. j'ai couvert   9. tu as craint   10. il a écrit   11. nous avons fait   12. vous avez lu   13. ils ont mis   14. elles sont nées   25. j'ai produit   16. tu as tenu   17. ils sont venus

General Exercises on Sections XV and XVI

A. Translate these sentences:

1. Every day I go to school.   2. Several persons I knew were there.   3. We have the same friends.   4. I myself did that.   5. At the very moment of his death, he confessed everything.   6. Even John could do that.   7. That is the whole story.   8. We all went out last night and we saw all of them.   9. That's all he said.   10. Have you finished the whole chapter?   11. Those cows are completely happy.   12. The old man was quite happy.   13. Don't lie. People even saw you there.   14. My story will make you cry, however happy you may be.   15. Someone is at the door.   16. Tell him anything, but make him leave.   17. Some men are waiting in the street.   18. Anybody could do it.   19. I saw a few girls. Did you see a few of them too?   20. Let's go someplace, anyplace, but let's go.   21. Even I don't care to hear such stories.   22. We saw some ducks walking down the street, one behind the other.   23. Whoever speaks to him about that will make a new enemy.   24. He wants to buy any old car.   25. I have never seen such a man. How about you?   26. Every man who wants to become famous must paint a picture, even if it is never seen.   27. That's the old castle you mentioned. The very doors are falling apart.   28. However interesting she might be, I don't want her here.   29. I would like to go anywhere out of this world.   30. Each to his own taste.

B. Translate the following verbs and subjects:

Present:
1. he is going   2. they are taking   3. I want   4. you live (vous)   5. they come   6. I follow   7. those are sufficient   8. they resolve   9. they can   10. we paint

Conversational past:
1. they did   2. they put   3. they did it   4. I wrote   5. I drank   6. we feared   7. did you see?   8. she sat down   9. we read   10. he acquired   11. they (f.) got up   12. I was born   13. I saw   14. I had to   15. you fell down (vous)   16. they received   17. did they leave?   18. we lived   19. I came   20. she followed

Future:
1. I shall go   2. will he call?   3. you will have to (vous)   4. they will send   5. we shall hold   6. it will rain   7. you will do (vous)   8. it will be worth (valoir)   9. I will see   10. you will come (vous)

Appendice grammatical: XVII 247

Past definite:
1. I was 2. you put (tu) 3. he saw 4. she drank 5. we led 6. you feared (vous) 7. they (m.) wrote 8. they (f.) made 9. I hated 10. you read (vous) 11. he was born 12. she painted 13. we pleased 14. they took 15. they laughed

Imperfect:
1. I called 2. you were serving (tu) 3. they sent 4. he was taking 5. she solved 6. we were coming 7. it was necessary 8. did you know her? 9. they were doing 10. I was going

Present subjunctive:
1. je (savoir) 2. tu (vouloir) 3. il (lire) 4. elle (aller) 5. nous (devoir) 6. vous (pouvoir) 7. ils (peindre) 8. elles (mettre) 9. je (fuir) 10. tu (envoyer)

Imperfect subjunctive:
1. je (valoir) 2. tu (vivre) 3. il (venir) 4. elle (savoir) 5. nous (rire) 6. vous (pouvoir) 7. ils (peindre) 8. elles (mettre) 9. je (fuir) 10. tu (envoyer)

Section XVII is to be studied in conjunction with Chapter IV.

XVII. Use of Verb Tenses

A. PRESENT TENSE (LE PRÉSENT DE L'INDICATIF)

1. The present tense in French has the following English translations:

    je chante   I sing, I am singing, I do sing

2. The present tense is used to describe an action, a general idea, or a state in progress in the present time:

    Nous entrons dans le salon.   We are going into the living room.

3. With *depuis, depuis quand, il y a combien de temps, voilà . . . que,* French uses the present tense whereas English uses the present perfect. (Although the action begins in the past, it continues to the present.)

    Voilà une semaine *qu*'il ne travaille plus.
    He hasn't been working for a week.

    Il y a un mois *qu*'il m'aime.
    He has loved me for a month.

    Je suis en Amérique *depuis* trois ans.
    I have been in America for three years.

4. In order to make the style more lively, French uses the present tense frequently where English uses the past or future:

> Encore deux pas et il tombe.
> Two more steps and he will fall.

Consequently, to make a description of past events more vivid, French frequently transposes past time to the present. This use of the present tense is often called the *présent historique;* it is also found in English, but not as extensively as in French.

> Je me promenais hier sur les quais de la Seine et je regardais les bouquinistes. Tout à coup je vois mon vieil ami Jacques. Je cours à lui, je l'embrasse, il ne me reconnaît pas. Je suis reparti triste et désabusé.

But, in general, this *présent historique* is used with the verbs *arriver, revenir, sortir,* and *rentrer* with a very near past or future:

> Pierre vient d'arriver de Londres.
> Pierre arrive de Londres.
> Peter has just arrived from London.

EXERCISE

Translate:

1. Are you sleeping, brother James? 2. Where are we going? 3. I have been studying for a week. 4. How long have you been in France? 5. I have just left his house.

B. Future (LE FUTUR)

1. In its general usage, the future tense in French corresponds to the future tense in English:

> Nous n'irons plus à Alcudia.
> We shall not go to Alcudia any more.

2. When the main verb is in the future or the imperative and the subordinate verb is introduced by the conjunctions of time *quand* (when), *lorsque* (when), *tant que* (as long as), *après que* (after), *comme* (as), *dès que* (as soon as), and *aussitôt que* (as soon as), or any expression denoting future time, the future tense is used in French:

> J'irai l'attendre chez lui lorsqu'il reviendra de Calcutta.
> I shall go to wait for him at his house when he returns from Calcutta.
>
> Embrasse-la dès qu'elle apparaîtra.
> Kiss her as soon as she appears.

Appendice grammatical: XVII

> Dites ce que vous voudrez, moi je pense que j'ai raison.
> Say that you will, *I* think that I am right.

EXERCISE

Translate:

1. I shall arise and go now. 2. Tell him hello for me when you see him. 3. Will you talk to him about it as soon as you see him? 4. I shall help him as long as he wants. 5. Will you come to see us this evening?

C. Conditional (le conditionnel)

1. The conditional mode in general has the same usage in French and English:

> Après un tel affront, il ne dirait pas cela.
> After such an insult he would not say that.

2. When *should* in English implies obligation, the conditional of *devoir* is used:

> Elle devrait le faire, cela lui ferait du bien.
> She should (ought to) do it, it would do her some good.

3. The conditional in French also expresses probability:

> Selon les déclarations de Bertrand, Monique serait coupable.
> According to Bertrand, Monique is probably guilty.

4. Similar to the English construction is the French use of the conditional to soften a request:

> Voudriez-vous me répéter cette histoire?
> Would you repeat that story to me?

> Aimeriez-vous faire une promenade?
> Would you like to take a walk?

EXERCISE

Translate:

1. After all you've done, would he refuse? 2. He should not behave that way. 3. According to the paper, Mr. X is probably the one you are looking for. 4. Would you give me that book, please? 5. She would not have done that alone.

D. Imperfect Tense (L'Imparfait de l'Indicatif)

The imperfect is used:

1. for description in the past. It is not concerned with beginning or end of action, but with its duration.

>La maison était rouge.   The house was red.

2. to denote an action which was going on when another action occurred in the past:

>Elle pleurait quand il l'a épousée.*
>She was crying (cried) when he married her.
>
>Elle nageait près de la plage quand il disparut.
>She was swimming near the beach when he disappeared.

3. to describe a continuing or repeated action or state:

>Il se levait tous les jours à huit heures.
>He would get up (used to get up, got up) every day at eight o'clock.

4. when an action or state which has begun in the remote past progresses to a more recent past time (cf. XVII, A, 3):

>Je le connaissais depuis un an lorsqu'il me demanda en mariage.
>I had known him for a year when he proposed to me.

5. to describe mental states and emotions in the past:

>Je savais qu'il n'était pas là, mais cela n'avait aucune importance; j'allais le voir le lendemain.
>I knew he wasn't there, but it was of no importance; I was going to see him the next day.

6. Notice that the French equivalent of *had just* plus verb is *venir* in the imperfect plus *de* and the infinitive:

>Il venait de sortir.   He had just gone out.

EXERCISE

Translate:

1. His shirt was yellow. 2. She was reading when he arrived. 3. I would see her often when I was in Berlin. 4. When I arrived, he told me that he had been waiting for two hours. 5. I thought you were sick. 6. He had just said it to me when I saw you.

---

* If the two actions occur at the same time and the beginning and end of the actions are not specified, both are in the imperfect:

>Je pleurais pendant qu'il se lamentait.
>I was crying while he was lamenting.

E. Past Participle: Agreement

1. When *être* is used as the auxiliary, the past participle agrees in gender and number with the subject:

> Ils sont allés au cinéma.
> They went to the movies.
>
> Elle est allée la voir en prison.
> She went to see her in prison.

2. When *avoir* is used as the auxiliary, the past participle agrees in gender and number with the preceding, not following, direct object, if there is one; otherwise, it is invariable:

> Les danseuses? Je les ai toutes vues.
> The dancers? I have seen them all.
>
> Les livres que j'ai achetés ne m'apprennent rien.
> The books which I bought do not teach me anything.

3. Reflexive verbs, though conjugated with *être,* follow the *avoir* rule; that is, the past participle agrees with the preceding direct object:

> Elles se sont levées de bonne heure pour aller à la prison.
> They go up early to go to the prison.
>
> Elle s'est lavé le visage.
> She washed her face. (In this instance *visage* is the direct object, *se* the indirect object.)

4. When used with the passive voice, the past participle agrees with the noun it modifies as an adjective:

> Est-ce que ces livres ont été achetés chez lui?
> Were these books bought at his place?

5. The past participle can be isolated in French, in which case it functions as an adjective and agrees in number and gender with the noun it modifies:

> Vue de chez nous, la France est bien petite.
> Seen from our country, France is very small.

F. Conversational Past (LE PASSÉ COMPOSÉ)

1. The *passé composé* is translated into English in several ways:

> J'ai acheté un couteau.
> I have bought, I bought, I did buy * a knife.

* *Did buy* would imply vocal stress on the word *acheté*.

2. The *passé composé* is used to show both an action completed in the past and an action completed in the present. It is also used when the time in the past is not specified:

> Hier j'ai acheté un couteau.
> Yesterday I bought a knife.
>
> Aujourd'hui j'ai tué ma concierge.
> Today I killed my "concierge."
>
> J'ai lu ce livre.
> I have read this book.

Note: In French the *j'ai tué* in the second example implies an action which has just occurred. (Notice also that "Aujourd'hui je tue ma concierge" would be translated as "Today I am going to kill my concierge," or "I shall kill my concierge today"; as mentioned above (XVII, A, 4), the present tense can be used for a future action to make it more vivid. "I shall kill," an action to be carried out at some time in the future, would be translated as "je tuerai.")

EXERCISE

Translate:

1. She had cut her finger. 2. At what time did they get up this morning? 3. Haven't they arrived yet? 4. Where are the pipes you bought? 5. Mary was struck by her brother. 6. Seated in front of the door were two old ladies. 7. I have seen him entering the house. 8. He has not gone out today.

G. Past Definite (LE PASSÉ DÉFINI OR PASSÉ SIMPLE)

1. The past definite is a literary tense seldom found in conversation, but common in writing. It is used to describe actions which take place in a limited span of time in the past; most often, at a precise moment:

> Descartes publia son *Discours de la Méthode* en 1637.
> Descartes published his *Discours de la Méthode* in 1637.
>
> Comme je marchais le long du boulevard, je vis un attroupement. C'était un accident.
> As I was walking along the boulevard, I saw a mob. It was an accident.

2. The past definite is also used to express a *strong* emotion or mental state in the past:

> Je sus immédiatement à son regard que tout était fini entre nous.
> I understood immediately by his look that everything was finished between us.

Appendice grammatical: XVII 253

3 When a succession of precise actions occurs in the past, French often uses the past definite:

> Le chant d'un coq vibra dans l'air. D'autres y répondirent: c'était le jour, et il reconnut, au delà des orangers, le faîte de son palais.   Flaubert
>
> The crowing of a rooster vibrated in the air. Others answered it: it was day, and he recognized, beyond the orange trees, the top of his palace.

4. The literary usage of the past definite does not preclude, however, the use of the conversational past in literary style (see Section XVIII).

EXERCISE

Translate:

1. The Bastille was taken on July 14, 1789.   2. He put his hand in the drawer, selected a piece of yellow chalk, and headed toward the blackboard. (Literary style)   3. *Madame Bovary* appeared in 1857.

H. THE PLUPERFECT (LE PLUS-QUE-PARFAIT), THE PAST ANTERIOR (LE PASSÉ ANTÉRIEUR), AND THE PASSÉ SURCOMPOSÉ

1. The *plus-que-parfait* has the same function in both French and English:

> Il m'avait déjà dit cela la semaine passée.
> He had already told me that last week.

Note: English speakers should pay close attention to time sequence because English usage is often deceptive; that is, it often allows a tense which does not convey the exact time sequence:

> Annick m'a assuré qu'il l'avait fait.
> Annick assured me he did it.
> (In careful English, of course, "he had done it" would be used.)

2. The *passé antérieur* is used in a subordinate clause introduced by a conjunction of time, when the main clause is in the past definite and when the context does not imply habit or repetition. (Note that English usage requires a pluperfect.)

> Dès qu'il eut franchi le mur de la prison, il se sentit libre.
> As soon as he had jumped over the wall of the prison, he felt free.

3. In conversation, the *passé surcomposé* is used after a conjunction of time when the *passé composé* is used in the main clause:

> Dès qu'il a eu fini sa lettre, il est allé au bureau de poste.
> As soon as he had finished his letter he went to the post office.

EXERCISE

Translate:

1. Henry told me yesterday that he saw you. 2. She had often been to Singapore. 3. After she had finished her work, he arrived. 4. As soon as he had finished, he closed the door.

I. Compound Tenses

The conversational past and the pluperfect tenses have already been mentioned. Other compound tenses deserving mention are:

1. The future perfect (*futur antérieur*) which is used as in English except that it can also be used to denote probability. It is also used to translate the English present perfect after a conjunction of time:

> Il aura fini son travail avant sept heures.
> He will have finished his work before seven o'clock.
>
> Ce lit aura (aurait) appartenu à George Washington.
> This bed probably belonged to George Washington.
>
> Quand les moines auront bu leur eau, ils iront à la chapelle.
> When the monks have drunk their water they will go to the chapel.

2. The conditional perfect (*conditionnel antérieur*) is simply a form of the conditional, but one step back in the past:

> Je suis certain que Jacques n'aurait pas dit cela après un tel affront.
> I am certain that James would not have said that after such an insult.
>
> Elle serait allée le voir sans m'en parler.
> She probably went to see him without talking to me about it.

EXERCISE

Translate:

1. Without you he would not have had the courage to do it. 2. This knife probably belonged to Genghis Khan. 3. He will tell us about it after he has seen her.

J. "Si" Clauses

Special attention should be paid to the French use of verb tenses with *si* meaning *if*. When *si* means *if*, it can *never* be followed by the future, con-

Appendice grammatical: XVII   255

ditional, or conditional perfect. Notice the tense sequence in the following examples:

> 1. When the main clause is in the future, the present tense is used after *si:*
> Si je la vois, je lui en parlerai.
> If I see her, I shall speak to her about it.
>
> 2. When the main clause is in the conditional, the imperfect tense is used after *si:*
> Si je la voyais, je lui en parlerais.
> If I saw her, I would speak to her about it.
>
> 3. When the main clause is in the conditional perfect, the pluperfect tense is used after *si:*
> Si je l'avais vue, je lui en aurais parlé.
> If I had seen her, I would have spoken to her about it.

Note: When *si* means *whether,* the preceding rules do not apply:

> Je ne sais pas si Jean le lui *dira.*
> I do not know whether John will tell it to him.

EXERCISE

Translate:

1. What would you do if you had a hammer?   2. I'll do it if he asks me to do it.   3. Did you ask him if he would do it?   4. If Theodore had been there, she would have gone to town.

K. Present Participle

1. The present participle in French, as in English, often functions as a simple adjective. In this case it agrees in gender and in number with the noun it modifies:

> Une *charmante* grimace accompagna le geste indélicat.
> A charming grimace accompanied the coarse gesture.

2. The present participle can indicate a passing or temporary state or activity. When it no longer functions as an adjective, but as a verb—that is, when it describes an action—it remains invariable:

> Ils sont entrés *portant* des costumes de carnaval.
> They entered wearing carnival costumes.

3. The present participle is never used to translate the progressive form of English verbs (i.e., I am going, he was going, etc.):

> Il la voyait pour la première fois.
> He was seeing her for the first time.

4. When the action of the present participle and the action of the main verb occur simultaneously, the present participle is usually introduced by *en:*

> *En voyant* les livres rares, il sentit une émotion jusque là inconnue.
> (Upon) Seeing the rare books, he felt an emotion which he had never before experienced.

To reinforce this idea of simultaneity, *tout* can precede *en* and the present participle:

> *Tout en* l'*estimant,* je ne pouvais m'empêcher de le détester.
> While esteeming him, I couldn't help detesting him.

Note: En translates many English prepositions, for example, *when, while, by, on, upon,* etc., plus an "ing" form (e.g., upon seeing: en voyant), except with the verbs *commencer* and *finir* which take *par* and an infinitive:

> Il ferma la porte en disant adieu.
> He closed the door while saying farewell.
>
> Il commença par étudier.
> He began by studying.
>
> Il finit par dire bonjour.
> He ended by saying hello.

5. The present participle normally refers to the subject of the sentence:

> Il l'a rencontrée *en revenant* du cinéma.
> He met her (as he was) coming back from the movies.

When the present participle in English modifies the object of the sentence, the meaning of the sentence may be ambiguous:

> Il l'a rencontrée revenant du cinéma.
> He met her (as he was, as she was) coming back from the movies.

To avoid ambiguity, the present participle can be replaced by a relative clause:

> Il l'a rencontrée qui revenait du cinéma.
> He met her (and she was) coming back from the movies.

Or the idea can simply be expressed differently:

> Il l'a rencontrée; elle revenait du cinéma.
> He met her; she was coming back from the movies.

6. After verbs of sensual perception (*voir,* to see; *entendre,* to hear; *sentir,* to feel, to smell; *ouïr,* to hear) the infinitive often replaces the relative clause. In English, the "ing" form is often found.

Appendice grammatical: XVII

> J'ai vu Marie qui tombait.
> I saw Mary (who was) falling.
>
> J'ai vu Marie tomber.
> I saw Mary falling. (I saw Mary fall.)

Notice also the word order after these verbs of sensual perception:

> J'ai entendu dire cela.
> I heard that (said).
>
> J'ai entendu Marie dire cela.
> I heard Mary say that.
>
> J'ai entendu Marie prononcer le discours.
> I heard Mary deliver the speech.
>
> J'ai vu commettre le crime.
> I saw the crime being committed.

7. When the English "ing" form functions as a noun, it is replaced in French by either a noun or an infinitive:

> He likes singing.   Il aime chanter.
>   Il aime le chant.

8. When the English present participle describing a state can be replaced by a past participle, the French will use the past participle:

> *Assis* dans un fauteuil se trouvait un homme qui lisait un livre.
> Sitting (seated) in an armchair was a man reading a book.

EXERCISE

Translate:

1. That story is truly touching.   2. Is he leaving?   3. He arrived carrying an enormous suitcase.   4. It's by forging that one becomes a blacksmith.   5. While studying he would listen to the radio.   6. I found a little boy coming back from Versailles.   7. I see them playing in the street.   8. Never in my life have I heard that.   9. Do you like hunting?   10. There he is again, lying on the bed.

L. THE "FAIRE FAIRE" CONSTRUCTION

1. Notice the following English ways of expressing *faire* plus an infinitive (the *faire faire* construction):

> Il a fait bâtir la maison.
> He *had* the house built.

> Son histoire a fait pleurer Marie.
> His story *caused* Mary to cry.
>
> Les accusations lui firent voir la méchanceté de sa femme.
> The accusations *made* him see (showed him) the maliciousness of his wife.

2. Position of object with the *faire faire* construction:

a. *Faire* and the infinitive which follows its function as one verb (and are therefore never separated by adverbs and object pronouns) as we have seen by the examples in L. 1.

b. When this construction has only one pronoun object, it is always a direct object:

> J'ai fait faire le devoir; je l'ai fait faire.
> I had the task done; I had it done.
>
> J'ai fait étudier les élèves; je les ai fait étudier.
> I made the students study; I made them study.

When, however, this construction is followed by two objects, the person or thing caused to perform the action is the indirect object:

> J'ai fait faire le devoir aux étudiants; je le leur ai fait faire.
> I made the students do the task; I made them do it.

Should ambiguity arise, *à* is replaced by *par* to express the agent:

> Il a fait envoyer la lettre à sa femme.

The preceding sentence could mean either (he had the letter sent) *by* his wife or *to* his wife. To avoid confusion, *par* should be substituted for *à* in this case to express *by*.

EXERCISE

Translate:

1. The teacher made us read the whole book. 2. Why don't you have him sing. 3. I shall have the book sent to your wife; I shall have it sent to her. 4. He had the letter read to his father; he had it read to him. 5. I shall have it done to the blacksmith.

M. Verbs Requiring Special Attention

1. Devoir

a. When *devoir* means *to owe,* it presents no special problem:

> Je dois dix sous à mon ami.
> I owe my friend ten cents.

Appendice grammatical: XVII

Je me dois aussi de vous déclarer que vous ne m'avez point ébranlé.
I also owe it to myself to declare to you that you have not shaken me at all.

b. *Devoir* expressing obligation is translated by various English expressions:

(1) Present tense:

Je dois aller en ville.
I *have to* (*must, am supposed to*) go to town.

Il doit exister un homme parfait.
There *must* be (there has to be) a perfect man.

(2) Imperfect (as always *duration,* not *accomplishment*):

Je devais l'accompagner.
I *had to* (*was supposed to, was to*) accompany him.

Ma présence continuelle devait étonner ces gens, ces enfants, qui pouvaient m'observer.
My continual presence must have astonished those people, those children, who could observe me.

(3) Past definite and conversational past:

Il a dû acheter beaucoup de choses.
He *must have* bought many things.

Il dut travailler douze heures par jour.
He *had to* work twelve hours a day.

(4) Future:

Il devra rendre visite à Anne quand il sera en France.
He *will have to* visit Ann when he is in France.

(5) Conditional:

Vous devriez le lui dire.
You *should* (*ought to*) tell it to him.

(6) Conditional perfect:

Vous auriez dû le lui dire.
You *ought to have, should have* told it to him.

2. *Falloir*

a. *Il* is the only subject of *falloir*.

> *Il* faut faire cela.
> It is necessary to do that.

b. *Falloir* can be followed by:

(1) a noun clause (with the subjunctive):

Il faut que vous soyez chez moi avant six heures.
You must be (it is necessary that you be) at my house before six o'clock.

(2) an infinitive:

Il faut se lever de bonne heure tous les jours.
It is necessary to (one must) get up early every day.

c. *Falloir* is most often translated by *it is necessary,* but is also translated by other English expressions:

Il faut que Jean parte demain.
John *has to, must* leave tomorrow.

d. *Falloir* in the negative is translated by *must not:*

Il ne faut pas que Jean parte demain.
John must not leave tomorrow.

When one wishes to express *it is not necessary* in French one uses *Il n'est pas nécessaire:*

Il n'est pas nécessaire que vous soyez là.
It is not necessary for you to be there.

e. When *falloir* has an indirect object pronoun and a direct object, it is usually translated by *to need:*

Il nous faut encore trois hommes.
We still need three men.

The indirect object of *falloir* is often the person or thing experiencing the necessity:

Il leur faut encore deux professeurs.
They still need two professors.

3. *Pouvoir*

Pouvoir is used to express the ideas found in the English words *can* and *may:* ability and possibility. Notice the translations of *pouvoir* in the following examples:

a. Present:

Je peux chanter.
I can (am able to) sing.(ability)

Appendice grammatical: XVII

    Pouvons-nous nous asseoir?
    May we sit down? (possibility)

b. Imperfect:

    Je pouvais sortir tous les jours si je le voulais.
    I could (I was able to, I used to be able to) go out every day if I wanted.

c. Past definite:

    Je ne pus la voir.
    I was unable to (I could not, i.e., failed to) see her.

d. Conversational past:

    Je n'ai pu obtenir de vous cette justice.
    I could not (I was not able to, I have not been able to) obtain this justice from you.

    Elle a pu partir avant notre arrivée.
    She could have (she was able to, she might have) left before our arrival.

e. Future:

    Je pourrai vous aider.
    I shall (I may) be able to help you.

    Je cacherai, autant que je pourrai, votre étrange démarche.
    I shall hide, as much (as well) as I can (in the future), your strange step.

f. Conditional and conditional perfect:

    Il pourrait le faire seul.
    He could (he would be able to) do it alone.

    S'il venait à l'heure il pourrait me voir.
    If he came on time he might (he could, he would be able to) see me.

    Il aurait pu partir sans moi.
    He could have (he might have) left without me.

g. Omissions of *can, could, might,* and *may:*

The French verb alone often includes within its meaning the idea of ability:

    (1) Present tense:

    Je vous entends.   I can hear you.

    (2) In the past:

    A mesure que je parlais sans regarder Ellénore, je sentais mes idées devenir plus vagues.

>As I was speaking without looking at Ellénore, I could feel my ideas becoming vaguer.

Vouloir, connaître, and *savoir* are often best rendered into English by words other than *to wish, to want,* or *to know.*

4. Vouloir

a. *Vouloir* in the present tense is sometimes best translated by *to expect:*

>Que veut-il que je lui dise?
>What does he expect me to tell him?

b. *Vouloir* used in the past definite or conversational past is often translated by a verb other than *to want* or *to wish:*

>Je n'ai voulu, répondis-je, vous faire manquer à aucun devoir.
>I did not intend, I answered, to make you fail in any duty.

>Je voulus, en retournant à pied, retarder le moment de revoir cette Ellénore que je venais de défendre.
>I tried, by returning on foot, to delay the moment of seeing this Ellénore whom I had just defended.

c. *Vouloir* in the future often conveys the meaning of English *to like:*

>J'irai vous voir quand vous voudrez.
>I shall go to see you when you like.

This is also the case in the conditional and conditional perfect, which are more polite ways of expressing desire:

>Elle m'arrachait par ses reproches l'aveu de ma fatigue que j'aurais voulu déguiser.
>She drew from me, by her reproaches, an admission of my weariness which I would have liked to conceal.

5. Connaître

Connaître means *to know* when *to know* means *to be acquainted with:*

>Je connais cette jeune fille, ce livre, les États-Unis.
>I know this girl, this book, the United States.

6. Savoir

a. *Savoir* means *to know* as one knows a fact:

>Je sais ce que vous allez me dire.
>I know what you are going to tell me.

Appendice grammatical: XVII

b. *Savoir* often expresses *to know how to* or *can* in English:

> Je sais jouer du piano, mais je n'ai jamais étudié la musique.
> I know how to (can)* play the piano, but I have never studied music.

c. In the conversational past or past definite, *savoir* often means *to learn* or *to find out:*

> Mais, après tout, la pure nature est bonne, puisque ces gens-ci, au lieu de me manger, m'ont fait mille honnêtetés dès qu'ils ont su que je n'étais pas jésuite.   Voltaire

> But, after all, uncorrupted nature is good, since these people, instead of eating me, showered me with a thousand civilities as soon as they learned (found out) that I was not a Jesuit.

EXERCISE

Translate:

1. How much does he owe you? 2. I have to work. 3. I was supposed to see him. Where is he? 4. I shall have to go to the library tonight. 5. You should have studied more. 6. You ought to see her before her departure. 7. I had to leave at six o'clock. 8. *Must* you say that? 9. I need three minutes to explain it. 10. You must not try to get along without food. 11. May I smoke? 12. Could you have done it? 13. I was able to see her. 14. Mother told me that I could go out if I wanted to. 15. I can see you behind the door. 16. I could feel my heart beating. 17. What do you expect me to say? 18. Would you like to take a walk? 19. You don't know Cassandra? 20. I know that Hamburg is in Germany. 21. I would not know how to help you.

N. INVERTED WORD ORDER

1. When *peut-être* (perhaps), *à peine* (hardly), *aussi* (meaning "so" or "consequently"), *ainsi* (thus), *du moins* (at least) come at the beginning of a sentence or a clause, the subject and verb following them are inverted:

> Ainsi en est-il des femmes.
> Such is the case with women.

> Aussi l'a-t-il fait.
> Consequently he did it.

> A peine Jean fut-il arrivé qu'il se mit à pleurer.
> John had scarcely arrived when he began to cry.

* The physical ability ("I can play . . .") would be translated: Je *peux* jouer, mon doigt ne me fait plus mal (I can play; my finger doesn't hurt any more).

Note: toujours requires inversion in the construction *toujours est-il:* the fact remains.

2. Inversion also occurs after direct quotations or in parenthetical expressions:

>«Elle est malade,» murmura-t-il.
>"She is sick," he murmured.

>La France est, dit-on (semble-t-il, paraît-il), la patrie spirituelle de la moitié des Américains.
>France is, they say (it seems), the spiritual fatherland of half of the Americans.

3. Personal pronouns, *on,* and *ce* as subjects are inverted in questions:

>Y est-il allé?   Did he go there?

But with noun subjects, the noun comes first and a subject pronoun which takes the number and gender of the subject is placed after the verb:

>La maison est-elle rouge?   Is the house red?
>Jean est-il parti?   Did John leave?

4. Inverting a noun subject:

a. With the interrogative words *quel* (which, what), *comment* (how), *où* (where), and *quand* (when) when the verb is in a simple tense and has no complement, a noun subject may be inverted:

>Où est le chat?   Where is the cat?

b. When the verb is in a compound tense or when the verb has a complement, a pronoun subject must be placed after the verb:

>Quand notre livre sera-t-il terminé?
>When will our book be finished?

>A quelle heure votre mari arrivera-t-il?
>At what time will your husband arrive?

Notice that *pourquoi* (why) also follows this rule: Pourquoi Jean a-t-il fait cela? (Why did John do that?)

EXERCISE

Translate:

1. Perhaps he is already waiting for you. 2. So may it be. 3. "I refuse," he answered. 4. Do you have any? 5. Are all trees green? 6. Where are you going? 7. Why did John want to buy that?

Appendice grammatical: XVII

O. NEGATIVES

1. All negative constructions in French are formed by using *ne* which is usually reinforced by a negative adverb. *Ne* always precedes the verb unless pronoun objects come before the verb, in which case *ne* precedes the pronoun objects.

2. *Guère* (scarcely), *jamais* (never), *pas* (not), *plus* (no longer), *point* (not at all), *rien* (nothing), and *nullement* (not at all) are placed immediately after the verb in a simple tense, but immediately after the auxiliary in a compound tense:

>Je *ne* vois *point* de livres sur la table.
>I do not see any books on the table.

>Je *n'*ai *point* vu de livres sur la table.
>I did not see any books on the table.

3. *Aucun* (any, any one), *nul* (no, not one), and *personne* (no one) are placed after the verb in a simple tense and after the past participle in a compound tense:

>Je ne vois personne; je n'ai vu personne.
>I see no one; I saw no one.

4. *Aucun, nul, personne, rien*

a. As pronouns, *aucun, nul, personne* and *rien* may be the subject of a verb, and thus precede it:

>Rien n'est arrivé.   Nothing happened.

b. As adjectives, *aucun* and *nul* may modify noun subjects which precede the verb:

>Nul autre ne m'en a parlé.
>No other one has spoken to me about it.

5. *Jamais* may be placed at the beginning for emphasis, but inversion does not take place as it usually does in English:

>Jamais il n'a dit cela.
>Never has he said that.

6. *Ne . . . que*

a. *Que* of *ne . . . que* (only) must be placed before the word it modifies:

>Je *n'*ai vu *que* Marie dans toute cette foule.
>I saw only Mary in all that crowd.

b. If the English word *only* modifies a verb, the French *ne faire que* plus infinitive is used:

> Il *ne fait que* chanter.
> He only sings.

c. If *only* modifies a subject, *seulement, seul,* or *il n'y a que* are used:

> *Seulement* Jean y sera.   Only John will be there.
> Jean *seul* y sera.
> *Il n'y a que* Jean qui y sera.

7. *Ni . . . ni* (neither . . . nor) precede the words they qualify whether these are subject, object, or past participle:

> *Ni* lui *ni* elle ne vont sortir cette semaine.
> Neither he nor she is going to go out this week.
>
> Elle *n*'a pardonné *ni* affront *ni* insulte.
> She forgave neither affront nor insult.
>
> Elle *n*'a *ni* menti *ni* dissimulé.
> She neither lied nor dissimulated.

8. With infinitives both parts of the negative precede the verb (and its preceding pronoun objects):

> *Ne pas* le faire serait un crime.
> Not to do it would be a crime.

9. Position of several negatives:
Notice the order of the following combinations of negatives:

> Je n'ai plus jamais rien dit à personne sur ce sujet.
> I never again said anything to anybody on that subject.
>
> Il n'y a plus guère que des vieilles filles dans le bureau.
> There is scarcely anyone left but old maids now in the office.

In general, negatives are in the following order:

> plus, jamais, rien (guère), aucun (personne)

10. In the affirmative—that is, with a verb but without *ne*—*jamais* and *plus* have the following translations:

> Avez-vous *jamais* été à Paris?
> Have you *ever* been to Paris?
>
> Voulez-vous *plus* de café?
> Do you want *more* coffee?

Appendice grammatical: XVII

11. *Oser, cesser, pouvoir,* and sometimes *savoir* governing a positive infinitive or *savoir* introducing a clause may be made negative without *pas:*

> Il ne cesse de mentir.
> He lies all the time.

> Il ne sait que faire.
> He doesn't know what to do.

EXERCISE

Translate:

1. I didn't see them.   2. I don't have any more tobacco.   3. I don't see any of my friends.   4. She asked no one what time it was.   5. No one is going there.   6. No one else can do this work.   7. Never have I said that.   8. I love only you.   9. He only sleeps.   10. I alone arrived on time.   11. He has neither eaten nor drunk since last night.   12. I saw neither your father nor your mother.   13. He asked me not to speak.   14. I never go there any more.   15. She said nothing about it to anyone.   16. Have you ever seen a goat?   17. I don't know what to say.   18. He doesn't dare speak to me.

General Exercise on XVII

Translate:

1. Are you going out?
2. Have you been studying French for a long time?
3. He has been waiting for you since this morning.
4. He has just arrived from France.
5. I shall not sing any more.
6. As soon as he enters, tell me.
7. She will go to the Bibliothèque Nationale when she goes to Paris.
8. Will he help you?
9. She would be lost without him.
10. You should not enter without knocking.
11. According to Monique, Bertrand is probably guilty.
12. Would you pick up my hat, please?
13. She was sick.
14. He called while you were at the library.
15. I used to go to the movies often last year.
16. Did you know he was gone?
17. I wanted to give him my shirt, but he had just bought one.
18. He was killed three days before the armistice.

19. Did she buy this dress yesterday?
20. Has she washed her hands?
21. Stretched out on the sidewalk was a little girl.
22. We left this morning at six.
23. I have not seen him today.
24. Goldsmith's *Deserted Village* appeared in 1770.
25. I saw him, I blushed, I grew pale at his sight.
26. I had often asked him to go to Africa.
27. Peter had already spoken to his mother when I saw him.
28. He closed his book as soon as the bell of the church had struck 12 (midnight). (Literary style)
29. She told me yesterday that you had seen her.
30. When she had finished her work, she went up to bed.
31. He will have finished his test at noon.
32. After you have read your books, put them away.
33. He would not have done that without permission.
34. If I see her, I shall speak to her about it.
35. I wouldn't do that if I were you.
36. I don't know if he will go to town today.
37. If you had been sick I would not have spoken to you in that way.
38. Appetite comes while eating.
39. What a stimulating meal!
40. She was knitting while the executioner approached the guillotine.
41. Thinking that she was dealing with a madman, she locked the door.
42. She saw him coming back home.
43. I don't know him, but I have heard of him.
44. Do you like swimming?
45. I saw a stranger sitting on the chair.
46. I am having my car repaired.
47. She made me laugh.
48. Have Jacques sing the song. Have him sing. Have it sung. Have him sing it.
49. Here is the dollar I owe you.
50. I am supposed to go to the city hall today.
51. She should have told me that sooner.
52. Was he supposed to be here?
53. I ought to tell you what he has done.
54. She will have to say it again.
55. He must have finished.
56. Is it really necessary to say that?

Appendice grammatical: XVII

57. You must leave before his arrival.
58. To succeed it is necessary to work.
59. I have to see him now.
60. You must not ask what he did last night.
61. He will need three more weeks to finish.
62. May we go now?
63. I can sing better than you.
64. He was not able to see me.
65. I could see him when I wanted.
66. Will you be able to go?
67. Even if I had wanted to, I could not have seen him.
68. Can you see that bridge over there?
69. He expects me to help him.
70. I would like to go to Paris.
71. Do you know Mozart's *Magic Flute?*
72. I didn't know you were in Tasmania.
73. Do you know how to plant cabbages?
74. Consequently he was shot.
75. No one will come to see me today, it seems.
76. "Out! Damned spot!" she said.
77. Where do you come from?
78. Has Mary left?
79. What book is this?
80. How did your wife spend her vacation?
81. I have never seen such a strange house.
82. I don't see her any more.
83. Didn't you look for anyone?
84. Nothing interests him.
85. No man came to his aid.
86. Never would I have done such a dastardly thing.
87. He only works.
88. I saw Zeno only last year.
89. Only Plato is interested in it.
90. She has neither gold nor silver, but she is charming.
91. I beg you not to see him.
92. I never saw him again.
93. Do you want more sugar?
94. Have you ever been to Paris?
95. He cannot see you.
96. She never stops talking.

Section XVIII is to be studied in conjunction with Chapter V.

XVIII. Imperfect, Passé Composé, and Passé Simple

A. The Imperfect

1. Review XVII, D.

2. Section XVII, D, shows that in general the imperfect is used to express habit, duration, certain degrees of emotion, repetition, and general description in the past.

Notice the use of the imperfect in the following passage:

> Toute la troupe se mettait à genoux, se relevait, allait au pont, baisait la terre, regardait le ciel, étendait les mains, posait le pied en tremblant, allait, revenait, était en extase; et Rustan disait: «Pour le coup le Ciel me favorise: Topaze ne savait ce qu'il disait; les oracles étaient en ma faveur; Ebène avait raison; mais pourquoi n'est-il pas ici?»
>
> <div align="right">Voltaire, <i>Le Blanc et le noir,</i> 1764</div>

B. The Passé Composé

1. Review XVII, F.

2. In general, the passé composé expresses an action completed either in the past or in the present. Notice the use of this tense in the following passage:

> C'est à ce moment précis que l'aumônier est entré. Quand je l'ai vu, j'ai eu un petit tremblement. Il s'en est aperçu, et m'a dit de ne pas avoir peur. Je lui ai dit qu'il venait d'habitude à un autre moment. Il m'a répondu que c'était une visite tout amicale qui n'avait rien à voir avec mon pourvoi dont il ne savait rien. Il s'est assis sur ma couchette et m'a invité à me mettre près de lui. J'ai refusé. Je lui trouvais tout de même un air très doux.
>
> Il est resté un moment assis, les avant-bras sur les genoux, la tête baissée, à regarder ses mains. Elles étaient fines et musclées, elles me faisaient penser à deux bêtes agiles. Il les a frottées lentement l'une contre l'autre. Puis il est resté ainsi, la tête toujours baissée, pendant si longtemps que j'ai eu l'impression, un instant, que je l'avais oublié.
>
> <div align="right">Albert Camus, <i>L'Étranger,</i> 1942</div>

C. The Passé Simple

1. Review XVII, G.

2. In general, the passé simple is used to express a clearly defined action in the past, a strong emotion, or a precise series of actions in the past. Notice the use of the passé simple in the following passage:

> Elle entendit son mari parler au valet de chambre, dans la chambre même de Julien. Heureusement ils passèrent dans celle des enfants. Elle souleva le matelas et plongea la main dans la paillasse avec une telle violence qu'elle s'écorcha les doigts. Mais quoique fort sensible aux petites douleurs de ce genre, elle n'eut pas la conscience de celle-ci, car presque en même temps elle sentit le poli de la boîte de carton. Elle la saisit et disparut.
>
> Stendhal, Le Rouge et le noir, 1830

D. Imperfect, Passé Composé, and Passé Simple Used Together

The use of the imperfect, passé composé, and passé simple is not always governed by strict grammatical rules; an author can sometimes exercise a certain amount of freedom in this domain. The fact that he might choose to use the imperfect, for example, when he could use the passé simple shows us his intentions if we understand the various nuances which verbs conjugated in these tenses can express. Furthermore, relationships are established between the three tenses, relationships which contribute to the stylistic enrichment of a text, as the following two show. (The letters in parentheses refer to the explanation following the text.)

1. Imperfect and Passé Simple:

> Un spectacle extraordinaire l'*arrêta* (a). Des cerfs *emplissaient* (b) un vallon ayant la forme d'un cirque; et tassés, les uns près des autres, ils se *réchauffaient* (b) avec leurs haleines que l'on *voyait* (b) fumer dans le brouillard.
>
> L'espoir d'un pareil carnage, pendant quelques minutes, le *suffoqua* (c) de plaisir. Puis il *descendit* (d) de cheval, *retroussa* (d) ses manches, et se *mit* (d) à tirer.
>
> Au sifflement de la première flèche, tous les cerfs à la fois *tournèrent* la tête (e). Il se *fit* (f) des enfonçures dans leurs masse; des voix plaintives s'*élevaient* (g), et un grand mouvement *agita* (h) le troupeau.
>
> Le rebord du vallon *était* (i) trop haut pour le franchir. Ils *bondissaient* (j) dans l'enceinte, cherchant à s'échapper. Julien *visait* (j), *tirait* (j); et les flèches *tombaient* (j) comme les rayons d'une pluie d'orage.

Les cerfs rendus furieux se *battirent* (k), se *cabraient, montaient* (l) les uns par-dessus les autres; et leurs corps avec leurs ramures emmêlées *faisaient* (m) un large monticule, qui s'*écroulait* (n), en se déplaçant.

Enfin ils *moururent* (o), couchés sur le sable, la bave aux naseaux, les entrailles sorties, et l'ondulation de leurs ventres s'abaissant par degrés. Puis tout *fut* (p) immobile.

Flaubert, La Légende de Saint Julien
l'Hospitalier, extraite de Tros Contes, 1877

a. passé simple: the tense reflects the extraordinary character of the situation as seen by Julien, thirsting after slaughter.
b. imperfect: describes the background of the action.
c. p.s.: "pendant quelques minutes"—limited action and strong emotion.
d. p.s.: series of precise actions which permit the development of the principal action.
e. p.s.: clearly delimited action
f. p.s.: "la première flèche" surprised the animals
g. imp.: voices were heard all around for a certain period of time; these voices were not very strong, as is indicated by the adjective *plaintives* which attenuates the verb *s'élever*. The imperfect here prolongs the scene and underlines the pathetic nature of the situation.
h. p.s.: one single, sudden action.
i. imp.: simple description.
j. imp.: imperfect of repetition: the author is insisting on the image of the stags, powerless, but not yet vanquished.
k. p.s.: the use of the passé simple, in contrast to the imperfect, emphasizes the brevity and intensity of the battle and also its desperateness.
l. imp.: the use of the imperfect here gives importance not to the movement, but to its duration and frequency. Thus, thanks to this very special use of the imperfect and the passé simple, the author can express through three verbs of action both the violence of the first movement and the despair which can be felt in the duration of the other two.
m. imp.: description.
n. imp.: importance given to the movement evoked by the verb *s'écrouler*, a movement which is repeated.
o. p.s.: last action of the passage: all animal resistance has been vanquished.
p. p.s.: accentuates the tragic nature of the passage. The immobility is made more striking because it is sudden and complete.

2. Imperfect, Passé Composé, and Passé Simple used together:

Aube

J'ai embrassé (a) l'aube d'été.

Rien ne *bougeait* (b) encore au front des palais. L'eau *était* (b) morte. Les camps d'ombre ne *quittaient* (b) pas la route du bois. J'ai *marché*

Appendice grammatical: XVIII

(c), réveillant les haleines vives et tièdes; et les pierreries *regardèrent* (d), et les ailes se *levèrent* (d) sans bruit.

Le première entreprise *fut* (e), dans le sentier déjà empli de frais et blêmes éclats, une fleur qui me *dit* (f) son nom.

Je *ris* (f) au wasserfall qui s'*échevela* (f) à travers les sapins: à la cime argentée je *reconnus* (f) la déesse.

Alors je *levai* (f) un à un les voiles. Dans l'allée, en *agitant* (g) les bras. Par la plaine, où je l'*ai dénoncée* (h) au coq. A la grand'ville, elle *fuyait* (i) parmi les clochers et les dômes; et, courant comme un mendiant sur les quais de marbre, je la *chassais* (i).

En haut de la route, près d'un bois de lauriers, je l'*ai entourée* (j) avec ses voiles amassés, et j'*ai senti* un peu son immense corps (j). L'aube et l'enfant *tombèrent* (k) au bas du bois.

Au réveil, il *était* midi (1).

Rimbaud, *Les Illuminations,* 1874-75

a. passé composé: the author is going to tell us how "l'enfant" did the action of the first sentence. He is considering a clearly delimited past from the point of view of the present either because the past experience is still vivid in his mind or because he wants the reader to share the experience or both.

b. imperfect: the story, which is going to help us understand the preceding action, begins with a description.

c. p.c.: the action here, although it is continued, is not in the imperfect because the author still wants to limit it, all the while making the present aspect of the situation stand out. The use of the imperfect would give no precision to his action, a man would be walking more or less at random; the passé simple would place the action solidly in the past.

d. passé simple: the writer situates his precise actions in the faraway past which he has discovered. He wants the reader to accept his discovery without questioning.

e. p.s.: the first clear-cut action. "Fut" opens the door through which we catch a glimpse of the actions that will follow.

f. p.s.: succession of precise actions. Once again, the author imposes his vision upon us and insists on the fact that his experience is unique.

g. present participle: the author wishes to give neither beginning nor end to this action.

h. the return to the passé composé shows that the author thinks he possesses "l'aube" and wants to communicate to the reader the striking aspect of this possession.

i. the flight is an action which is not limited; that is, it is a description of the state of "l'aube." "Je la chassais"—the action of the author occupies the same duration of time as the flight.

j. finally, complete possession. It is still the communication of a past experience to a reader who is in the present.

k. p.s.: the dream abruptly ends with this use of the passé simple.

l. imp.: description by which the author expresses the bareness of the awakening: midi is not a moment but a state of mind. The "child," the poet, knows that he will never apprehend poetic truth.

EXERCISES

1. Justify the use of tenses in the following selections taken from Flaubert's *Madame Bovary* (1857):

    a. L'air du bal était lourd; les lampes pâlissaient. On refluait dans la salle de billard. Un domestique monta sur une chaise et cassa deux vitres; au bruit des éclats de verre, Mme Bovary tourna la tête et aperçut dans le jardin, contre les carreaux, des faces de paysans qui regardaient. Alors le souvenir des Bertaux lui arriva. Elle revit la ferme, la mare bourbeuse, son père en blouse sous les pommiers, et elle se revit elle-même, comme autrefois, écrémant avec son doigt les terrines de lait dans la laiterie. Mais, aux fulgurations de l'heure présente, sa vie passée, si nette jusqu'alors, s'évanouissait tout entière, et elle doutait presque de l'avoir vécue. Elle était là; puis autour du bal, il n'y avait plus que de l'ombre, étalée sur tout le reste. Elle mangeait alors une glace au marasquin, qu'elle tenait de la main gauche dans une coquille de vermeil, et fermait à demi les yeux, la cuiller entre les dents. Une dame, près d'elle, laissa tomber son éventail. Un danseur passait.

    b. La nuit tombait, des corneilles volaient.

    Il lui sembla tout à coup que des globules couleur de feu éclataient dans l'air comme des balles fulminantes en s'aplatissant, et tournaient, tournaient, pour aller se fondre dans la neige, entre les branches des arbres. Au milieu de chacun d'eux, la figure de Rodolphe apparaissait. Ils se multiplièrent, et ils se rapprochaient, la pénétraient; tout disparut. Elle reconnut les lumières des maisons, qui rayonnaient de loin dans le brouillard.

    Alors sa situation, telle qu'un abîme, se représenta. Elle haletait à se rompre la poitrine. Puis, dans un transport d'héroïsme qui la rendait presque joyeuse, elle descendit la côte en courant, traversa la planche aux vaches, le sentier, l'allée, les halles, et arriva devant la boutique du pharmacien.

2. Put the verbs in the passé simple or imperfect, and give the reasons for your choice:

    Il (arriver) _____ juste au pied de la terrasse. Salammbô (être) _____ penchée sur la balustrade; ces effroyables prunelles la (contempler) _____, et la conscience lui surgit de tout ce qu'il (avoir) _____ souffert pour elle. Bien qu'il agonisât, elle le (revoir) _____ dans sa tente, à ge-

Appendice grammatical: XVIII 275

noux, lui entourant la taille de ses bras, balbutiant des paroles douces; elle (avoir) _____ soif de les sentir encore, de les entendre; elle ne (vouloir) _____ pas qu'il mourût! A ce moment-là, Mâtho (avoir) _____ un grand tressaillement; elle (aller) _____ crier. Il (s'abattre) _____ à la renverse et ne (bouger) _____ plus.

Salammbô, presque évanouie, (être) _____ reportée sur son trône par les prêtres s'empressant autour d'elle. Ils la (féliciter) _____; c'était son oeuvre. Tous (battre) _____ des mains et (trépigner) _____, en hurlant son nom.

Un homme (s'élancer) _____ sur le cadavre. Bien qu'il fût sans barbe, il (avoir) _____ à l'épaule le manteau des prêtres de Moloch, et à la ceinture l'espèce de couteau leur servant à dépecer les viandes sacrées et que (terminer) _____, au bout du manche, une spatule d'or. D'un seul coup il (fendre) _____ la poitrine de Mâtho, puis en (arracher) _____ le coeur, le (poser) _____ sur la cuiller; et Schahabarim, levant son bras, l'(offrir) _____ au soleil.

Le soleil (s'abaisser) _____ derrière les flots; ses rayons (arriver) _____ comme de longues flèches sur le coeur tout rouge. L'astre (s'enfoncer) _____ dans la mer à mesure que les battements (diminuer) _____; à la dernière palpitation, il (disparaître) _____.

Alors, depuis le golfe jusqu'à la lagune et de l'isthme jusqu'au phare, dans toutes les rues, sur toutes les maisons et sur tous les temples, ce (être) _____ un seul cri; quelquefois il (s'arrêter) _____, puis (recommencer) _____; les édifices en (trembler) _____; Carthage (être) _____ comme convulsée dans le spasme d'une joie titanique et d'un espoir sans bornes.

Narr'Havas, enivré d'orgueil, (passer) _____ son bras gauche sous la taille de Salammbô, en signe de possession; et, de la droite, prenant une patère d'or, il (boire) _____ au génie de Carthage.

Salammbô se (lever) _____ comme son époux, avec une coupe à la main, afin de boire aussi. Elle (retomber) _____, la tête en arrière, pardessus le dossier du trône, — blême, raidie, les lèvres ouvertes, — et ses cheveux dénoués (pendre) _____ jusqu'à terre.

Ainsi (mourir) _____ la fille d'Hamilcar pour avoir touché au menteau de Tanit.

Flaubert, *Salammbô,* 1862

Section XIX is to be studied in conjunction with Chapter VI.

XIX. The Subjunctive

A. General use of the Subjunctive
The subjunctive is used, almost always in a subordinate clause, after verbs or expressions of fear, joy, negation, doubt, possibility, volition, desire, personal judgment, and necessity:

1. Fear

>J'ai peur qu'il ne soit mort.
>I'm afraid he died.

>Je crains qu'elle ne me voie.
>I'm afraid she'll see me.

Note: Verbs expressing fear and doubt, and certain conjunctions (à moins que, avant que, de peur que, de crainte que) use a pleonastic *ne* which is not translated into English.

2. Joy

>Je suis content qu'il ait réussi.
>I'm happy he has succeeded.

>Quel bonheur qu'il soit guéri!
>How wonderful that he is cured!

3. Negation

>Je nie qu'il ait dit la vérité.
>I deny that he spoke the truth.

>Je refuse de croire qu'il ne soit pas là.
>I refuse to believe that he is not there.
>(The subjunctive here is literary in style.)

4. Doubt

>Je doute qu'elle soit aussi jeune qu'elle le déclare.
>I doubt that she is as young as she says she is.

>Crois-tu donc qu'elle l'ait aimé?
>Do you believe that she loved him?

Appendice grammatical: XIX

5. **Possibility**

    Il se peut qu'il réussisse à son examen.
    It is possible that he will pass his exam.

    Il est possible que je ne sois pas dans mon bureau demain.
    It is possible that I will not be in my office tomorrow.

6. **Volition**

    Je veux que vous appreniez la grammaire.
    I want you to learn the grammar.

    Je demande que vous m'aidiez.
    I ask that you help me.

7. **Desire**

    J'aimerais que nous soyons amis.
    I would like us to be friends.

    Je veux bien qu'il parte à la campagne.
    I would like to see him go to the country.

8. **Personal judgment**

The subjunctive implies that doubt exists in the mind of the person using it.

    Il semble que vous ayez été malade.
    It seems that you have been (were) sick.

To express a fact in an indirect manner use *Il me semble* followed by the indicative:

    Il me semble que vous mentez.
    It seems to me that you are lying.

    (The speaker could have said directly *vous mentez*).

Il ne me semble pas (expressing negation) is followed by the subjunctive.

The subjunctive is used with the verbs *penser, croire, espérer, imaginer* in the negative and interrogative but *not* in the affirmative:

    Je ne pense pas que vous ayez été malade.
    I do not think that you have been sick.

9. **Necessity**

    Il faut que vous soyez à la gare à trois heures.
    You must be at the station at three o'clock.

    Est-il nécessaire que vous fassiez ce travail maintenant?
    Is it necessary for you to do this work now?

B. Other Uses of the Subjunctive

1. Certain conjunctions require the subjunctive:

bien que	non que
quoique	soit que . . . soit que
afin que	malgré que
pour que	à moins que
pourvu que	avant que
sans que	de crainte que
jusqu'à ce que	de peur que
autant que	

A moins que, avant que, de crainte que, de peur que use a pleonastic *ne* before the verb.

2. Subordinate clauses with an indefinite or imprecise antecedent require a subjunctive.

> Je cherche un homme qui soit capable de m'apprécier à ma juste valeur.
> I am looking for a man who can appreciate me.

> Je ne connais personne qui puisse m'aider.
> I know no one who can help me.

3. Certain words require a subjunctive when they express a personal feeling:

> *seul, unique, premier, dernier, ne . . . que,* and a superlative:

> C'est le meilleur livre que j'aie jamais lu (feeling of exaltation).
> It's the best book I've ever read.

> C'est la seule femme que j'aie jamais aimée.
> She is the only woman I ever loved.

But:

> C'est le meilleur indicateur de chemin de fer que nous possédons.
> That's the best train timetable we have.

(The subjunctive is normally used. But here the indicative is used to show that the speaker is only expressing a fact.)

4. The English expressions *whoever, whomever, whatever, wherever,* and *however* require a subjunctive because they suggest doubt. Study the following sentences and their translations:

> *Quelque* petit *que* soit le livre, il est bien lourd.
> However small the book may be, it certainly is heavy.

Appendice grammatical: XIX

Qui que ce soit qui ait fait cela, qu'il s'avance et se confesse.
Whoever did that, let him come forward and confess. (*Whoever it is who did that*: *Whoever* is the subject of *être*.)

Qui que vous soyez, je ne vous crois pas.
Whoever you may be, I don't believe you. (*Whoever* is the predicate nominative of *être*.)

Qui que ce soit que l'on ait vu, il était charmant.
Whomever we saw, he was charming. (*Whomever* is the object of a verb.)

Quoi que ce soit qui vous ait rendu malade, vous devriez aller à l'hopital.
Whatever (it is that) made you sick, you ought to go to the hospital. (*Whatever* is the subject of the verb *être*.)

Quels que soient ses défauts, il est toujours charmant.
Whatever his faults may be, he is still charming.
(*Whatever* is the predicate nominative of *être*.)

Quoi qu'il dise, il a toujours tort.
Whatever he says, he is always wrong.
(*Whatever* is the object of a verb.)

Où que vous soyez, je vous attends.
Wherever you are, I am waiting for you.

5. The subjunctive used as an imperative:
Since the imperative has only three forms, and since orders are given in all persons, the subjunctive is used to complete the forms of the imperative:

Qu'il le fasse avant mon arrivée.
Let him (Make him) do it before I arrive.

Que je sache la vérité.
Let me know the truth.

EXERCISE

Translate the following:

1. She told John to leave. 2. I hope he leaves. 3. I don't think he is leaving. 4. I want you to learn your lesson. 5. I am asking him to learn his lesson. 6. He is happy that you are succeeding. 7. I have heard that you were sick. 8. I refuse to believe that you are sick. 9. They were afraid that he would come. 10. It seems to me that she is your friend. 11. What a pleasure that you are leaving! 12. I wish she would come. 13. I think you are wrong. 14. I refuse to believe that you will say that. 15. We are sure that you will succeed. 16. It is possible that I will fail. 17. It does not

seem to him that the film was a triumph.   18. It is necessary for us to study tonight.   19. Although you were wrong and although I am right, I want her to go away now so that she will not be here when he comes back.   20. I will ask her to have dinner with me tonight provided she pays for it. As far as I know, meals are expensive in that restaurant—not that I don't want expensive meals, but, although I am rich, I don't want to spend my money until I have known her a little better.   21. Before you leave, I would like to tell you something, unless you have something to tell me.   22. He is the only friend I have who can help me.   23. I want a gal like the one that married dear old dad.   24. Only books by Simenon are capable of gripping me.   25. Wherever she may be, I still think of her.   26. However interesting you may be, you mean nothing to me.   27. Whatever he might do, he is bound to do it wrong.   28. Whoever said that should be hanged.   29. Whoever you are, come forward.   30. Whatever his charms may be, I found him unappealing.   31. Whatever fascinates you does not mean much to me.   32. Whomever we might have seen, he has disappeared now.   33. Let them come home.   34. Let him speak.

Section XX is to be studied in conjunction with Chapter VII.

XX. The Subjunctive (continued)

A. SEQUENCE OF TENSES

1. Conversation style:

Main clause:	Subordinate clause whose verb must be in the subjunctive:
All tenses	a. The action expressed by the verb is simultaneous to or follows the action expressed by the verb of the main clause: *present subjunctive*
	b. The action precedes the action of the main verb: *perfect subjunctive*

Examples:

a. Elle voulait que son enfant soit le premier de sa classe le mois suivant.
She wanted her child to be the first in his class the next month.

Appendice grammatical: XX

(*Voulait* (main verb) expresses volition; the verb in the subordinate clause must be in the subjunctive. *Soit* (present subjunctive) is used because the action of *être premier* follows (by one month) the action of *vouloir*.)

b. Elle a refusé de voir ses amis, bien qu'ils lui aient sauvé la vie.
She refused to see her friends, although they had saved her life.

(*A refusé* is the main verb. *Bien que* is a conjunction requiring the subjunctive. *Aient sauvé* (perfect subjunctive) is used because the action of *sauver* precedes the action of *refuser*.)

2. Literary style:

Main clause:	Subordinate clause whose verb must be in the subjunctive:
a. Present and future	Same rules as for conversational style
b. Past tenses and conditional	(1) The action expressed by the verb is simultaneous to or follows the action expressed by the verb of the principal clause: *imperfect subjunctive* (2) The action precedes the action of the main verb: *pluperfect subjunctive*

Let us consider again the two previous examples; the reasoning is the same but the tenses of the subjunctive change.

1. Elle voulait que son enfant fût le premier de sa classe le mois prochain.
2. Elle refusa de voir ses amis, bien qu'ils lui eussent sauvé la vie.

Note: The imperfect subjunctive tense (and its corresponding compound tense, the pluperfect subjunctive) is being used less and less frequently—except for the third person singular forms. Indeed, most forms nowadays seem to be pedantic and sometimes even ridiculous.

B. Use of the Infinitive Instead of the Subjunctive

If the subject of the subordinate clause is identical to the subject of the main clause, the infinitive is used rather than the subjunctive (as is the case with the present indicative also):

Le professeur craint de ne pouvoir assister à la conférence.
The professor is afraid he will not be able to attend the lecture.

Croyez-vous pouvoir venir?
Do you think that you will be able to come?

Note 1: Since a conjunction cannot introduce an infinitive, the conjunction is replaced by the corresponding preposition. Here is a list of conjunctions and the prepositions which correspond to them:

après que	après
avant que	avant de
afin que	afin de
à moins que	à moins de
de crainte que	de crainte de
de peur que	de peur de
pour que	pour
sans que	sans
jusqu'à ce que	jusqu'à

Note 2: *Demander, ordonner, commander, conseiller, permettre,* and *défendre* usually take an indirect object and are followed by *de* and an infinitive:

Je lui demande de venir.
I am asking him to come.

Je lui conseille de le faire.
I am advising him to do it.

Note 3: *Empêcher, persuader,* and *prier* usually take a direct object and are followed by *de* and an infinitive:

Il les empêchait de parler.
He prevented them from speaking.

Elle le persuade de se soigner.
She is persuading him to take care of himself.

C. Hypothetical Constructions

In literary style, the imperfect and pluperfect subjunctive tenses replace, especially in the third person singular, the imperfect, the conditional, the pluperfect, and the conditional perfect tenses in hypothetical constructions (that is, constructions introduced by *si*).

Conversational:

Ah! si seulement il m'avait légué son argent.
Ah! if only he had left me his money.

Appendice grammatical: XX

becomes in a very literary style:

> Ah! si seulement il m'eût légué son argent.

Conversational

> Comme il aurait été heureux de la voir! (s'il . . .)
> How happy he would have been to see her! (if . . .)

becomes:

> Comme il eût été heureux de la voir! (s'il . . .)

EXERCISES

A. Translate the following:

1. I am afraid he has left. 2. Must he always be late? 3. I will go out with you provided you have done your work. 4. I'll try to see him before he leaves. 5. She would not go for fear that she would catch a cold. 6. I'll do it so that he knows I love him. 7. He wants us to wash the dishes before we leave. 8. I am afraid we do not have much inspiration today. 9. We doubt that they understand what it was all about. 10. It is possible that I will not be at home when you arrive. 11. It is not necessary for them to attend the reunion. 12. He wanted us to be friends. 13. She went to bed without his knowing it. 14. Mary did not believe that John knew it. 15. He will stay in bed until she cures him. 16. In spite of the fact that the girls had not yet arrived, John locked the door. 17. Although he had once been burned, he was not afraid of fire. 18. It does not seem to me that we turned off the gas. 19. I hope that he will not talk about me when I am gone. 20. I insist that we be friends.

B. Complete the following sentences, using literary style:

1. Un homme moins pénétrant que lui ne s'en (être) _____ peut-être pas aperçu. (Mme de la Fayette)
2. Il me sembla dès lors que je lui (devoir) _____ des soins nouveaux, qu'elle (avoir) _____ droit à plus de tendresse. (Gide)
3. Tout le monde fut surpris lorsqu'il entra, et il n'y eut personne qui ne lui (demander) _____ de ses nouvelles. (Mme de la Fayette)
4. Qu'il (suffire) _____ qu'une des vaches du fermier (tomber) _____ malade pour devenir une de mes vaches, je n'avais pas encore pensé que cela (être) _____ possible; ni qu'il (suffire) _____ qu'une de mes vaches (aller) _____ très bien pour devenir celle du fermier. (Gide)
5. De ces quatre chevaux, il en était un qu'on nommait encore «le poulain», malgré qu'il (avoir) _____ trois ans passés. (Gide)
6. Quoiqu'une heureuse naissance (apporter) _____ de si grands dons à notre prince, il ne cessait de l'enrichir par ses réflexions. (Bossuet)

7. Le nez de Cléopâtre: s'il (être) _____ plus court, toute la face de la terre aurait été changée.   (Pascal)

8. Voulez-vous qu'on (croire) _____ du bien de vous, n'en dites pas. (Pascal)

9.   Tout mon coeur te bénit, bonté consolatrice!
    Je n'aurais jamais cru que l'on (pouvoir) _____ tant souffrir
    D'une telle blessure, et que sa cicatrice
    (Étre) _____ si douce à sentir.
Alfred de Musset

10. Elle voudrait qu'il (être) _____ ici.

11. Sans qu'il (s'en douter) _____ cette démarche était décisive.   (Stendhal)

12. Le trouble et l'embarras de Mme de Clèves étaient au-delà de tout ce que l'on peut s'imaginer et si la mort se (être) _____ présentée pour la tirer de cet état, elle l'aurait trouvée agréable.   (Mme le la Fayette)

13. Je te jure, mon cher chevalier, que tu es l'idole de mon coeur et qu'il n'y a que toi au monde que je (pouvoir) _____ aimer de la façon dont je t'aime.   (l'Abbé Prevost)

14. N'exigez point de moi que je vous (décrire) _____ mes sentiments ni que je vous (apporter) _____ ses dernières expressions.   (l'Abbé Prévost)

15. Quoique nous (choisir) _____ les meilleurs guides, nous trouverons encore beaucoup d'épines et d'obstacles dans cette carrière.   (La Mettrie)

16. Mais il leur fit voir tant de tristesse et une crainte si respectueuse de l'approcher qu'elle ne le trouva plus si coupable, quoiqu'il ne (avoir) _____ rien dit pour se justifier.   (Mme de la Fayette)

17. Quoi, mon père, vous voudriez que j' (aimer) _____ comme un sot! (Saint-Évremond)

18. Il fallait que nous nous (parler) _____ avant qu'il ne (venir) _____ .

D. The Subjunctive in Context

The following examples illustrate the various uses of the subjunctive. The letters in parentheses refer to the explanations following the selections:

1.   Je ne te vante point cette faible victoire,
    Titus. Ah! plût (a) au ciel que, sans blesser ta gloire,
    Un rival plus puissant voulût (b) tenter ma foi,
    Et pût (b) mettre à mes pieds plus d'empires que toi;
    Que de sceptres sans nombre il pût (b) payer ma flamme;
    Que ton amour, n'eût (b) rien à donner que ton âme!
    C'est alors, cher Titus, qu'aimé, victorieux,
    Tu verrais de quel prix ton coeur est à mes yeux.
Racine, *Bérénice,* 1670

Appendice grammatical: XX

a. Subjunctive used as imperative (B, 5). The conjunction *que* is dropped in expressions like «Vive le roi!», «Dieu soit loué!»
b. The wish expressed in *plût au ciel que* calls for the subjunctive (A, 7).

2. Mais elle évitait la présence et les yeux de M. de Nemours avec tant de soin qu'elle lui ôta quasi toute la joie qu'il avait de se croire aimé d'elle. Il ne voyait rien dans ses actions qui ne lui persuadât (a) le contraire. Il ne savait quasi si ce qu'il avait entendu n'était point un songe, tant il y trouvait peu de vraisemblance. La seule chose qui l'assurait (b) qu'il ne s'était pas trompé était l'extrême tristesse de Mme de Clèves, quelque effort qu'elle fît (c) pour la cacher; peut-être que des regards et des paroles obligeantes n'eussent (d) pas tant augmenté l'amour de M. de Nemours que faisait cette conduite austère.

Mme de La Fayette, *La Princesse de Clèves,* 1678

a. See A, 3.
b. The general rule would require *assurât* since the verb is preceded by *seul*, but the author wants to show that there is no doubt in the mind of M. de Nemours. (B, 3)
c. See B, 4.
d. *Peut-être que* would normally be followed by a conditional here. The author chose instead to use the alternate literary (hypothetical) form. See XX, C.

3. J'allais alors d'un pas plus tranquille chercher quelque lieu sauvage dans la forêt, quelque lieu désert où rien ne montrant la main de l'homme n'annonçât (a) la servitude et la domination, quelque asile où je pusse (a) croire avoir pénétré le premier, et où nul tiers importun ne vînt (a) s'interposer entre la nature et moi.

Rousseau, *Correspondance,* lettre du 20 janvier 1762

a. See B, 2.

4. «Quant à moi, je rejoins mon régiment dans quelques jours, mais, absent ou présent, vous pouvez compter sur mon appui, s'il s'agit jamais d'une mesure à prendre pour que cet enfant devienne (a) ce qu'il doit devenir, un homme qui puisse (b) servir bravement son pays et, si Dieu permet, son roi. . . .»

Ce petit discours, que je crois bien vous reproduire presque fidèlement, n'avait rien qui dût (c) m'étonner. Il était trop naturel que dans une maison où le père était un vieux maniaque, la mère une simple ménagère, la soeur timide et très jeune, le frère aîné tînt (d) une place dirigeante, et qu'il prît (d) langue avec un précepteur arrivé du jour. Il était trop naturel aussi qu'un soldat et un gentilhomme élevé dans les idées de sa classe et de son métier me parlât (d) en soldat et en gentilhomme. Vous, mon cher maître, avec votre universelle compréhension des natures, avec votre facilité à dégager le lien nécessaire qui unit le tempérament et le milieu aux idées, vous eussiez vu (e) dans le comte André un cas très défini et très significatif.

Bourget, *Le Disciple,* 1889

a. See B, 1.
b. See B, 2.
c. See A, 3.
d. «Il était trop naturel» means «nécessairement» (A, 9).
e. See XX, C.

EXERCISE

Explain the use of the subjunctive in the following passages:

1.   M. de Clèves se trouvait heureux sans être néanmoins entièrement content. Il voyait avec beaucoup de peine que les sentiments de Mlle de Chartres ne passaient pas ceux de l'estime et de la reconnaissance et il ne pouvait se flatter qu'elle en cachât de plus obligeants, puisque l'état où ils étaient lui permettait de les faire paraître sans choquer son extrême modestie. Il ne se passait guère de jours qu'il ne lui en fît ses plaintes.

   "Est-il possible, lui disait-il, que je puisse n'être pas heureux en vous épousant? Cependant il est vrai que je ne le suis pas. Vous n'avez pour moi qu'une sorte de bonté qui ne me peut satisfaire; vous n'avez ni impatience, ni inquiétude, ni chagrin; vous n'êtes pas plus touchée de ma passion que vous le seriez d'un attachement qui ne serait fondé que sur les avantages de votre fortune et non pas sur les charmes de votre personne.

   — Il y a de l'injustice à vous plaindre, lui répondit-elle; je ne sais ce que vous pouvez souhaiter au-delà de ce que je fais, et il me semble que la bienséance ne permet pas que j'en fasse davantage.

Mme de La Fayette, *La Princesse de Clèves,* 1678

2.   Je ne suis pas fâché, Madame, répliqua M. de Nemours, qu'elle s'en soit aperçue; mais je voudrais qu'elle ne fût pas seule à s'en apercevoir. Il y a des personnes à qui on n'ose donner d'autres marques de la passion qu'on a pour elles que par les choses qui ne les regardent point; et, n'osant leur faire paraître qu'on les aime, on voudrait du moins qu'elles vissent que l'on ne veut être aimé de personne. L'on voudrait qu'elles sussent qu'il n'y a point de beauté, dans quelque rang qu'elle pût être, que l'on ne regardât avec indifférence, et qu'il n'y a point de couronne que l'on voulût acheter au prix de ne les voir jamais.

Mme de La Fayette, *La Princesse de Clèves,* 1678

Section XXI is to be studied in conjunction with Chapter VIII.

XXI. *The Passive Voice*

A verb is in the passive voice when the subject receives the action; the being or thing which causes the action is the *agent:*

La souris est mangée par le chat.
(passive subject)   (agent)

The agent is introduced by the preposition *de* when the verb expresses a state (la table est couverte d'une nappe) and by the preposition *par* when the verb expresses an action (elle a été frappée par la foudre).

The passive is constructed with the auxiliary verb *être* and the past participle of the active verb, which agrees in gender and number with the subject.

Notice the transposition of the verb from the active to the passive voice:

active	*passive*
le chat mange la souris	la souris est mangée par le chat.
le chat a mangé la souris	la souris a été mangée par le chat
le chat aurait mangé la souris	la souris aurait été mangée par le chat

It is not always easy to recognize the passive when the agent is not expressed since certain passive forms are identical to certain active forms. Consider the following, for example:

1. Paul va rendre visite à son ancienne maîtresse d'école. Il monte l'escalier et arrive au cinquième étage. La porte est ouverte. Il entre donc sans sonner.

2. Paul va rendre visite à son ancienne maîtresse d'école. Il monte l'escalier et arrive au cinquième étage. Il sonne et entend des pas. La porte est ouverte et la bonne le conduit au salon.

In the first example, *ouverte* is simply an adjective modifying *porte*. The sentence merely indicated the position of the door; on the other hand, *ouverte* in the second example is the past participle of the active verb *ouvrir* which has been put into the passive voice. The information "il entend des pas" and "la bonne" allows us to supply "par la bonne" after "la porte est ouverte" and thus to identify the form.

A. General Use of the Passive Voice

The forms of the passive, always constructed with an auxiliary, are clumsy and very often unclear. Yet the passive is necessary when one wishes to express:

1. the result of a preceding action

>Au bout de trois jours la ville avait été détruite. L'ennemi put donc y entrer sans craindre aucune résistance.

2. an impersonal idea

>Il est interdit de fumer dans cette salle.
>Il est prouvé qu'il est coupable.

Note: the use of *on* here (on ne doit pas fumer dans cette salle; on a prouvé qu'il était coupable), since it implies some type of agent, would deprive the sentences of their completely impersonal nature.

In all other cases the passive can be avoided (unless, of course, the agent is mentioned).

B. Avoiding the Passive Voice

«La démarche du français semble favoriser constamment l'intervention d'un sujet, qui rapporte des faits et qui peut être l'auteur lui-même, un personnage ou un indéfini. Cette tendance explique sa méfiance envers les tournures passives, qui déroulent le procès sans en indiquer d'abord l'origine.»*

The English-speaking student should try to replace the passive by the following:

1. a reflexive verb, when the verb expresses a state, a habit and not an action, and when no agent is expressed.

>Les tomates se vendent bien cette année. (State of the tomato market)
>
>La maison se construit. (Here, a Frenchman thinks not of the action of construction, but of the state of the house under construction. For example, the house could be constructed up to the second floor.)

2. *on,* when no agent is mentioned, but when one is implied:

>Lorsque j'arrivai là-bas on m'avait volé toutes mes affaires.
>When I arrived there all my belongings had been stolen.

* J. P. Vinay et J. Darbelnet, *Stylistique comparée du français et de l'anglais* (Paris: Didier, 1960), p. 204.

On vous demande au téléphone.
You are wanted on the phone.

C. When to Avoid the Passive Voice

The complexity of the problem stems from the fact that, although the passive is often clumsy and unclear, the use of *on* can also be unclear. At the same time, the reflexive forms do not always have a passive value, as the following examples will demonstrate.

Here are a few guidelines to help students to translate an English passive into French (these guidelines are just as helpful for students writing a composition in French):

1. Be sure you have recognized the passive. Do not confuse it with the active form *être*+adjective (cf. "la porte est ouverte") or with the "false" passive ("Monique was given a cat"="On a donné un chat à Monique").

2. Examine carefully the meaning of the sentence and especially the meaning of the verb. To translate "This castle is demolished" by "Ce château se démolit" is wrong; *démolir* expresses only an idea of action, whereas *construire* can express both action and state. Having eliminated this form, you must still choose between a translation with a passive form ("le château est démoli") and another translation with *on* ("on démolit le château"). The context should determine your choice; if you immediately identify it as a passive voice, you may keep the passive form in French:

> I arrive at La Jussière; workers are busy everywhere; the castle is demolished under my very eyes! How sad to see this masterpiece of the past reduced to nothing in such a short time. . . .

is translated by:

> J'arrive à La Jussière; des ouvriers s'affairent partout. Le château *est démoli* sous mes yeux! Quelle tristesse de voir ce chef-d'oeuvre du passé réduit à rien en si peu de temps. . . .

The passive form can be kept because, thanks to the context ("sous mes yeux," etc.), there is no confusion with the active form, in which, *démoli* would be an adjective.

> I arrive at La Jussière; workers are busy everywhere. The castle is being demolished. This sight fills me with melancholy.

> J'arrive . . . Le château est démoli. Ce spectacle me remplit de mélancolie.

The use of "est démoli" leaves one in doubt about its meaning. The context does not make clear whether the person sees the castle already demolished or as it is being demolished (which is what the English clearly indicates). The best translation would be:

> On démolit le château.

Only by long practice will you learn all the subtle aspects of the use of the passive voice. In your reading, when you encounter a passive form, or a construction using *on*, or a reflexive verb being used passively, you should always pause and ask yourself why the author used that specific form.

Note: Entendre, faire, laisser, and *voir*, when they are followed by an infinitive in English, are never put into the passive in French:

> He was seen to fall.
> On le vit tomber.

EXERCISES

A. In the following sentences, indicate which verbs are in the passive voice. Some of the verbs could be considered both passive and active; if this is the case, explain why it is.

1. La fin du monde fut annoncée par de nombreux signes.
2. Dès qu'il fut sorti, je me mis à pleurer.
3. Cet ouvrage est connu de tous.
4. Ce livre serait resté inconnu de tous si mon père ne l'avait découvert.
5. Aussitôt que le couvert fut mis, les chats sautèrent sur la table.
6. Il aurait été très aimé.
7. J'étais en larmes quand votre lettre est arrivée.
8. La rue Duret serait démolie d'après les dernières nouvelles.
9. Quand il fut repêché il était mort.
10. La porte fut ouverte aussitôt.
11. Je me suis placée près de ma mère.
12. Il respirait encore. La corde avait été coupée à temps.
13. Elle a été prise d'une quinte de toux.
14. L'édition était déjà épuisée.
15. Il ne pouvait plus avancer; il était épuisé.
16. La lettre était signée de sa main.
17. Cette histoire n'était connue que d'une seule personne.
18. Le train est arrivé à l'heure.
19. Dès qu'ils auront fini de creuser ils seront fusillés.
20. Elle était attirée involontairement vers le gouffre.

Appendice grammatical: XXI

B. How would you translate the following passages? Justify your choice.

1. As soon as I heard about the house, I called my husband; but when we arrived there the house had already been sold.
2. The door had been locked from the inside. How could anybody have killed the poor old man whose money was scattered all over the floor?
3. He was asked if he wanted to see the old family castle. It had not been lived in for fifty years and was almost in ruins.
4. These products are sold everywhere in the United States. Even a motion picture, which was highly criticized, has been made about them.
5. Very few words were said that evening at the table; the boys were simply reminded that there was still one day left before the end of the semester.

C. Rewrite these sentences in the active voice:

1. Toutes les maisons furent cherchées mais le prisonnier ne fut pas retrouvé.
2. Les cloches se firent entendre. Le pays était enfin libéré.
3 Un homme ne doit pas être jugé sur son physique.
4. Le programme radiophonique a été interrompu par une panne d'électricité.
5. Elle ne fut jamais demandée en mariage.
6. Le jeune homme avait été mal jugé par ses parents.
7. Les animaux furent abandonnés sur l'île.
8. Quelques livres lui ont été laissés par le bibliothécaire.
9. L'insulte ne sera pas oubliée.

D. Rewrite in the passive voice:

1. On ajoutera une préface à ce livre.
2. Un Espagnol ne vous oubliera jamais.
3. Beaucoup de gens n'aimaient pas la femme qui avait causé le malheur de ce garçon.
4. Les soldats entourèrent le prisonnier.
5. La chatte léchait affectueusement son maître.
6. Toutes les Parisiennes avaient suivi la mode.
7. La peur m'envahit.
8. Il m'accompagna jusqu'à la frontière.
9. D'après certains on l'aurait fusillé à l'aube.
10. On ne pouvait même pas qualifier un tel acte d'immoral.

Section XXII is to be studied in conjunction with Chapter IX.

XXII. *Prepositions*

It is often difficult for the student of a foreign language to understand the use of prepositions. An English speaker would say, "Take the book *out of* the drawer," whereas a speaker of French would say, "Prenez le livre *dans* le tiroir." (Obviously this sentence corresponds to "retirer du tiroir," but the fact remains that French usage prefers "prendre dans.") Is *out of* more logical than *dans,* which usually means *in* or *into*? English in this case gives more importance to the gesture; French considers chiefly the location (position) of the book. Unfortunately, it is very difficult for the student to know which point of view to adopt in all cases. It is therefore recommended that he note and learn by heart all expressions he encounters containing a preposition.

Certain French prepositions, especially *à* and *de,* are closely connected to the verb. When translating a preposition, first try to find a verb which alone would translate the English preposition and verb. If this verb cannot be found, consult the following list.

About

1. *About* following a verb can often be translated as *parler (de), dire (de), entendre parler (de), entendre dire (de), penser (à), songer (à)*:

> J'ai entendu parler de son dernier succès.
> I heard about his latest success.
>
> Il a dit beaucoup de mal de vous.
> He said many bad things about you.
>
> Pensez souvent à moi.
> Think often about me.

2. *About to* is translated by *sur le point de* or by the verb *aller* and the infinitive:

> Il allait partir quand je l'ai vu.
> Il était sur le point de partir quand je l'ai vu.
> He was about to leave when I saw him.

3. *About* referring to time corresponds to *vers:*

> Je vous rencontrerai vers la fin du mois.
> I shall meet you at about the end of the month.

Appendice grammatical: XXII

4. *About* referring to numbers corresponds to *environ* or numerical expressions ending in *-aine:*

> La classe comportait environ vingt étudiants.
> The class had about twenty students.
>
> Il y a une vingtaine d'étudiants dans la classe.
> There are about twenty students in the class.

5. Notice the following uses:

> Il ne comprend rien à l'histoire.
> He understands nothing about the story.
>
> Il m'interrogea sur mon examen.
> He asked me about my examination.

6. *About* is often translated by *à propos de, au sujet de:*

> Qu'avez-vous entendu à propos de mon voyage?
> What have you heard about my trip?

AFTER

1. *After* most often corresponds to *après:*

> Il est entré après moi.
> He came in after me.

2. It sometimes corresponds to *au bout de:*

> Au bout d'un mois il allait mieux.
> After a month he was feeling better.

AMONG

1. *Among* corresponds most often to *parmi:*

> Parmi les visiteurs il reconnut Don Juan.
> Among the visitors he recognized Don Juan.

2. *Among* sometimes corresponds to *entre:*

> Après le vol ils se querellèrent entre eux.
> After the theft they quarreled among themselves.

AS

As most often corresponds to *en:*

> Il est déguisé en prince.
> He is disguised as a prince.

Vous voyez la chose en prêtre.
You see the matter as a priest (would).

Il regarde le monde en (comme un) simple spectateur.
He looks at the world as a mere spectator.

At

1. *At* most often corresponds to *à:*

    Quelqu'un est à la porte.
    Someone is at the door.

    Il est au café.
    He is at the cafe.

2. It sometimes corresponds to *en*, and less frequently to *sur:*

    en mer: at sea
    Il se trouvait tout seul en pleine mer.
    He was all alone out at sea.

    en même temps: at the same time
    En même temps, il était tout mouillé.
    At the same time, he was all wet.

    sur un signe (*un mot*) *de:* at a sign (a word) from
    Sur un signe (un mot) d' Yvonne, j'ai fermé mon livre.
    At a sign from Yvonne, I closed my book.

3. *Chez* corresponds to *at* in sentences like "Je passe mes vacances chez mes parents." (I spend my vacation at my parents' house.)

Because of

Because of corresponds to *pour* or *à cause de:*

   Je l'ai épousé pour (à cause de) son argent.
   I married him for (because of) his money.

Before

Before corresponds to *avant* (when referring to time) and to *devant* (when referring to place):

   Je ne partirai pas avant samedi.
   I shall not leave before Saturday.

   Il me traita de menteuse devant mes amis.
   He called me a liar before my friends.

Behind

Behind is translated by *derrière* or *sous:*

>Il était derrière moi.
>He was behind me.

>Que cachait-il sous ce sourire?
>What was he hiding behind that smile?

Between

Between is translated by *entre:*

>Moi? Je mets une tranche de viande *entre* deux morceaux de pain pour mon repas, dit l'Earl de Sandwich.
>Me? I put a slice of meat between two pieces of bread for my meal, said the Earl of Sandwich.

By

1. *By* usually corresponds to *par:*

    >La maison a été construite par mon frère.
    >The house was built by my brother.

   Note: In a passive construction indicating a state rather than an action, *by* is translated by *de: La ville est entourée d'un mur.* (See section XXI.)

2. *By* corresponds sometimes to *à* or *de:*

    >*un à un:* one by one
    >Un à un tous mes frères se sont mariés.
    >One by one all my brothers got married.

    >*pas à pas:* step by step
    >Pas à pas on va bien loin.
    >Step by step one can go far.

    >*côte à côte:* side by side
    >Mettez-vous côte à côte près du mur.
    >Put yourselves side by side near the wall.

    >Je l'ai reconnu à sa voix (à son allure).
    >I recognized him by his voice (by his walk).

    >Je le connais de vue.
    >I know him by sight.

3. Notice also the following uses:

> Promenons-nous en auto (en bateau).
> Let's travel by car (by boat).
>
> Il était assis auprès de (près de) la fenêtre.
> He was sitting by the door.

DURING

During is translated by *pendant* or *durant:*

> Pendant (durant) la matinée j'enseigne.
> During the morning I teach.

FOR

For usually corresponds to *pour,* but with expressions of time it is translated by *pendant* or *depuis.* (See also DURING for *pendant.*)

> Elle l'a fait pour lui.
> She did it for him.
>
> Je suis ici depuis trois jours.
> I have been here for three days.

FROM

1. *From* corresponds most often to *de:*

> J'ai reçu une lettre de ma mère.
> I received a letter from my mother.

Note: To express the idea *from . . . to* and *from . . . on,* use *depuis . . . jusqu'à* and *à partir de:*

> Un tapis persan recouvrait le parquet depuis le bureau jusqu'à la porte.
> A Persian rug covered the floor from the desk to the door.
>
> A partir de maintenant je ne t'aime plus.
> From now on I don't love you any more.

2. Notice the following expressions:

> *à ce qu'il dit:* from what he says
> A ce qu'il dit, Paris est la plus belle ville du monde.
> From what he says, Paris is the most beautiful city in the world.
>
> *à ce que j'ai entendu dire:* from what I have heard
> Un voyage à San Francisco vaut la peine, à ce que j'ai entendu dire.
> A trip to San Francisco is worth the effort, from what I have heard.

Appendice grammatical: XXII

du côté de: from (or in) the direction of
Les cris venaient du côté de l'école.
The shouts were coming from the direction of the school.

d'après ce que j'ai lu: according to what I have read
Il est clair, d'après le compte rendu que j'ai lu, que ce livre est utile.
It is clear, from the review I read, that this book is useful.

EXERCISE

Translate the words in parentheses:

1. (I was about to) lui confesser mon amour lorsque son ami est arrivé.
2. Il (asked me about) les dernières nouvelles politiques.
3. L'amour vient (after) le mariage.
4. Il m'a (spoke about) son dernier livre.
5. Carlo (was dreaming about) le gros poisson.
6. (About how many) étudiants sont malades aujourd'hui?
7. Horace figurait (among) les combattants.
8. Il est allé au bal masqué déguisé (as a professor).
9. Ils se partagèrent le butin (among themselves).
10. Je viens de lire une excellente critique (about) votre dernier livre.
11. Ils avaient (heard about) la fin du monde.
12. Il parlait (as an expert): il avait déjà volé dix banques.
13. (After) trois jours il en avait assez.
14. (About twenty), voilà ce qu'il nous faut.
15. L'assassin parut (before) le juge.
16. Ils moururent presque (at the same time).
17. Je te prie de m'excuser, mais j'étais (at) la bibliothèque.
18. (Behind) cette barbe se cachait un beau visage hindou.
19. Le théorie du naturalisme a été édifiée (by) Zola.
20. Quelqu'un est (at) la porte.
21. (Because of) sa dépendance elle le détestait.
22. (Behind) la porte il y avait un cadavre!
23. Il y a un restaurant (between) la boucherie chevaline et le tripier.
24. Je l'aimais surtout (because of) ses beaux yeux.
25. (Before) de parler, tourne ta langue sept fois dans ta bouche.
26. Lorsqu'on est (at sea) il n'y a jamais grand'chose à faire.
27. J'aimais passer mes après-midi (at Mimi's).
28. (During) la semaine je dors.
29. La table est recouverte (by) une nappe.
30. Si je ne le reconnais pas (by) sa voix, je le reconnaîtrai (by sight).
31. (From this moment on) vous n'êtes plus mon ami.
32. (From what) j'ai entendu dire, M. Smith est malhonnête.
33. (One by one) ils furent fusillés.

34. Je le respectais (for) ses qualités d'esprit.
35. Ce livre (by) Proust est fascinant.
36. Il aimait voir (go by) les gens.
37. Ne l'avez-vous pas vu assis (by) la porte lorsque vous êtes entré?
38. Jeanne a reçu des fleurs (from) son père.
39. (From) ma maison (to) l'université il y a 8000 miles.
40. Je vais me rendre en Amérique (by boat).

In

1. *In* usually corresponds to *dans* when it means *à l'intérieur de* or *au bout de*:

> Dans ma chambre il y a quatre chats.
> In my room there are four cats.
>
> Ils vont se marier dans trois mois.
> They are going to get married in three months.

2. In matters of general direction, *in* corresponds to *à*:

> Je le retrouverai à la gare.
> I shall meet him at (in) the station.*

3. Referring to parts of the body and clothing, *in* corresponds to *à*:

> Il avait un couteau à la main.
> He had a knife in his hand.

4. For the use of *in* with the superlative, see VII, G. 5.

5. Notice the following expressions:

> sept heures *du* matin
> deux heures *de* l'après midi.
> neuf heures *du* soir.

6. In questions of manner, *in* corresponds to *de*:

> Il m'a répondu d'une façon désagréable.
> He answered me in an unpleasant way.

7. To express duration, *in* corresponds to *en*:

> On peut voyager de Paris à San Francisco *en* six heures.
> One can travel from Paris to San Francisco in six hours.

* Je le retrouverai *à l'intérieur de* la gare is said to specify that the meeting will be *inside* the station.

8. When *in* means *out of* with numbers (for example, one *out of* a hundred), it corresponds to *sur:*

>Un sur cent n'a pas réussi.
>One in a hundred did not succeed.

9. Notice the following expressions:

>*au jardin, au salon, au champ:* in the garden, living room, field
>*à mon avis:* in my opinion
>*du côté de la gare:* in the direction of the station
>*de nos jours, de mon temps:* in our day, in my time
>*du temps de:* in the time of

INTO

Into corresponds to *dans:*

>Nous sommes tombées dans le piège.
>We fell into the trap.

Note: with *changer,* into becomes *en.*

>A minuit cette citrouille se changera en carrosse doré.
>At midnight this pumpkin will change into a gilded coach.

NEAR

Near corresponds in general to *près de:*

>Il est près de moi.
>He is near me.

ON

1. *On* corresponds most often to *sur:*

>Il avait posé des fruits sur la table.
>He had put some fruit on the table.

Note: With dates, French uses no preposition:

>*le 14 août:* on the 14th of August

2. Notice the following use:

>*dans la rue:* on the street

Note: The preposition is omitted in addresses:

>J'habite 7, rue de la Huchette.

3. Notice the following expressions:

> *Par un beau jour d'été:* on a beautiful summer day
> *par terre:* on the ground, on the floor
> *à mon arrivée:* on my arrival
> *à cheval, à pied:* on horse, on foot
> *à genoux:* on one's knees

OUT OF

Out of is usually translated by *dans* or *par:*

> Il prit un petit objet dans sa poche.
> He took a small object out of his pocket.
>
> *par politesse:* out of politeness
> Il a accepté par politesse.
> He accepted out of politeness.
>
> *par la fenêtre:* out of the window
> Elle a jeté le bouquet de fleurs par la fenêtre.
> She threw the flowers out of the window.

OUTSIDE OF

Outside of corresponds to *hors de* or *en dehors de:*

> Il demeura hors de (en dehors de) Paris.
> He lived outside of Paris.

EXERCISES

Translate the words in parentheses:

1. (In) quelques mots, je ne puis vous résumer la situation.
2. (In the) temps de Louis XIV, les hommes étaient plus galants.
3. (In) mon avis, sa maison se trouve (in the direction) de la gare.
4. Six femmes (in a) cent portent des perruques.
5. Il répondait toujours (in a) façon agaçante.
6. Tokyo est la plus grande ville (in the) monde.
7. J'ai trouvé mon mari (in the) restaurant.
8. J'ai un livre (in) ma poche.
9. Il avait une cigarette (in) la bouche.
10. Je me lève toujours à 4 heures (in the) matin.
11. Ils étaient allés de New York à Baltimore (in) trois heures.
12. Quelle est la plus grande rue (in) Paris?
13. Nous allons nous asseoir (in) l'ombre.

Appendice grammatical: XXII

14. L'inauguration se fit (in the presence of the) président de la République.
15. Les bombes tombèrent (outside of) la ville.
16. Il prit un canif (out of) sa poche.
17. (On my arrival) tous se turent.
18. Posez cette caisse (on the floor).
19. Un homme me suivait (in) la rue.
20. Il posa le bébé doucement (on) la table.
21. Elle fut changée (into a) citrouille.
22. (In our country) on mange beaucoup trop.
23. Il tomba (out of) la fenêtre (into) la rue.
24. Mettez-vous (near) moi.
25. Je le verrai (on December 27th).
26. Il fit sa rencontre (on a sunny day).
27. Il a fait tout ce chemin (on foot).
28. Il ne regardait malheureusement pas (on this side).
29. Ils l'avaient recueillie (out of) gentillesse.

SINCE

Since corresponds to *depuis* (see p. 296, FOR, and p. 247, XVII, 3):

> Je vous attends depuis trois heures.
> I have been waiting for you since three o'clock.

TO

1. *To* corresponds most often to *à:*

> Il va à Paris.
> He is going to Paris.

2. Referring to emotions or attitudes, *to* corresponds to *pour* or *envers:*

> Soyez bon pour (envers) les animaux.
> Be kind to animals.

3. Notice the following use:

> *la route (le train) de Paris:* the road (the train) to Paris
> La route de Paris est très encombrée le dimanche soir.
> The road to Paris is very crowded on Sunday night.

TOWARD

1. *Toward* corresponds to *vers* in directions:

> Le navire se dirigea vers le port.
> The ship went toward the port.

2. *Toward* corresponds to *envers* in feelings or social relations, but not in physical direction.

> Nos devoirs envers la société ne doivent pas être négligés.
> Our duties toward society should not be neglected.

Under

Under corresponds to *sous:*

> Le chat est sous la table.
> The cat is under the table.

Until

Until corresponds to *avant* or *jusqu'à:*

> Je ne la verrai pas avant six heures.
> I shall not see her until six o'clock.

> Jusqu'au jour de leur libération ils ne cesseront pas de souffrir.
> Until the day of their release, they will not stop suffering.

With

1. *With* corresponds to *avec:*

   > Il partit en vacances avec sa soeur.
   > He left on a vacation with his sister.

   Note: Sometimes, as in English, *with* is left out:

   > Il est arrivé un sourire aux lèvres.
   > He came, (with) a smile on his lips.

2. Notice the following constructions:

   > J'aime la fille aux cheveux d'or.
   > I love the girl with the golden hair.

   > La tête basse, il entra dans la salle.
   > With his head lowered, he entered the room.

3. Notice the following expressions:

   > *d'une main tremblante:* with a trembling hand
   > Il versa le vin d'une main tremblante.
   > He poured the wine with a trembling hand.

Appendice grammatical: XXII

> *de tout mon coeur:* with all my heart
> Je les aime de tout mon coeur.
> I love them with all my heart.
> *de toutes mes forces:* with all my strength
>
> Je poussai la porte de toutes mes forces.
> I pushed the door with all my strength.

WITHOUT

Without corresponds to *sans:*

> Ils iront à Brest *sans* vous.
> They will go to Brest without you.

OTHER PREPOSITIONAL EXPRESSIONS

> *un jeune homme de vingt à vingt-deux ans:* a young man of 20 or 22
> *au besoin:* in a pinch
> *à la rigueur:* in a pinch
> *à regret:* regretfully
> *frapper du pied, battre des mains, cligner des yeux:* to stamp, to clap, to blink
> *j'en ai pour deux heures:* it will take me two hours
> *revenir sur ses pas:* to retrace one's steps
> *sous peu:* shortly
> *par suite de ces malheurs:* as a result of these misfortunes

EXERCISE

Translate the words in parentheses:
1. Il n'y a pas de fumée (without) feu.
2. On appelait aussi Charlemagne: l'Empereur (with) la barbe fleurie.
3. Prenez-vous votre café (with) du sucre?
4. Je ne pourrais pas envoyer ce paquet (until) demain.
5. Ils fuyaient tous (toward) la mer.
6. Nous avons eu une panne (on) la route (to) Paris.
7. Irez-vous (to) Calcutta?
8. (Since) mon arrivée, il ne fait que pleuvoir.
9. (Since) vous êtes ici, je suis bien malheureuse.
10. Ne soyez pas cruel (to) votre belle-mère.
11. (Under) cette pile de papiers tu trouveras cinq dollars.
12. (Until) le moment de sa mort il a refusé de se repentir.
13. Êtes-vous fâché (with) moi?

14. (With) tout mon coeur et (with) toutes mes forces je te défends.
15. Je ferai ce travail pour nous (if need be).
16. Connais-tu Marie-Thérèse et Marie-Cécile? Ce sont de jolies petites filles (of 9 to 11).
17. Il lui dit au revoir (regretfully).
18. Je reverrai (shortly) fumer la cheminée de ma maison natale.
19. (If need be) on peut se servir de sucre au lieu de sel.
20. Ne vous impatientez pas. (It will take me 10 or 15 minutes.)
21. Tous les prêtres de Moloch (clapped) en hurlant le nom de Salammbô.

Section XXIII is to be studied in conjunction with Chapter X.

XXIII. Prepositions (continued)

A. Prepositions with Corresponding Conjunctions

In the preceding section, a list of the most commonly used prepositions was given. The corresponding conjunctions for some of these prepositions are listed here. Conjunctions marked with an asterisk use the subjunctive and are discussed in Chapter VI:

Preposition		*Conjunction*
afin de	in order to, so that	* afin que
après	after	après que
avant de	before	* avant que
à cause de	because	parce que
à condition de	providing	* à condition que
de crainte de	for fear	* de crainte que
depuis	since	depuis que
jusqu'à	until	* jusqu'à ce que
malgré	in spite of	* malgré que
à moins de	unless	* à moins que
de peur de	for fear	* de peur que
pour	for, so that	* pour que
sans	without	* sans que

Coordinating conjunctions are used to unite two words, two groups of words, two clauses, and even two sentences:

Il était beau *et* jeune.

Appendice grammatical: XXIII

Subordinating conjunctions are used to unite two clauses:

Je ne lui adresserai pas la parole *parce qu*'il me déplaît.

EXERCISES

In the following sentences give the appropriate conjunctions and prepositions. In a few cases none is needed.

1. On a défendu à Jean de sortir (because) il ne voulait pas faire son travail.
2. Yvonne l'a fait (in spite of) les conseils de sa mère.
3. N'oubliez pas de dire «au revoir» à vos copains (before) partir.
4. Il a bien étudié sa leçon (because) il voulait plaire à son professeur.
5. Que personne ne parle (before) je ne lui aie donné la permission.
6. Soyez gentil et faites cela (for) moi.
7. Il préfère son café (without) sucre.
8. C'est seulement (because of) vous que nous avons fait construire cette maison.
9. François fut tué (before) il n'ait eu le temps de mettre son chapeau.
10. Il le fait (so that) elle l'aime.
11. Elle est partie (without) je le sache.
12. Je n'en ai rien dit (for fear) elle ne soit triste.
13. (Since) ton départ, tout le monde attend ton retour.
14. (Until) vous me disiez la vérité, je refuse de vous parler.
15. Qu'avez-vous fait (since) vous êtes en France?
16. (After) avoir dit cela, il a donné un coup de pied à son chien.
17. Je veux que tu m'accompagnes, (unless) tu n'aies quelque chose à faire.
18. Il refusa de se présenter à l'examen (for fear) ne pas réussir.
19. Achetez-lui un bouquet de roses (so that) elle soit contente.
20. Je t'aime (because) tu m'aimes.

B. PREPOSITIONS FOLLOWED BY PRONOUNS

In English, prepositions can be followed by pronouns referring either to persons or to things:

There was a dog in front of John. There was a dog in front of *him*.
Put the book on the table. Put the book on *it*.

In French, however, only pronouns referring to persons can follow prepositions. When the English pronoun refers to a thing, French usually uses an adverb and leaves the pronoun unexpressed:

Il y avait un chien devant Jean. Il y avait un chien devant lui.
Mettez le livre sur la table. Mettez le livre là-dessus.

306 UN CERTAIN STYLE

Study the following examples, in which French adverbs alone replace what in English would be prepositions and pronouns referring to things. Notice that this construction most often is used when the preposition and noun have just been mentioned:

J'ai trouvé mon livre dans le sac.
J'ai trouvé mon livre dedans.
J'ai trouvé mon livre là-dedans.

J'ai mis mon livre sur le cahier.
J'ai mis mon livre dessus.

J'ai mis mon livre sur la table.
J'ai mis mon livre là-dessus.

J'ai trouvé mon livre sous la table.
J'ai trouvé mon livre dessous.
J'ai trouvé mon livre là-dessous.

J'ai mis mes souliers devant la porte.
J'ai mis mes souliers devant.

J'ai mis le balai derrière la porte.
J'ai mis le balai derrière.

Mettez le verbe après le sujet.
Voilà le sujet, mettez le verbe après.

Mettez de l'herbe autour de la maison.
Mettez de l'herbe tout autour.

Il y avait un arbre à côté de la maison.
Il y avait un arbre à côté.

Il y avait un arbre près de la maison.
Il y avait un arbre tout près.

EXERCISES

In the following sentences insert the preposition and the pronoun or adverb that are appropriate.

1. Asseyez-vous à côté de votre frère. Asseyez-vous _____.
2. Mettez du lait dans le café. Mettez du lait _____.
3. Cachez vos sabots derrière la porte. Cachez vos sabots _____.
4. Versez de l'eau sur Jacques. Versez de l'eau _____.
5. Pierre sort toujours après sa soeur. Pierre sort toujours _____.
6. Mettez la perruque sur la table. Mettez la perruque _____.
7. Quand le professeur entrera, tu pourras cacher le morceau de papier sous le livre. Quand le professeur entrera, tu pourras cacher le morceau de papier _____.

Appendice grammatical: XXIII

8. Le pauvre petit garçon est tombé devant sa maison. Le pauvre petit garçon est tombé _____.
9. Trois chiens couraient autour de Marie. Trois chiens couraient _____.
10. Elle tomba dans les bras de l'homme près de Jean-Paul. Elle tomba dans les bras de l'homme _____.
11. J'ai vu cet homme près de la rivière. L'homme que j'ai vu était _____.
12. Lancez la bombe derrière Jean. Lancez la bombe _____ .
13. Est-ce un poignard que je vois devant Macbeth, le manche tourné vers sa main? Est-ce un poignard que je vois _____?
14. N'oubliez pas de mettre des chaises autour de la table. N'oubliez pas de mettre des chaises _____.
15. La salle de bain est à côté de ma chambre. La salle de bain est _____.

The prepositions *à, de,* and *en* are used much more often than other prepositions. Here is a summary of their uses:

1. A

a. The following verbs use the preposition *à* to introduce an infinitive:

aider à	to help to
aimer à	to love to
amener à	to bring to
s'amuser à	to amuse oneself
s'appliquer à	to apply oneself to
apprendre à	to learn to
s'apprêter à	to get ready to
arriver à	to manage to
s'attendre à	to expect to
avoir à	to have to
chercher à	to try to
commencer à	to begin to
condamner à	to sentence to
conduire à	to lead to
se consacrer à	to devote oneself to
consentir à	to consent to
consister à	to consist in
continuer à	to continue to
décider à	to persuade to
se décider à	to decide to
se disposer à	to take steps to
encourager à	to encourage to
engager à	to urge to

enseigner à	to teach to
s'exposer à	to expose oneself to
forcer à	to force to
habituer à	to accustom to
s'habituer à	to get used to
hésiter à	to hesitate to
s'intéresser à	to be interested in
inviter à	to invite to
se mettre à	to begin to
obliger à	to oblige to
s'occuper à	to busy oneself with
parvenir à	to succeed in
passer son temps à	to spend one's time
pousser à	to urge to
prendre plaisir à	to take pleasure in
renoncer à	to renounce
se résoudre à	to make up one's mind to
rester à	to remain
réussir à	to succeed in
servir à	to serve to
songer à	to think of
suffire à	to suffice to
tarder à	to be long in
tenir à	to be anxious to, insistent on
viser à	to aim at

b. The following adjectives, when they introduce an infinitive, also take the preposition *à:*

bon à	good to, for	mauvais à	bad to, for
dernier à	last to	prêt à	ready to
difficile à	hard to	prompt à	appropriate to, fit for
facile à	easy to	propre à	quick to, ready to
léger à	light to	seul à	only one to
lent à	slow to	utile à	useful for
lourd à	heavy to	premier, deuxième, etc. à	first, second, etc. to

c. The preposition *à* is used to indicate a place or direction toward a place:

Allez-vous souvent à Paris?	(to)
Je n'ai jamais été à Paris.	(in, to)
Je vais au cinéma.	(to)
Jean est au salon ou au jardin.	(in)

Appendice grammatical: XXIII

d. *A* is used to indicate manner and means:

> *se promener à cheval, à pied, à bicyclette*
> Lorsque je vais en Arizona j'aime me promener à cheval.
>
> *parler à voix basse, à voix haute*
> Parlez à voix basse! Ils vont nous entendre.

e. *A* is used before indirect objects:

> Donnez le livre à Marie.

f. *A* with the verb *être* indicates possession:

> Cette maison est à moi.

g. Notice the following uses:

> *la femme aux yeux verts* (with the green eyes),
> *aux cheveux blonds*

h. Idiomatic expressions:

> *à mon avis:* in my opinion
> *à vrai dire:* to tell the truth
> *au secours!:* help!
> *à mon arrivée:* upon my arrival

2. DE

a. The following verbs use *de* to introduce an infinitive:

accuser de	to accuse of
achever de	to finish
s'apercevoir de	to notice
s'arrêter de	to stop
s'aviser de	to take it into one's head to
cesser de	to cease
charger de	to charge with
choisir de	to choose to
commander de	to order to
conseiller de	to advise to
se contenter de	to be satisfied with
convaincre de	to convince to
convenir de	to agree to
craindre de	to fear to
crier de	to shout to
décider de	to decide to
dédaigner de	to disdain to
défendre de	to forbid to

demander de	to ask to
se dépêcher de	to hurry to
dire de	to tell to
se douter de	to suspect of
écrire de	to write to
s'efforcer de	to strive to
empêcher de	to prevent from
entreprendre de	to undertake to
essayer de	to try to
s'étonner de	to be astonished at
éviter de	to avoid
s'excuser de	to apologize for
se fatiguer de	to be tired of
finir de	to finish
forcer de	to force to (je suis forcé de . . . , but forcer quelqu'un à)
se garder de	to take care not to
gêner de	to embarrass (requires an impersonal construction: ça me gêne de . . .)
s'impatienter de	to be impatient to
inspirer de	to inspire to (rare)
interdire de	to forbid to
jouir de	to enjoy
manquer de	to narrowly miss
menacer de	to threaten to
mériter de	to deserve to
se moquer de	to make fun of
mourir de	to die from (requires the perfect infinitive)
négliger de	to neglect to
s'occuper de	to take charge of
offrir de	to offer to
ordonner de	to order to
oublier de	to forget to
parler de	to talk of, about
se passer de	to go without
permettre de	to permit to
persuader de	to persuade to
plaindre de	to pity for
se plaindre de	to complain of
prier de	to beg to
promettre de	to promise to
proposer de	to propose to
punir de	to punish for

Appendice grammatical: XXIII

refuser de	to refuse to
regretter de	to regret to
remercier de	to thank for
reprocher de	to reproach for
résoudre de	to resolve to
risquer de	to risk
souffrir de	to suffer from
se souvenir de	to remember to
tâcher de	to try to

b. The following expressions also use *de* before an infinitive:

avoir besoin de	to need to	courir le risque de	to run the risk of
avoir peur de	to be afraid to	faire semblant de	to pretend to
avoir tort de	to be wrong to	il est temps de	it is time to
avoir l'intention de	to intend to		

c. The following adjectives use *de* before an infinitive:

capable de	capable of	digne de	worthy of
certain de	certain of	fatigué de	tired of
content de	happy to	heureux de	happy to
coupable de	guilty of	libre de	free to
curieux de	curious to	sûr de	sure to

d. *De* indicates possession:

  Voici le frère de Jeanne.

e. *De* is used for the partitive (see pp. 181-4).

f. *De* followed by a noun is often used where English would use an adjective:

un chapeau de feutre	a felt hat
des bas de laine	wool stockings
une maison de pierre	a stone house

g. With *quelque chose de, rien de,* etc. (see p. 184):

  Il n'a rien dit d'extraordinaire.

h. With the passive (see pp. 183, 287):

  La route était bordée de fleurs.

i. With the superlative, *de* translates English *in* (see p. 200):

  La plus petite maison de la ville.

j. With a number in comparisons:

  Je l'ai vu plus de trois fois à Paris.

k. In the following idiomatic expressions:

(1) Where *de* translates the English *from:*
    d'aujourd'hui en huit: a week from today

(2) Where *de* expresses manner, the way of doing something (English usually uses *with* in these cases):

    Ma mère me regarde d'un air bizarre.
    My mother is looking at me in a strange way.

    Vous ne devriez pas courir de la sorte.
    You shouldn't run like that.

3. No Preposition before the Infinitive

The two lists above give only verbs which require the prepositions *à* and *de* before an infinitive. There are also certain important verbs which are followed directly by the infinitive, without a preposition:

aimer	to like
aimer mieux	to prefer
aller	to go, to be about to
assurer	to assure
avoir beau	to do in vain
compter	to expect, to intend
croire	to believe
daigner	to deign to
désirer	to desire
devoir	to have to
écouter	to listen
entendre	to hear
envoyer	to send
espérer	to hope
falloir	to be necessary
s'imaginer	to imagine
laisser	to let
mener	to lead
mettre	to place, put
monter	to go up
oser	to dare
paraître	to appear
penser	to think
pouvoir	to be able
préférer	to prefer
prétendre	to claim
se rappeler	to remember

Appendice grammatical: XXIII

reconnaître	to recognize
regarder	to look at
rentrer	to go home
retourner	to return
revenir	to come back
savoir	to know
sembler	to seem
sentir	to feel
souhaiter	to wish
supposer	to suppose
se trouver	to be
valoir mieux	to be better
venir	to come
voir	to see
voler	to fly
vouloir	to want

4. EN

a. In general, *en* is less precise than *dans:*

    Je suis allé le voir en prison.
    Je suis allé le voir dans la prison que vous connaissez.

b. To express *to, in,* or *into* with a feminine country, French uses *en:*

    en France, en Angleterre

Note: With masculine countries, French uses *au:*

    au Canada, au Mexique

c. With three seasons of the year *en* is used:

    en été, en automne, en hiver
    But: au printemps

Note: When *en* is followed by a noun, no article is used. Note the following exceptions, however:

    en l'honneur de
    en l'absence de
    en l'air

EXERCISES

Insert the appropriate prepositions, if any are needed.

1. Donnez-leur quelque chose ___ manger.
2. Demandez ___ Monsieur ___ s'asseoir.

3. Je veux ___ sortir.
4. C'est une chose ___ voir.
5. Il a peur ___ tomber.
6. Le docteur lui a conseillé ___ ne plus quitter la maison.
7. Je lui ai dit ___ m'écrire.
8. Avez-vous le temps ___ étudier?
9. Jacques aime ___ se promener en voiture.
10. Qu'a-t-il décidé ___ acheter?
11. Essayer ___ manger.
12. Vous paraissez ___ vous amuser.
13. Il préfère ___ parler.
14. Vous souvenez-vous ___ m'avoir dit cela?
15. Il doit ___ aller à Paris.
16. Je suis toujours le dernier ___ me plaindre.
17. Il s'agit ___ faire des courses.
18. Il n'y a plus rien ___ faire chez nous.
19. J'ai appris très vite ___ bien parler français.
20. Je voudrais ___ te parler français.
21. Ce travail est très difficile ___ faire.
22. Êtes-vous capable ___ finir ce soir?
23. Il riait pour faire semblant ___ ne pas pleurer.
24. Marie est toujours la première ___ faire son devoir.
25. Vous avez tort ___ vouloir toujours parler d'elle ___ cette façon.
26. Avez-vous jamais voyagé ___ Algérie?
27. Allez dire ___ Jean, qui est ___ salon, que je serai là ___ deux minutes.
28. J'aime ___ me promener ___ cheval, mais j'aime mieux ___ faire des promenades ___ pied.
29. Si vous voulez ___ parler, parlez ___ voix basse.
30. Ce livre est ___ moi, mais je vais le donner ___ Marie.
31. Connaissez-vous cette jeune fille ___ yeux bleus?
32. Mais, ma machine ___ écrire ne marche plus.
33. ___ vrai dire, c'est Jean-Paul qui aurait dû ___ le faire.
34. Je n'ai rien vu ___ intéressant depuis mon arrivée.
35. La maison est entourée ___ fleurs.
36. Est-ce Tokyo ou Londres qui est la plus grande ville ___ monde?
37. Vous ne devez jamais parler ___ cette façon.
38. ___ printemps, je commence ___ travailler ___ jardin.
39. J'ai plus ___ six lapins.
40. Soyez polis! Ne mangez pas ___ la sorte!

Corrections des exercices de l'Appendice grammatical

316 UN CERTAIN STYLE

TRADUCTION DE L'EXERCICE QUI SUIT LA SECTION I DE L'APPENDICE:

1. un bel homme (I, A)
2. des femmes intelligentes (I, A)
3. M. Dupont a les cheveux gris. (I, B, 1)
4. Ne saviez-vous pas que Bertrand était un célèbre professeur de français? (I, B, 2, a)
5. Il est devenu (s'est fait) soldat. (I, B, 2, a)
6. Combien de livres ont-ils par personne? (I, B, 1)
7. Si seulement je gagnais $100 par mois! (I, B, 1)
8. Les bananes coûtent deux francs la livre. (I, B, 1)
9. Jean-Paul est professeur. (I, B, 2, a)
10. Il s'est marié avec (il a épousé) Cassandre, jeune fille du quartier. (I, B, 2, b)

TRADUCTION DE L'EXERCICE QUI SUIT LA SECTION II DE L'APPENDICE:

1. Donne(z)-le au professeur. (II, A)
2. Il parlait aux étudiants. (II, A)
3. Je l'ai trouvé à l'hôtel. (II, A)
4. Où est la clé de la chambre? (II, A)
5. Il va nous parler des pays qu'il a visités. (II, A)
6. Je n'ai pas encore parlé aux autres. (II, A)
7. Avez-vous fermé la porte de la maison? (II, A)
8. La soeur du jeune homme est ici. (II, A)
9. J'aime la chimie. (II, B, 1)
10. Où sont les livres que je vous ai donnés? (II, B, 2)
11. Les chevaux et les vaches sont des animaux domestiques. (II, B, 1)
12. Il était assis près de la fenêtre, la bouche ouverte. (II, B, 3)
13. Le médecin lui a tâté le bras. (II, B, 3)
14. Il s'est cassé la jambe. (II, B, 3)
15. Ses beaux yeux bleus le regardait fixement. (II, B, 3)
16. Le mardi il allait au cinéma. (II, B, 4)
17. Les oeufs coûtent 50 centimes la douzaine. (II, B, 5)
18. Viendrez-vous nous voir vendredi? (II, B, 4)
19. Jules César, célèbre général romain, passa plusieurs années en Gaule. (II, C, 1)
20. Il n'avait ni amis ni ennemis. (II, C, 3)
21. Quelle belle robe de soie! (II, C, 2)
22. Faites votre travail avec courage (courageusement). (II, C, 3)
23. Sans hésitation (sans hésiter) il a sauté par la fenêtre. (II, C, 3)
24. Ne parlez-vous pas anglais? (II, C, 4)
25. Hommes, femmes, et petits enfants sont morts dans l'accident. (II, C, 5)

Corrections des exercices 317

TRADUCTION DE L'EXERCICE QUI SUIT LA SECTION III DE L'APPENDICE :

1. Avez-vous vu la clé de la maison? (III, A)
2. Je veux de l'argent. (III, A)
3. J'ai du tabac. (III, A)
4. Il y a des jeunes filles à la porte. (III, A; III, C, 2)
5. Je n'ai pas vu de lettres sur la table. (III, C, 1)
6. Elle n'avait que du café à m'offrir. (III, C, 1)
7. Anne connaît beaucoup de jeunes hommes. (III, C, 3)
8. Y a-t-il des jeunes filles dans votre classe de français? (III, C, 2)
9. Il m'a raconté des histoires intéressantes. (III, C, 2)
10. Une bouteille d'encre, s'il vous plaît. (III, C, 3)
11. Peu d'hommes auraient pu faire cela. (III, C, 3)
12. Achetez-moi une douzaine d'oeufs et une livre de café. (III, C, 3)
13. La plupart des professeurs ne portent pas de barbe. (III, C, 3; III, C, 1)
14. Je vois que plusieurs étudiants ont décidé de ne pas étudier. (III, C, 3)
15. La ville est entourée de montagnes. (III, C, 4)
16. Son sac était plein de provisions. (III, C, 4)
17. Il n'a rien dit de nouveau. (III, C, 5)

TRADUCTION DE L'EXERCICE GÉNÉRAL QUI SUIT LA SECTION III DE L'APPENDICE

1. Mon appartement me coûte trente dollars par mois. (I, B, 1)
2. Il veut devenir médecin. (I, B, 2, a)
3. Mon frère est un avocat célèbre. (I, B, 2, a)
4. Mon père est juif mais ma mère est catholique. (I, B, 2, a)
5. Le lundi je vais à l'école. (II, B, 4)
6. J'aime les chats. (II, B, 1)
7. Les Anglais boivent leur thé sans citron. (II, B, 1)
8. L'étudiant intelligent lève la main. (II, B, 3)
9. Le samedi est (un) jour de congé aux États-Unis. (II, B, 4)
10. Louis XIV fut un roi terrible. (I, B, 2, a)
11. C'est un professeur éminent. (I, B, 2, a)
12. Ceux-ci m'ont coûté 60 centimes la douzaine. (I, B, 1)
13. Il parle français à la maison et anglais à l'école. (II, C, 4)
14. Il était journaliste et il voulait devenir le meilleur journaliste du (au) monde. (I, B, 2, a)
15. Je suis tombé amoureux de Marie, la fille du fermier, (I, B, 2, b)
16. Voltaire, écrivain célèbre, était d'un naturel terrible. (I, B, 2, b)
17. J'aime l'histoire. (II, B, 1)
18. Le chien est le meilleur ami de l'homme. (II, B, 1)
19. Elle a mené son enfant à la salle de bain, lui a lavé les mains, lui a

brossé les dents, lui a peigné les cheveux, et a dit: «C'est à moi maintenant de me laver les mains.» (II, B, 3)
20. Le matin il se levait de bonne heure pour faire une longue promenade. (II, B. 4)
21. Le jour il écrivait, et le soir il prenait du café avec ses amis. (II, B, 4)
22. Le beurre est jaune. (II, B, 1)
23. Sa maison est remplie de meubles de fer. (II, C, 2)
24. Les vendeurs d'autos sont sans scrupules. (II, B, 1)
25. Ni chiens ni chats n'étaient admis dans ce restaurant. (II, C, 3)
26. Elle déchira la lettre avec colère. (II, C, 3)
27. Par les chauds jours de printemps je passe mon temps à faire des objets de bois. (II, C, 2)
28. Je le verrai mercredi. (II, B, 4)
29. Il écrit à sa mère trois fois par an. (I, B, 1)
30. Nous vivons encore à une époque où tout enfant a une mère et un père. (I, B)
31. Il a peint en jaune le lit et les chaises et en marron la bibliothèque et la table. (II, B, 2)
32. Les bonnes et les mauvaises aventures que j'ai eues dans cette ville ne peuvent s'oublier. (II, B, 2, Note 2)
33. Thérèse n'avait ni amour ni amitié. (II, C, 3)
34. Le Docteur Durand est notre docteur. (II, B, 2)
35. Je viens d'acheter des livres. (III, B)
36. Il n'a pas d'amis. (III, C, 1)
37. Ce restaurant a trop de clients, trop peu de nourriture, trop de bruit, et pas assez de garçons! (III, C, 3)
38. Combien de pain avez-vous? (III, C, 3)
39. Il y a une bouteille de vin sur chaque table. (III, C, 3)
40. D'habitude j'aime le café après le repas. (II, B, 1)
41. Ne faites pas de bruit! (III, C, 1)
42. Il n'a jamais d'argent. (III, C, 1)
43. L'argent est la source de tous les maux. (II, B, 1)
44. Il n'y avait que des gens malades dans cette maison-là. (III, C, 1, note)
45. Elle n'a pas de robes élégantes. (III, C, 1)
46. Il a beaucoup de talent. (III, C, 2)
47. J'aime beaucoup le lait. (II, B, 1)
48. La plupart des étudiants dans cette école sont malades. (III, C, 3)
49. Quoi de neuf? (III, C, 5)
50. Le talent de cet homme est bien connu. (II, B, 2)
51. J'ai besoin d'argent pour ce projet. (III, C, 4)
52. Il a dit quelque chose d'intéressant. (III, C, 5)
53. La maison était pleine de poussière. (III, C, 4)
54. J'ai besoin de l'argent dont je vous ai parlé hier. (II, B)

Corrections des exercices

55. Quelques jeunes filles étaient à l'école dimanche. (II, B, 4)
56. Je préfère les écharpes rouges, mais d'habitude je porte des écharpes bleu clair. (II, B, 1)
57. Ils n'ont plus de lait. (III, C, 1)
58. J'ai quelque chose de nouveau à lui raconter. (III, C, 5)
59. J'ai un million de francs chez moi. (III, C, 3)
60. Combien de verres de vin désirez-vous? (III, C, 3)
61. Les vaches sont utiles. (II, B, 1)
62. Il fume des cigarettes. (III, B)
63. Madeleine m'apporta du lait et des pommes de terre. (III, B)
64. Nous avons mangé d'excellents biftecks. (III, C, 2)
65. Les murs ont des oreilles. (II, B, 1 and III, B)
66. Je ne veux pas de vos conseils. (III, C, 1)
67. Donnez-moi quelque chose de meilleur. (III, C, 5)
68. Je suis allé à la fête (foire) du village. (II, B, 2)
69. Achète-moi des chemises d'été. (II, C, 2)

EXERCICES A ET B QUI SUIVENT LA SECTION IV:

A. le comptoir
la crasse
la mercerie
le passage
le carton
un éclairage (m)
la muraille
la couturière
la paresse
la Seine
le Mexique
le romantisme
la Belgique

B. les nez
les maux
les yeux
les grands-pères
les timbres-poste
les porte-plume
les seuils
les Smith
les beaux-frères
les messieurs
les hors-d'oeuvre
les genoux

EXERCICE QUI SUIT LA SECTION V:

1. Il écrivit un très long livre. (V, B, 3, a)
2. J'ai acheté une robe chère parce que mon ancienne était déchirée. (V, B, 2)
3. Avez-vous vu mon petit chat noir? (V, B, 3, b)
4. Il y a un bon hôtel près d'ici. (V, B, 1)
5. Voici mon nouveau pantalon et mes chaussettes vertes. (V, B, 3)
6. La longue et douloureuse maladie détruisit (ruina) mon ambition. (V, B, 3, b)

7. Jean est un brave homme mais c'est un artiste sans valeur. (méchant artiste) (V, B, 2)
8. J'ai beaucoup de livres épais dans ma nouvelle bibliothèque, mais les minces sont mes préférés. (V, B, 1 and 3)
9. Mon amie a des parents riches. (V, B, 3)
10. Quelle agréable surprise! (V, B, 3)
11. Je fus servi par un petit garçon intelligent et amical. (V, B, 3, b)
12. Notre grande maison verte est vieille. (V, B, 3, b)

TRADUCTION DE L'EXERCICE QUI SUIT LA SECTION VI:

1. Votre remarque me touche profondément. (VI, A, 1)
2. C'est précisément ce que je pensais. (VI, A)
3. Avez-vous vu les voitures nouvellement arrivées? (VI, A)
4. Nous vous entendons à peine. Parlez haut! (VI, A, 3)
5. Faites-le, si vous insistez, mais faites-le prudemment. (VI, A, 2)
6. Est-ce que cette robe a coûté cher? (VI, A, 3)
7. Ne l'avez-vous pas encore vue? (VI, B, 1)
8. Parlez bas, les enfants dorment. (VI, A, 3)
9. Il est mal habillé. (VI, B, 1)
10. Elle n'a malheureusement pas encore fini son travail. (VI, B, 1)
Ou: Malheureusement, elle n'a pas encore fini son travail.
Ou: Elle n'a pas encore fini son travail, malheureusement.
11. Aujourd'hui je fais ce que j'aurais dû faire hier. (VI, B, 2)
12. Faites la vaisselle d'abord; après vous aurez assez de temps pour vous amuser. (VI, B, 2)
Ou: D'abord, faites la vaisselle; vous aurez assez de temps après pour vous amuser.
13. Si vous ne trouvez pas votre chapeau là-bas, vous ne le trouverez nulle part. (VI, B, 2)
14. Il a joué merveilleusement bien hier soir. (VI, B, 3)
Ou: Hier soir il a joué merveilleusement bien.
Ou: Il a joué hier soir merveilleusement bien.
15. Pour bien parler on doit avoir quelque chose à dire. (VI, B, 4)
16. Du moins ai-je eu le temps de voir le musée. (VI, B, 5)
Ou: Du moins avais-je le temps de voir le musée.

TRADUCTION DE L'EXERCICE QUI SUIT LA SECTION VII:

1. Cette maison est intéressante, mais la mienne est plus jolie. (VII, A)
2. Il lit lentement, mais il ne lit pas plus lentement que moi. (VII, B and C)
3. Je parle français aussi vite que vous. (VII, C)
4. Il chante plus faux que je ne pensais. (VII, C and D)
5. Ma soeur est plus grande que la vôtre. (VII, C)

Corrections des exercices 321

6. Il l'a fait mieux (l'a mieux fait) la première fois. (VII, E)
7. Ces fleurs sont pires que les dernières. (VII, E)
8. Voici le meilleur restaurant de Paris. (VII, E and G)
9. Elle l'aime chaque jour davantage. (VII, F)
10. Les pays de l'Afrique deviennent de plus en plus indépendants. (VII, F)
11. Plus je travaille, plus je suis content. (VII, F)
12. Vous m'avez raconté cette histoire plus de cent fois. (VII, G)
13. Quelle est la plus grande ville du monde? (VII, G)

Exercices généraux pour les Sections I-VII:

A. 1. Il a les yeux bleus. Ses yeux son bleus. (II, B, 3)
2. Elle fixa les yeux sur lui. (II, B, 3)
3. Sa blessure se rouvrit: il pouvait sentir la douleur dans son bras. (II, B, 3)
4. Il s'arrêta court: sa dent lui faisait mal. (II, B, 3)
5. Il promena son regard pénétrant autour de la chambre. (II, B, 3)
6. Il s'avança vers elle, une lueur diabolique dans les yeux, et lui demanda une allumette (du feu). (II, B, 3)
7. Si ce n'était pour la peur, ces prisonniers ne travailleraient pas. (II, B)
8. Il entra sans peur dans la bataille. (II, C, 3)
9. Hommes, femmes, enfants, tous furent mis (jetés) dans le train. (II, C, 5)
10. Vieux et jeunes, bons et mauvais, tous périrent dans le désastre. (II, C, 5)
11. La tête basse et les mains dans les poches il sortit de la pièce. (II, B, 3)
12. Le garçon au long nez est mon ami. (II, B, 3)
13. Quand il était jeune ses cheveux étaient blonds et son visage avait des taches de rousseur (il avait les cheveux blonds et des taches de rousseur), mais maintenant qu'il a grandi, ses cheveux sont bruns et sa peau est sans taches (il a les cheveux bruns et une peau sans taches de rousseur). (II, B, 3)
14. La dame au chapeau rouge est ma tante. (II, B, 3)
15. Une fleur à la bouche elle dansa tout autour de la pièce. (II, B, 3)
16. Les larmes aux yeux elle le vit partir. (II, B, 3)

B. la tante, le marteau, le cousin, le panorama, la sentinelle, le serviteur, la chose, le cerisier, le mardi, le fer, un été, une Angleterre, le Danemark, la Chine, le décembre, le naturalisme, la peur, la vendeuse, une hôtelière, le bonnet, la hâte, la navette, la volaille, le chat, la poche, une éducation, le thé, le raton, le Mexique, la bonne, la cloison, la plaisance, la sentence, la nacelle, le bac, le bétail, la mangeoire, la fierté, la Garonne, la rudesse.

les fauteuils, les Paré, les riz, les perdrix, les eaux, les choux, les lance-bombes, les chaises, les fils, les fous, les beaux-frères, les hors-d'oeuvre

C. 1. Il se lève de bonne heure. (VI, B)
2. Où est la voiture qu'il a achetée hier? (VI, B, 2)
3. Malheureusement le professeur n'a pas donné son cours (sa conférence).
Ou: Le professeur n'a malheureusement pas donné son cours.
Ou: Le professeur n'a pas donné son cours malheureusement. (VI, B, 1)
4. Jean parle terriblement vite. (VI, B, 3)
5. Peut-être Paul sera-t-il là. (y sera-t-il.) (VI, B, 5)
6. J'allais souvent au théâtre lorsque j'étais à Paris. (VI, B, 1)
7. Cet étudiant (-là) arrive toujours en retard. (VI, B, 2)
8. En France il y a beaucoup de jolies villes. (III, C, 3)
9. Il l'a probablement vue. (VI, B, 1)
10. Je l'aimerai néanmoins (malgré tout). (VI, B)
11. Lui, cependant, m'oubliera. (Il m'oubliera cependant.) (VI, B)
12. Je ne l'ai pas encore vue. (VI, B, 1)
13. Pour bien chanter l'on doit souvent faire des exercices. (VI, B, 4)
14. C'est le meilleur étudiant de la classe. (VII, E)
15. Il travaille plus (davantage) maintenant qu'il a son propre appartement. (V, B, 2 and VII, F)
16. C'est Jacques qui court le plus vite. (VII, B)
17. Paris est plus grand que je ne le pensais. (VII, D)
18. Plus il la voit, moins il l'aime. (VII, F)
19. Il n'y a rien de pire que de se lever tôt (de bonne heure) le matin. (III, C, 5 and VI, B)
20. Tu ne viendras pas à ma soirée? Tant pis pour toi! (VII, E)

TRADUCTION DE L'EXERCICE QUI SUIT LA SECTION VIII:

1. Son administration fut célèbre pour son manque d'imagination. (VIII, A)
2. Mon chandail et votre chemise sont de la même couleur. (VIII, A, 1)
3. Son oncle est mort. (VIII, A)
4. C'est son chapeau à elle, pas son chapeau à lui. (VIII, A, 2)
5. C'est mon jouet à moi. (VIII, A, 2)
6. Votre propre père l'a dit. (VIII, A, 2)
7. Il a mal à la tête. (VIII, A, 4)
8. La Hollande est un pays intéressant. En connaissez-vous l'histoire? (VIII, A, 3)
9. Mon père, ma mère, et mon frère ont décidé de faire un voyage. (VIII, A, 5)
10. Je pense à votre remarque, pas à la mienne. (VIII, B)

Corrections des exercices

11. Nos enfants à nous sont sages, mais les leurs sont de vrais monstres. (VIII, B)
12. Elle m'a donné son livre à elle, pas le vôtre. (VIII, A, 2 and VIII, B)
13. Ce crayon est à moi. (VIII, C)

TRADUCTION DE L'EXERCICE QUI SUIT LA SECTION IX:

1. Connaissez-vous cette femme? (IX, A)
2. Madame, cet abominable enfant (cet enfant abominable) vient de me donner un coup de pied. (IX, A)
3. Cette fleur-ci est rare, pas celle-là. (IX, A, 2, and IX, B, 1 and 2)
4. Ce petit cochon est allé au marché. (IX, A)
5. J'ai plusieurs montres, mais celle-ci est la meilleure. (IX, B, 2)
6. Donne(z)-moi celui-ci et garde(z) ceux-là. (IX, B, 2, a)
7. Celui que j'ai vu était bleu. (IX, B, 2, b, (2))
8. Il faudra que je vous présente à Marie et à Jeanne. Celle-ci est ma soeur, celle-là est son amie. (IX, B, 2, c)
9. La robe de Marie est bleue et celle de sa soeur est verte. (IX, B, 2, d)
10. Où est celui qui a dit cela? (IX, B, 2, e)
11. C'est ce que je pensais. (IX, B, 4)
12. Qui vous a dit cela? (IX, B, 3)
13. Où diable avez-vous acheté ceci? (IX, B, 3)
14. C'est Jacques. (IX, B)
15. Est-ce que cela vous amuse? (IX, B, 3)
16. C'est assez amusant. (IX, B, 4, e)

TRADUCTION DE L'EXERCICE QUI SUIT LA SECTION X:

1. Comment t'appelles-tu, mon petit bonhomme? (X, B)
2. Avez-vous vu ces jeunes filles? Elles ont pris la sucette du bébé. (X, A)
3. Partons-nous? (X, A)
4. Regardez cet arbre! Il n'a pas de feuilles. (X, B)
5. Quel temps fait-il? Il neige. (X, B, 1)
6. Il faut qu'il me parle. (X, B, 1)
7. Il est évident que vous ne réussirez pas à votre examen. (X, B, 2)
8. C'est un professeur. Ou: Il est professeur. (X, C)
9. Est-ce un Américain? Ou: Est-il américain? (X, C)
10. Ce sont les femmes dont je parlais. (X, C)

TRADUCTION DE L'EXERCICE QUI SUIT LA SECTION XI:

1. Donne(z)-le-lui. (XI, B, 2)
2. Donne(z)-lui-en un. (XI, B, 2)
3. Donne(z)-lui-en. (XI, B, 2)

4. L'a-t-elle acheté? (XI, B, 1)
5. En voulez-vous? (XI, B, 1)
6. Il me l'a dit. (XI, B, 1)
7. Donnez-les-lui. (XI, B, 2)
8. Envoyez-le-moi. (XI, B, 2)
9. Ne le lui dites pas. (XI, B, 1)
10. Ne le lui avez-vous pas envoyé? (XI, B, 1)
11. Vous n'êtes pas aussi intelligent que je (ne) le pensais. (XI, B, 2)
12. Votre petit-fils est-il toujours malade? Oui, il l'est. (XI, B, 2)
13. Combien de livres avez-vous? — J'en ai trois. (XI, C, 2)
14. A-t-il honte de ce qu'il a fait? Oui, il en a honte. (XI, C, 1)
15. Voulez-vous des pommes de terre? Merci, je n'en veux pas. (XI, C, 3)
16. N'allez pas au bureau de poste. J'en reviens. (XI, C, 4)
17. Faites-vous attention à votre travail? — Bien sûr, j'y fais attention. (XI, D, 1)
18. Irez-vous à l'école bientôt? Oui, j'irai demain. (XI, D, 2)
19. Avez-vous mis le pain dans le sac? Oui, je l'y ai mis. (XI, D, 3)
20. Que fait-il là? (XI, D, 4)

TRADUCTION DE L'EXERCICE QUI SUIT LA SECTION XII:

1. Qui a fait ceci? Moi. (XII, B, 1)
2. J'ai dit (Je leur ai dit) à lui et à sa soeur de ne pas me déranger. (XI, B, 2)
3. Elle et moi (nous) allons sortir ce soir. (XII, B, 2)
4. Eux, ils vont le faire. (XII, B, 3)
5. Je n'aime que vous. (XII, B, 4)
6. Moi aussi j'ai l'intention de finir en août. (XII, B, 6)
7. Mais je l'ai fait pour vous. (XII, B, 5)
8. Pensez à moi de temps en temps. (XII, B, 5)
9. Lui, il ne dirait pas cela. Ou: Il ne dirait pas cela, lui. (XII, B, 8)
10. Vous êtes plus grand qu'elle. (XII, B, 4)

TRADUCTION DE L'EXERCICE QUI SUIT LA SECTION XIII:

1. Voilà l'homme que j'aime. (XIII, A)
2. La jeune fille qui est à la porte est ma soeur. (XIII, A)
3. Dites-moi ce qu'il a dit. (XIII, A)
4. Ce qui m'amuse, c'est qu'elle a un chapeau rose. (XIII, A)
5. Il est impossible d'obtenir ce dont il a envie. (XIII, A)
6. Ce à quoi vous pensez est sans doute intéressant. Parlez-nous-en. (XIII, A, and XI, B, 2)
7. Connaissez-vous la femme à qui je parlais? (XIII, B)
8. Le bureau de tabac auquel (où) je veux aller est fermé. (XIII, B et XIII, E)

Corrections des exercices

9. Voilà les deux garçons entre lesquels j'étais assis. (XIII, B)
10. Est-ce la rue dont vous m'avez parlé? (XIII, C)
11. Voici le restaurant à la porte duquel je l'ai vu. (XIII, C)
12. Est-ce que je vous ai dit avec quoi il a ouvert la porte? (XIII, D)
13. Est-ce l'hôtel où vous l'avez vu? (XIII, E)
14. Je me demande d'où il vient. (XIII, E)

TRADUCTION DE L'EXERCICE QUI SUIT LA SECTION XIV:

1. Quel chapeau préférez-vous? (XIV, A)
2. Quels enfants sont les vôtres? Ou: Quels enfants sont à vous? (XIV, A)
3. Sur quelle table avez-vous posé votre paquet? (XIV, A)
4. Quel est le but du passage? (XIV, A)
5. Qu'est-ce que c'est qu'un calendrier? (XIV, A)
6. Qui est là? (XIV, B, 1)
7. Avec qui est-il sorti? (XIV, B, 1)
8. Qui a-t-elle vu? (XIV, B, 1)
9. Qu'est-ce qui vous fait penser qu'il a dit cela? (XIV, B, 2)
10. A quoi faisait-il allusion? (XIV, B, 2)
11. Que faisait-il? (XIV, B, 2)
12. Quoi? Il n'est pas encore parti? (XIV, B, 4)
13. Lequel avez-vous vu? (XIV, B, 3)
14. Savez-vous quelle auto il a choisie? (XIV, C)
15. Elle m'a demandé ce que je comptais faire. (Ou: . . . ce que j'avais l'intention de faire.) (XIV, C)
16. Dites-moi ce que vous avez vu et ce que vous avez fait. (XIV, C)
17. Voudriez-vous savoir lequel il a acheté? (XIV, C)
18. A qui est ce manteau? (XIV, D)

EXERCICES GÉNÉRAUX QUI SUIVENT LES SECTIONS VIII-XIV:

A. 1. Aimez-vous ma robe? Je n'aime pas la vôtre. (VIII, B)
    2. Celle de Marie est la meilleure. (IX, B, 2, b)
    3. Leur voiture est neuve. (VIII, A)
    4. Ce chapeau est le mien (à moi). (VIII, A, 2 and VIII, B)
    5. J'aime ce pays-là. L'histoire en est intéressante. (IX, A, 1 and VIII, A, 3)
    6. C'est (Voici) ce qu'il m'a dit. (XIII, A)
    7. J'aime celui-ci. (IX, B, 1)
    8. Cet enfant est ma soeur. (IX, A)
    9. Celui qui dit cela n'est pas mon ami. (IX, B, 2, b)
    10. C'est lui que j'ai vu. (XIII, A)
    11. Donne(z)-le-moi. (XI, B, 2)

12. Donne(z)-leur-en. (XI, B, 2)
13. Envoyez-le-lui. (XI, B, 2)
14. Ne m'en donnez pas. (XI, C, 3 and XI, B, 1)
15. Vous étiez malade l'année passée. L'êtes-vous toujours? (XI, B, 2)
16. Il en a acheté dix. (XI, C, 2)
17. J'en ai beaucoup. (XI, C, 2)
18. Il a beaucoup de livres mais j'en ai très peu. (XI, C, 2)
19. Y allez-vous souvent? (XI, D, 2)
20. Combien en avez-vous là? (XI, D, 4)
22. Eux seuls peuvent le faire. (XII, B, 6)
22. Présentez-moi à elle. (XII, B, 7)
23. Il court plus vite que vous. (XII, B, 4)

B. 1. Qui a écrit *Tartuffe?* Pas moi. (XIV, B, 1 and XII, B, 1)
2. Je suis sorti avec eux. (XII, B, 5)
3. Quel livre avez-vous? (XIV, A)
4. Qu'a-t-il (Qu'est-ce qu'il a) dit? (XIV, B, 2)
5. Qu'est-ce qui vous fait penser cela? (XIV, B, 2)
6. Qu'est-ce que c'est qu'une mangouste? (XIV, A)
7. Quelle est votre profession? (XIV, A)
8. Ce que j'ai à faire ce soir sera ennuyeux. (XIII, A)
9. Ce qui m'a frappé c'est que sa voiture n'avait pas de roues. (XIII, A)
10. De quoi avez-vous besoin? (XIV, B, 2)
11. Ce à quoi je pense vous surprendrait. (XIV, B, 2 and XIII, A)
12. A quoi pensez-vous? (XIV, B, 2)
13. Quelle est la date aujourd'hui? (XIV, A)
14. Lequel voulez-vous? (XIV, B, 3)
15. A qui est ce chapeau? (XIV, D)
16. Dites-moi ce que vous en pensez. (XIV, C, and XI, C)
17. Voilà l'individu dont il a parlé. (XIII, C)
18. Qui avez-vous vu? (XIV, B, 1)
19. Avec quoi écrit-on? (XIV, B, 2)
20. Voilà la table sur laquelle j'ai mis le livre. (XIII, B)
21. Voilà la femme avec le mari de qui je suis allé à l'école. (XIII, C)
22. Voilà l'homme dans la voiture de qui nous pouvons aller. (XIII, C)
23. Qui l'a dit? (XIV, B, 1)
24. Voici la porte où (à laquelle) il a frappé. (XIII, B and E)
25. Quoi? Vous ne sortez pas? (XIV, B, 4)
26. Ce dont j'ai envie c'est un bon repas. (XIII, A and C)
27. Lequel a fermé la porte? (XIV, B, 3)
28. Personne ne sait ce qui lui est arrivé. (XIV, C)

C. 1. Chaque siècle a ses propres plaisirs, moeurs, et traditions. (VIII, A)
2. Ce n'est pas gentil de votre part de vous moquer de lui. (IX, B, 4, e)

Corrections des exercices 327

   3. Cela veut dire que vous n'irez pas à Paris. (IX, B, 3)
   4. Voici mes enfants: celui-ci a du talent, celui-là n'en a pas. (IX, B, 2, c)
   5. Il est bon de vous entendre parler. (X, B, 2)
   6. Donnez-lui ceux-là. (IX, B, 2, b)
   7. Je suis toujours content quand je peux travailler sans elle. (XII, B, 5)
   8. Donnez-lui-en beaucoup. (XI, B, 2 and XI, C)
   9. Plusieurs messieurs (hommes) ont assisté à la réunion, mais la plupart n'auraient pas dû y être. (XI, D, 2)
10. Y va-t-il souvent? (XI, D, 2)
11. Lui et moi, nous nous voyons souvent. (XII, B, 2)
12. Ses fautes étaient celles d'un homme stupide. (VIII, A, 1 and IX, B, 2, b, 3)
13. J'ai mangé très peu. Eux aussi. (XII, B, 1)
14. Pensez à eux souvent. (XII, B, 5)
15. C'est ma soeur. (IX, B, 4, d)
16. C'est intéressant. (IX, B, 4, e)
17. Elle est gentille. (X, B)

TRADUCTION DE L'EXERCICE QUI SUIT LA SECTION XV:

1. Si vous n'en avez pas un autre, je choisirai autre chose. (XV, A)
2. En avez-vous d'autres? (XV, A)
3. Ils ont traversé la rue en courant les uns après les autres (l'un après l'autre). (XV, A)
4. Chacun aura une tâche à faire. (XV, B)
5. Chacune des femmes portait une robe bleue. (XV, B)
6. Prenez une carte, n'importe quelle carte. (XV, C)
7. N'importe qui aurait pu faire cela. (XV, C)
8. Suivez-vous les mêmes cours que moi? (XV, D, 1)
9. Lui-même il a dit (il a dit lui-même) qu'il serait ici (là) ce soir. (XV, D, 3)
10. Il n'est même pas venu me voir. (XV, D, 2)
11. Elle est morte le jour même de son départ. (XV, D, 1)
12. On dit qu'un prompt départ vous éloigne de nous, Seigneur. (XV, E)
13. On devrait essayer de faire de son mieux. (XV, E)
14. Plusieurs étudiants étaient déjà là quand le professeur est arrivé. (XV, F)
15. Des pommes? Oui, j'en ai acheté plusieurs. (XV, F)
16. Choisissez une carte quelconque. (XV, G)
17. Quiconque obéira à ses ordres sera récompensé. (XV, G)
18. Quelques-uns de mes amis ne pourront pas venir. (XV, H)
19. Quelque puissant que vous soyez, je n'ai pas peur de vous. (XV, H)
20. Quelques prisonniers ont refusé de donner leur nom. (XV, H)

21. Quelqu'un vient de vous téléphoner. (XV, H)
22. Telle fut la gloire de Rome. (XV, I)
23. Un tel crime ne doit pas rester impuni. (XV, I)
24. De tels accidents sont souvent inévitables. (XV, I)
25. Tout l'intéresse. (XV, J)
26. Êtes-vous tous là? (XV, J)
27. Je les ai tous vus. (XV, J)
28. Tout ce que vous faites est mal fait. (XV, J)
29. Tous mes amis sont pauvres. (XV, J)
30. Je vais à l'école tous les jours. (XV, J)
31. Toute la classe était malade. (XV, J)
32. Ils sont tout contents. (XV, J)
33. Prenez un tout petit morceau. (XV, J)

CORRECTION DE L'EXERCICE QUI SUIT LA SECTION XVI:

A. *Présent de l'indicatif*

1. ils finissent. 2. nous mettons 3. vous êtes 4. ils font 5. elles ont 6. nous préférons 7. elles paient 8. nous commençons 9. nous employons 10. nous allons 11. ils connaissent 12. vous faites 13. vous peignez 14. ils détruisent 15. nous rions 16. vous sortez 17. nous vainquons 18. nous voyons 19. elles servent 20. vous savez

1. tu t'appelles 2. elle boit 3. tu dis 4. je suis 5. je mange 6. tu mènes 7. il va 8. tu préfères 9. tu essuies 10. il conduit 11. je dors 12. je meurs 13. je peux 14. tu te repens 15. elle sent 16. il suit 17. tu viens 18. tu veux 19. il tient 20. je reçois

B. *Futur*

1. tu iras 2. vous appellerez 3. nous cueillerons 4. j'aurai 5. vous emploierez 6. nous devrons 7. il sera 8. elles feront 9. je m'assiérai 10. elle courra 11. nous mourrons 12. tu enverras 13. il pleuvra 14. ils pourront 15. vous saurez 16. nous viendrons 17. je verrai 18. elle voudra

C. *Passé composé*

1. je suis sorti 2. tu as vu 3. il s'est appelé 4. vous avez battu 5. tu es devenu 6. il est descendu 7. elles ont conduit 8. ils ont bu 9. vous avez dû 10. tu es entré 11. il est revenu 12. ils ont dit 13. nous avons mis 14. il est mort 15. il est allé 16. il a plu 17. vous avez pris 18. nous avons pu 19. elle a reçu 20. nous avons ouvert

Corrections des exercices

D. *Passé défini*
1. j'allai 2. tu battis 3. il but 4. nous fûmes 5. vous conduisîtes 6. il vécut 6. ils réussirent 8. je couvris 9. tu craignis 10. il écrivit 11. nous fîmes 12. vous lûtes 13. ils mirent 14. elles naquirent 15. je produisis 16. tu tins 17. ils vinrent

EXERCICE GÉNÉRAL QUI SUIT LES SECTIONS XV ET XVI:

A. 1. Tous les jours je vais à l'école. (XV, J, 2)
2. Plusieurs personnes que je connaissais y étaient. (XV, F)
3. Nous avons les mêmes amis. (XV, D)
4. Moi-même, j'ai fait cela. (XV, D)
5. Au moment même de sa mort, il a tout confessé. (XV, D)
6. Même Jean pouvait faire cela. (XV, D)
7. Voilà toute l'histoire. (XV, J, 2)
8. Nous sommes tous sortis hier soir et nous les avons tous vus. (XV, J, 1)
9. Voilà tout ce qu'il a dit. (XV, J, 1, b)
10. Avez-vous fini tout le chapitre? (XV, J, 2)
11. Ces vaches-là sont toutes contentes. (XV, J, 3)
12. Le vieillard était tout content. (XV, J, 3)
13. Ne mentez pas! On vous a même vu là-bas. (XV, D)
14. Mon histoire vous fera pleurer, quelque content que vous soyez. (XV, H)
15. Quelqu'un est à la porte. (XV, H)
16. Dites-lui n'importe quoi, mais faites-le partir. (XV, C)
17. Quelques hommes attendent dans la rue. (XV, H)
18. N'importe qui pourrait le faire. (XV, C)
19. J'ai vu quelques jeunes filles. En avez-vous vu quelques-unes aussi? (XV, H)
20. Allons quelque part, n'importe où, mais allons-y. (XV, C)
21. Même moi je n'ai pas envie d'entendre de telles histoires. (XV, D and I)
22. Nous avons vu quelques canards qui se promenaient dans la rue, les uns derrière les autres. (XV, H)
23. Quiconque lui en parle se fera un nouvel ennemi. (XV, G)
24. Il veut acheter n'importe quelle vieille voiture. (XV, C)
25. Je n'ai jamais vu un tel homme. Et vous? (XV, I)
26. Tout homme qui veut devenir célèbre doit peindre un tableau, même si on ne le voit jamais. (XV, J, 2 and D)
27. C'est le vieux château dont vous avez parlé (ou: que vous avez mentionné). Les portes mêmes tombent en ruines. (XV, D)
28. Quelque intéressante qu'elle soit, je ne veux pas la voir ici. (XV, H)

29. Je voudrais aller n'importe où hors de ce monde. (XV, C)
30. Chacun (à) son goût. (XV, B)

B. *Présent*

1. il va 2. ils prennent 3. je veux 4. vous vivez 5. ils viennent 6. je suis 7. ceux-là suffisent 8. ils résolvent 9. ils peuvent 10. nous peignons

Passé composé

1. ils ont fait 2. ils ont mis 3. ils l'ont fait 4. j'ai écrit 5. j'ai bu 6. nous avons craint 7. avez-vous vu 8. elle s'est assise 9. nous avons lu 10. il a acquis 11. elles se sont levées 12. je suis né(e) 13. j'ai vu 14. j'ai dû 15. vous êtes tombé(e)(s) 16. ils ont reçu 17. sont-ils partis? 18. nous avons vécu 19. je suis venu(e) 20. elle a suivi

Futur

1. j'irai 2. appellera-t-il? 3. vous devrez 4. ils enverront 5. nous tiendrons 6. il pleuvra 7. vous ferez 8. il vaudra 9. je verrai 10. vous viendrez

Passé simple

1. je fus 2. tu mis 3. il vit 4. elle but 5. nous conduisîmes 6. vous craignîtes 7. ils écrivirent 8. elles firent 9. je haïs 10. vous lûtes 11. il naquit 12. elle peignit 13. nous plûmes 14. ils prirent 15. ils rirent

Imparfait

1. j'appelais 2. tu servais 3. ils envoyaient 4. il prenait 5. elle résolvait 6. nous venions 7. il fallait 8. la connaissiez-vous? 9. ils faisaient 10. j'allais

Présent du subjonctif

1. je sache 2. tu veuilles 3. il lise 4. elle aille 5. nous devions 6. vous puissiez 7. ils peignent 8. elles mettent 9. je fuie 10. tu envoies

Imparfait du subjonctif

1. je valusse 2. tu vécusses 3. il vînt 4. elle sût 5. nous rissions 6. vous pussiez 7. ils peignissent 8. elles missent 9. je fuisse 10. tu envoyasses

TRADUCTION DE L'EXERCICE QUI SUIT LA SECTION XVII, A:

1. Dormez-vous, frère Jacques? (XVII, A, 1 and 2)
2. Où allons-nous? (XVII, A, 1 and 2)

Corrections des exercices

3. J'étudie depuis une semaine. (Ou: Voilà une semaine que j'étudie.) (XVII, A, 3)
4. Depuis quand êtes-vous en France? (Ou: Combien de temps y a-t-il que vous êtes en France?) (XVII, A, 3)
5. Je sors de chez lui. (Ou: Je viens de quitter sa maison, de sortir de chez lui.) (XVII, A, 4)

TRADUCTION DE L'EXERCICE QUI SUIT LA SECTION XVII, B:

1. Je me lèverai et (je) m'en irai maintenant. (XVII, B, 1)
2. Dites-lui bonjour de ma part quand vous le verrez, (XVII, B, 2)
3. Lui en parlerez-vous aussitôt que (dès que) vous le verrez? (XVII, B, 2)
4. Je l'aiderai tant qu'il voudra. (XVII, B, 2)
5. Viendrez-vous nous voir ce soir? (XVII, B, 1)

TRADUCTION DE L'EXERCICE QUI SUIT LA SECTION XVII, C:

1. Après tout ce que vous avez fait, refuserait-il? (XVII, C, 1)
2. Il ne devrait pas agir de la sorte. (XVII, C, 2)
3. Selon le journal, M. X serait celui que vous cherchez. (XVII, C, 3)
4. Voudriez-vous me donner ce livre, s'il vous plaît? (XVII, C, 4)
5. Elle n'aurait pas fait cela seule. (XVII, C, 1)

TRADUCTION DE L'EXERCICE QUI SUIT LA SECTION XVII, D:

1. Sa chemise était jaune. (XVII, D, 1)
2. Elle lisait quand il est arrivé. (XVII, D, 2)
3. Je la voyais souvent quand j'étais à Berlin. (XVII, D, 3)
4. Quand je suis arrivé, il m'a dit qu'il attendait depuis deux heures. (XVII, D, 4)
5. Je pensais que vous étiez malade. (XVII, D, 1 and 5)
6. Il venait de me le dire quand je vous ai vu. (XVIII, D, 6)

TRADUCTION DE L'EXERCICE QUI SUIT LES SECTIONS XVII, E ET F:

1. Elle s'était coupé le doigt. (XVII, E, 3)
2. A quelle heure se sont-ils levés ce matin? (XVII, E, 3, and F)
3. Ne sont-ils pas encore arrivés? (XVII, E, 1, and F)
4. Où sont les pipes que vous avez achetées? (XVII, E, 2, and F)
5. Marie a été frappée par son frère. (XVII, E, 4, and F)
6. Assises devant la porte étaient deux vieilles (femmes). (XVII, E, 5)
7. Je l'ai vu entrer dans la maison. (XVII, E, 2)
8. Il n'est pas sorti aujourd'hui. (XVII, E, 1, and F)

TRADUCTION DE L'EXERCICE QUI SUIT LA SECTION XVII, G:

1. La Bastille fut prise le 14 juillet 1789. (XVII, G, 1)
2. Il mit sa main dans le tiroir, choisit un morceau de craie jaune, et se dirigea vers le tableau noir. (XVII, G, 3)
3. *Madame Bovary* parut en 1857. (XVII, G, 1)

TRADUCTION DE L'EXERCICE QUI SUIT LA SECTION XVII, H:

1. Henri m'a dit hier qu'il vous avait vu. (XVII, H, 1)
2. Elle était souvent allée à Singapour. (XVII, H, 1)
3. Après qu'elle eut fini son travail, il arriva. (XVII, H, 2)
4. Aussitôt qu'il (dès qu'il) a eu fini, il a fermé la porte. (XVII, H, 3)

TRADUCTION DE L'EXERCICE QUI SUIT LA SECTION XVII, I:

1. Sans vous, il n'aurait pas eu le courage de le faire. (XVII, I, 2)
2. Ce couteau aura (aurait) appartenu à Gengis Khan. (XVII, I)
3. Il nous en parlera après qu'il l'aura vue. (XVII, I, 1)

TRADUCTION DE L'EXERCICE QUI SUIT LA SECTION XVII, J:

1. Que feriez-vous si vous aviez un marteau? (XVII, J)
2. Je le ferai s'il me demande de le faire. (XVII, J)
3. Lui avez-vous demandé s'il le ferait? (XVII, J, note)
4. Si Théodore avait été là, elle serait allée en ville. (XVII, J)

TRADUCTION DE L'EXERCICE QUI SUIT LA SECTION XVII, K:

1. Cette histoire est vraiment émouvante. (XVII, K, 1)
2. Part-il? (XVII, K, 3)
3. Il est arrivé portant une énorme valise. (XVII, K, 2)
4. C'est en forgeant qu'on devient forgeron. (XVII, K, 4)
5. Il écoutait la radio en étudiant. (XVII, K, 4)
6. En revenant de Versailles j'ai trouvé un petit garçon. (Ou: J'ai trouvé un petit garçon qui revenait de Versailles.) (XVII, K, 5)
7. Je les vois jouer dans la rue. (XVII, K, 6)
8. Jamais de la vie je n'ai entendu dire cela. (XVII, K, 6)
9. Aimez-vous chasser? (Ou: Aimez-vous la chasse?) (XVII, K, 7)
10. Le voilà encore couché sur le lit. (XVII, K, 8)

TRADUCTION DE L'EXERCICE QUI SUIT LA SECTION XVII, L:

1. Le professeur nous a fait lire tout le livre. (XVII, L, 1 and 2)
2. Pourquoi ne le faites-vous pas chanter? (XVII, L, 1 and 2)

Corrections des exercices   333

3. Je ferai envoyer le livre à votre femme. Je le lui ferai envoyer. (XVII, L, 1 and 2)
4. Il a fait lire la lettre à son père. Il la lui a fait lire. (XVII, L, 1 and 2)
5. Je le ferai faire au forgeron. (XVII, L, 2, b)

TRADUCTION DE L'EXERCICE QUI SUIT LA SECTION XVII, M:

1. Combien vous doit-il? (XVII, M, 1, a)
2. Je dois travailler. (XVII, M, 1, b)
3. Je devais le voir. Où est-il? (XVII, M, 1, b, 2)
4. Je devrai aller à la bibliothèque ce soir. (XVII, M, 1, b, 4)
5. Vous auriez dû étudier davantage. (XVII, M, 1, b, 6)
6. Vous devriez la voir avant son départ. (XVII, M, 1, b, 5)
7. J'ai dû partir à six heures. (XVII, M, 1, b, 3)
8. Faut-il que vous disiez cela? (XVII, M, 2, b, 1)
9. Il me faut trois minutes pour l'expliquer. (XVII, M, 2, e)
10. Il ne faut pas que vous essayiez de vous passer de nourriture. (XVII, M, 2, d)
11. Puis-je fumer? (XVII, M, 3, a)
12. Auriez-vous pu le faire? (XVII, M, 3, f)
13. J'ai pu la voir. (XVII, M, 3, d)
14. Maman m'a dit que je pouvais sortir si je voulais. (XVII, M, 3, b)
15. Je vous vois derrière la porte. (XVII, M, 3, g, 1)
16. Je sentais battre mon coeur. (XVII, M, 3, g, 2)
17. Que voulez-vous que je dise? (XVII, M, 4, a)
18. Voudriez-vous faire une promenade? (XVII, M, 4, c)
19. Vous ne connaissez pas Cassandre? (XVII, M, 5)
20. Je sais que Hambourg est en Allemagne. (XVII, M, 6, a)
21. Je ne saurais (pas) vous aider. (XVII, M, 6, b and O, 11)

TRADUCTION DE L'EXERCICE QUI SUIT LA SECTION XVII, N:

1. Peut-être vous attend-il déjà. (XVII, N, 1)
2. Ainsi soit-il. (XVII, N, 1)
3. «Je refuse,» répondit-il. (XVII, N, 2)
4. En avez-vous? (XVII, N, 3)
5. Tous les arbres sont-ils verts? (Ou: Les arbres sont-ils tous verts?) (XVII, N, 3)
6. Où allez-vous? (XVII, N, 4, a)
7. Pourquoi Jean a-t-il voulu acheter cela? (XVII, N, 4, b)

TRADUCTION DE L'EXERCICE QUI SUIT LA SECTION XVII, O:

1. Je ne les ai pas vus. (XVII, O, 2)
2. Je n'ai plus de tabac. (XVII, O, 2)

3. Je ne vois aucun de mes amis. (XVII, O, 3)
4. Elle n'a demandé à personne quelle heure il était. (XVII, O, 3)
5. Personne n'y va. (XVII, O, 4, a)
6. Aucun autre ne peut faire ce travail. (XVII, O, 4, b)
7. Jamais je n'ai dit cela. (XVII, O, 5)
8. Je n'aime que vous. (XVII, O, 6, a)
9. Il ne fait que dormir. (XVII, O, 6, b)
10. Moi seul je suis arrivé à l'heure. (XVII, O, 6, c)
11. Il n'a ni mangé ni bu depuis hier soir. (XVII, O, 7)
12. Je n'ai vu ni votre père ni votre mère. (XVII, O, 7)
13. Il m'a demandé de ne pas parler. (XVII, O, 8)
14. Je n'y vais plus (jamais). (XVII, O, 9)
15. Elle n'en a rien dit à personne. (XVII, O, 9)
16. Avez-vous jamais vu une chèvre? (XVII, O, 10)
17. Je ne sais que dire. (XVII, O, 11)
18. Il n'ose me parler. (XVII, O, 11)

Traduction de l'exercice général qui suit la section XVII:

1. Sortez-vous? (XVII, A, 1 and 2)
2. Étudiez-vous le français depuis longtemps? (XVII, A, 3)
3. Il vous attend depuis ce matin. (XVII, A, 3)
4. Il arrive de France. (XVII, A, 4)
5. Je ne chanterai plus. (XVII, B, 1)
6. Aussitôt qu'il (Dès qu'il) entrera, prévenez-moi. (XVII, B, 2)
7. Elle ira à la Bibliothèque Nationale quand elle se rendra à Paris. (XVII, B, 2)
8. Vous aidera-t-il? (XVII, B, 1)
9. Elle serait perdue sans lui. (XVII, C, 1)
10. Vous ne devriez pas entrer sans frapper. (XVII, C, 2)
11. Selon Monique, Bertrand serait coupable. (XVII, C, 3)
12. Voudriez-vous ramasser mon chapeau, s'il vous plaît? (XVII, C, 4)
13. Elle était malade. (XVII, D, 1)
14. Il a téléphoné pendant que vous étiez à la bibliothèque. (XVII, D, 2)
15. J'allais souvent au cinéma l'année passée. (XVII, D, 3)
16. Saviez-vous qu'il était parti? (XVII, D, 5)
17. Je voulais lui donner ma chemise, mais il venait d'en acheter une. (XVII, D, 5 and 6)
18. Il fut (a été) tué trois jours avant l'armistice. (XVII, E, 4)
19. A-t-elle acheté cette robe hier? (XVII, E, 2 and XVII, F)
20. S'est-elle lavé les mains? (XVII, E, 3 and XVII, F)
21. Une petite fille était étendue sur le trottoir. (XVII, E, 5)
22. Nous sommes partis ce matin à six heures. (XVII, E, 1 and XVII, F)
23. Je ne l'ai pas vu aujourd'hui. (XVII, E, 2 and XVII, F)

Corrections des exercices

24. *Le Village abandonné* de Goldsmith parut en 1770. (XVII, G, 1)
25. Je le vis, je rougis, je pâlis à sa vue. (XVII, G, 3)
26. Je lui avais souvent demandé d'aller en Afrique. (XVII, H, 1)
27. Pierre avait déjà parlé à sa mère quand je l'ai vu. (XVII, H, 1)
28. Il ferma son livre aussitôt que la cloche de l'église eut sonné minuit. (XVII, H, 2)
29. Elle m'a dit hier que vous l'aviez vue. (XVII, H, 1)
30. Quand elle a eu fini son travail, elle est montée se coucher. (XVII, H, 3)
31. Il aura fini son examen à midi. (XVII, I, 1)
32. Après que vous aurez lu vos livres, rangez-les. (XVII, I, 1)
33. Il n'aurait pas fait cela sans permission. (XVII, I, 2)
34. Si je la vois, je lui en parlerai. (XVII, J)
35. Je ne ferais pas cela si j'étais vous. (XVII, J)
36. Je ne sais pas s'il ira en ville aujourd'hui. (XVII, J, note)
37. Si vous aviez été malade je ne vous aurais pas parlé de la sorte. (XVII, J)
38. L'appétit vient en mangeant. (XVII, K, 4)
39. Quel repas stimulant! (XVII, K, 1)
40. Elle tricotait pendant que le bourreau s'approchait de la guillotine. (XVII, K, 3)
41. Pensant avoir affaire à un fou, elle a fermé la porte à clé. (XVII, K, 2)
42. En revenant à la maison elle l'a vu. Ou: Elle l'a vu qui revenait à la maison. Ou: Elle l'a vu (le voyait) revenir à la maison. (XVII, K, 5 and 6)
43. Je ne le connais pas, mais j'ai entendu parler de lui. (XVII, K, 6)
44. Aimez-vous nager? Ou: Aimez-vous la natation? (XVII, K, 7)
45. J'ai vu un étranger assis sur la chaise. (XVII, K, 8)
46. Je fais réparer ma voiture. (XVII, L, 1)
47. Elle m'a fait rire. (XVII, L, 1)
48. Faites chanter la chanson à (par) Jacques. Faites-le chanter. Faites-la chanter. Faites-la-lui chanter. (XVII, L, 1 and 2)
49. Voici le dollar que je vous dois. (XVII, M, 1, a)
50. Je dois aller à la mairie aujourd'hui. (XVII, M, 1, b, 1)
51. Elle aurait dû me dire cela plus tôt. (XVII, M, 1, b, 6)
52. Devait-il être ici? (XVII, M, 1, b, 2)
53. Je devrais vous dire ce qu'il a fait. (XVII, M, 1, b, 5)
54. Elle devra le dire encore une fois. (XVII, M, 1, b, 4)
55. Il a dû finir. (XVII, M, 1, b, 3)
56. Faut-il vraiment dire cela? (XVII, M, 2, a)
57. Il faut que vous partiez avant son arrivée. (XVII, M, 2, b, 1)
58. Pour réussir il faut travailler. (XVII, M, 2, b, 2)
59. Il faut que je le voie maintenant. (XVII, M, 2, c)
60. Il ne faut pas que vous demandiez ce qu'il a fait hier soir. (XVII, M, 2, d)
61. Il lui faudra encore trois semaines pour finir. (XVII, M, 2, e)
62. Pouvons-nous partir maintenant? (XVII, M, 3, a)

336 UN CERTAIN STYLE

63. Je peux chanter mieux que vous. (XVII, M, 3, a)
64. Il n'a pas pu me voir. (XVII, M, 3, d)
65. Je pouvais le voir quand je voulais. (XVII, M, 3, b)
66. Pourrez-vous y aller? (XVII, M, 3, e)
67. Même si j'avais voulu, je n'aurais pas pu le voir. (XVII, M, 3, f)
68. Voyez-vous ce pont là-bas? (XVII, M, 3, g, 1)
69. Il veut que je l'aide. (XVII, M, 4, a)
70. Je voudrais aller à Paris. (XVII, M, 4, c)
71. Connaissez-vous *La Flûte enchantée* de Mozart? (XVII, M, 5)
72. Je ne savais pas que vous étiez en Tasmanie. (XVII, M, 6, a)
73. Savez-vous planter des choux? (XVII, M, 6, b)
74. Aussi fut-il fusillé. (XVII, N, 1)
75. Personne ne viendra me voir aujourd'hui, semble-t-il. (XVII, N, 2)
76. «Loin de moi! exécrable tache,» dit-elle. (XVII, N, 2)
77. D'où venez-vous? (XVII, N, 3)
78. Marie est-elle partie? (XVII, N, 3)
79. Quel est ce livre? (XVII, N, 4, a)
80. Comment votre femme a-t-elle passé ses vacances? (XVII, N, 4, b)
81. Je n'ai jamais vu une maison si bizarre (étrange). (XVII, O, 2)
82. Je ne la vois plus. (XVII, O, 2)
83. N'avez-vous cherché personne? (XVII, O, 3)
84. Rien ne l'intéresse. (XVII, O, 4, a)
85. Aucun homme n'est venu à son secours. (XVII, O, 4, b)
86. Jamais je n'aurais fait une chose si infâme. (XVII, O, 5)
87. Il ne fait que travailler. (XVII, O, 6, b)
88. Je n'ai vu Zénon que l'année passée. (XVII, O, 6, a)
89. Seulement Platon (Platon seul) s'y intéresse. (XVII, O, 6, c)
90. Elle n'a ni or ni argent, mais elle est charmante. (XVII, O, 7)
91. Je vous supplie de ne pas le voir. (XVII, O, 8)
92. Je ne l'ai plus jamais vu. (XVII, O, 9)
93. Voulez-vous plus de sucre? (XVII, O, 10)
94. Avez-vous jamais été à Paris? (XVII, O, 10)
95. Il ne peut vous voir. (XVII, O, 11)
96. Elle ne cesse de parler. (XVII, O, 11)

TRADUCTION DE L'EXERCICE QUI SUIT LA SECTION XIX:

1. Elle a dit à Jean de partir.
2. J'espère qu'il partira. (XIX, A, 8)
3. Je ne crois pas qu'il parte. (XIX, A, 8)
4. Je veux que vous appreniez votre leçon. (XIX, A, 6)
5. Je lui demande d'apprendre sa leçon.
6. Il est content que vous réussissiez. (XIX, A, 2)
7. J'ai entendu dire que vous étiez malade.

Corrections des exercices

8. Je refuse de croire que vous soyez (êtes) malade. (XIX, A, 3)
9. Ils avaient peur qu'il ne vienne. (XIX, A, 1)
10. Il me semble qu'elle est votre amie. (XIX, A, 8)
11. Quel plaisir que vous partiez! (XIX, A, 2)
12. Je veux (voudrais) qu'elle vienne. (XIX, A, 6)
13. Je pense que vous avez tort. (XIX, A, 8)
14. Je refuse de croire que vous disiez cela. (XIX, A, 3)
15. Nous sommes sûrs que vous réussirez.
16. Il est possible que j'échoue. (XIX, A, 5)
17. Il ne lui semble pas que le film ait été un succès. (XIX, A, 8)
18. Il faut que nous étudiions ce soir. (Il nous faut étudier . . .) (XIX, A, 9)
19. Bien que vous ayez eu tort et bien que j'aie raison, je veux qu'elle s'en aille maintenant pour qu'elle ne soit pas ici quand il reviendra (à son retour). (XIX, A, 6 and 9; B, 1)
20. Je lui demanderai de dîner avec moi ce soir pourvu qu'elle paie le repas. (Autant) que je sache, les repas sont (coûtent) chers dans ce restaurant—non que je ne veuille pas des repas chers, mais, bien que je sois riche, je ne veux pas dépenser mon argent avant de la connaître un peu mieux. (XIX, B, 1; XX, B, Note 1)
21. Avant que vous (ne) partiez, je voudrais vous dire quelque chose, à moins que vous n'ayez quelque chose à me dire. (XIX, B, 1)
22. C'est le seul ami que j'ai qui peut m'aider. (XIX, B, 3)
23. Je voudrais une jeune fille comme celle qui a épousé (qui s'est mariée avec) mon cher papa. (XIX, A, 6)
24. Seuls les livres de Simenon sont capables de me passionner. (XIX, B, 3)
25. Où qu'elle soit, je pense toujours à elle. (XIX, B, 4)
26. Quelque intéressant que vous soyez, vous n'avez aucun intérêt pour moi. (XIX, B, 4)
27. Quoi qu'il fasse, il le fera sans doute mal. (XIX, B, 4)
28. Celui que a dit cela devrait être pendu. (Qui que ce soit qui ait (a) dit cela, il devrait . . .) (XIX, B, 4)
29. Qui que vous soyez, avancez-vous! (XIX, B, 4)
30. Quels que soient ses charmes, je l'ai trouvé sans attrait. (XIX, B, 4)
31. Quoi que ce soit qui vous fascine (ce qui vous fascine) ne me dit pas grand'chose (ne m'intéresse pas beaucoup). (XIX, B, 4)
32. Qui que ce soit que nous ayons pu voir, il a disparu maintenant. (XIX, B, 4)
33. Qu'ils reviennent à la maison! (XIX, B, 5)
34. Qu'il parle! (XIX, B, 5)

TRADUCTION DE L'EXERCICE A QUI SUIT LA SECTION XX, C:

1. Je crains (J'ai peur) qu'il (ne) soit parti. (XX, A)
2. Faut-il qu'il soit toujours en retard? (XX, A)

3. Je sortirai avec vous pourvu que vous ayez fini votre travail. (XX, A)
4. J'essaierai de le voir avant qu'il (ne) parte. (XX, A)
5. Elle ne voulait pas y aller de peur de s'enrhumer. (XX, B)
6. Je le ferai pour qu'il sache que je l'aime. (XX, A)
7. Il veut que nous fassions la vaisselle avant de partir. (XX, A)
8. Je crains (J'ai peur) que nous n'ayons pas beaucoup d'inspiration aujourd'hui. (XX, A)
9. Nous doutons qu'ils comprennent de quoi il s'agissait. (XX, A)
10. Il est possible que je ne sois pas à la maison quand vous arriverez. (XX, A)
11. Il n'est pas nécessaire qu'ils assistent à la réunion. (XX, A)
12. Il voulait que nous soyons amis. (XX, A)
13. Elle est allée se coucher sans qu'il le sache. (XX, A)
14. Marie ne croyait pas que Jean le savait. (XX, A)
15. Il gardera le lit jusqu'à ce qu'elle le guérisse. (XX, A)
16. Bien que les jeunes filles ne soient pas encore arrivées, Jean a fermé la porte à clé. (XX, A)
17. Bien qu'il ait été brûlé une fois, il n'avait pas peur du feu. (XX, A)
18. Il ne me semble pas que nous ayons éteint le gaz. (XX, A)
19. J'espère qu'il ne parlera pas de moi pendant que je suis parti. (XIX, 8)
20. J'insiste pour que nous soyons amis. (XX, A)

CORRECTION DE L'EXERCICE B QUI SUIT LA SECTION XX, C:

1. fût   2. dusse; eût   3. demandât   4. suffît; tombât; fût; suffît; allât   5. eût   6. eût apporté   7. eût été   8. croie   9. pût; fût   10. fût   11. s'en doutât   12. fût   13. puisse   14. décrive; apporte   15. choisissions   16. eût   17. aimasse   18. parlassions; vînt

CORRECTION DE L'EXERCICE A QUI SUIT LA SECTION XXI:

1. fut annoncée   voix passive
2. fut sorti   voix active
3. est connu   voix passive
4. serait resté   voix active
5. fut mis   voix passive
6. aurait été aimé   voix passive
7. est arrivée   voix active
8. serait démolie   voix active   (*Démolie* est un adjectif qui décrit l'état de la rue.)
9. fut repêché   voix passive
10. fut ouverte   voix passive
11. me suis placeé   voix pronominale = voix passive

Corrections des exercices 339

12. avait été coupée   voix passive
13. a été prise   voix passive
14. était épuisée   voix active   (*Épuisée* décrit l'état de l'édition.)
15. était épuisé   voix active   (*Épuisé* décrit l'état du sujet.)
16. était signée   voix active   (*Signée* décrit l'état de la lettre.)
17. était connue   voix passive
18. est arrivé   voix active
19. seront fusillés   voix passive
20. était attirée   voix passive

TRADUCTION DE L'EXERCICE B QUI SUIT LA SECTION XXI:

1. Dès que j'eus entendu parler de la maison j'appelai (je téléphonai à) mon mari; mais quand nous y arrivâmes la maison avait déjà été vendue.
2. La porte avait été fermée à clé de l'intérieur. Comment quelqu'un aurait-il pu (comment aurait-on pu) tuer le pauvre vieil homme (le pauvre vieillard) dont l'argent était éparpillé (dispersé) sur le plancher.
3. On lui demanda s'il voulait voir le vieux château familial. Il était inhabité depuis cinquante ans et presque en ruines.
4. Ces produits se vendent partout aux États-Unis. On a même fait, à leur sujet, un film qui a été sévèrement critiqué.
5. Très peu de paroles furent prononcées à table ce soir-là; on rappela simplement aux garçons qu'il leur restait un jour avant la fin du semestre.

TRADUCTION DE L'EXERCICE C QUI SUIT LA SECTION XXI:

1. On chercha dans toutes les maisons, mais on ne retrouva pas le prisonnier.
2. On entendit les cloches. On avait enfin libéré le pays.
3. On ne doit pas juger un homme sur son physique.
4. Une panne d'électricité a interrompu le programme radiophonique.
5. On ne la demanda jamais en mariage.
6. Ses parents avaient mal jugé le jeune homme.
7. On abandonna les animaux sur l'île.
8. Le bibliothécaire lui a laissé quelques livres.
9. On n'oubliera pas l'insulte.

TRADUCTION DE L'EXERCICE D QUI SUIT LA SECTION XXI:

1. Une préface sera ajoutée à ce livre.
2. Vous ne serez jamais oublié par un Espagnol.
3. Le femme qui avait causé le malheur de ce garçon n'était pas aimée de beaucoup de gens.
4. Le prisonnier fut entouré par les soldats.

5. Le maître était léché affectueusement par la chatte.
6. La mode avait été suivie par toutes les Parisiennes.
7. Je fus envahi par la peur.
8. Je fus accompagné par lui jusqu'à la frontière.
9. D'après certains il aurait été fusillé à l'aube.
10. Un tel acte ne pouvait même pas être qualifié d'immoral.

CORRECTION DU PREMIER EXERCICE DE LA SECTION XXII:

1. j'allais   2. m'interrogea sur   3. après   4. parlé de   5. songeait au (gros poisson)   6. environ combien d'   7. parmi   8. en professeur   9. entre eux   10. sur, à propos de, au sujet de   11. entendu parler de   12. en expert   13. après   14. une vingtaine, environ vingt   15. devant   16. en même temps   17. à   18. sous   19. par   20. à   21. à cause de   22. derrière   23. entre   24. à cause de, pour   25. avant   26. en mer   27 chez Mimi   28. pendant   29. d'   30. à... de vue   31. à partir de maintenant   32. d'après ce que...   33. un à un   34. pour (à cause de)   35. de   36. passer   37. près de   38. de   39. depuis... jusqu'à   40. en bateau

CORRECTION DU DEUXIÈME EXERCICE DE LA SECTION XXII:

1. en   2. du   3. à... du côté   4. sur   5. d'une   6. du   7 dans le, au   8. dans   9. à   10. du   11. en   12. de   13. à   14. en présence du   15. en dehors de   16. dans   17. à mon arrivée   18. par terre   19. dans 20. sur   21. en   22. chez nous   23. par... dans   24. près de   25. le 27 décembre   26. par un jour ensoleillé   27. à pied   28. de ce côté-ci   29. par

CORRECTION DU TROISIÈME EXERCICE DE LA SECTION XXII:

1. sans   2. à   3. avec   4. avant   5. vers   6. sur... de   7. à   8. depuis   9. depuis que   10. envers   11. sous   12. jusqu'au   13. avec, contre   14. de... de   15. au besoin   16. de neuf à onze ans   17. à regret   18. sous peu   19. au besoin   20. J'en ai pour dix ou quinze minutes.   21. ont battu des mains, battirent des mains, battaient des mains

CORRECTION DE L'EXERCICE QUI SUIT LA SECTION XXIII, A:

1. parce que   2. malgré   3. avant de   4. parce qu'   5. avant que   6. pour   7. sans   8. pour, à cause de   9. avant qu'   10. pour qu'   11. sans que   12. de crainte qu', de peur qu'   13. depuis   14. jusqu'à ce que   15. depuis que   16. après   17. à moins que   18. de crainte de, de peur de   19. afin qu', pour qu'   20. parce que

Corrections des exercices

CORRECTION DE L'EXERCICE QUI SUIT LA SECTION XXIII, B :

1. à côté de lui   2. dedans, là-dedans   3. derrière   4. sur lui   5. après elle
6. dessus, là-dessus   7. dessous, là-dessous   8. devant   9. autour d'elle
10. près de lui   11. tout près   12. derrière lui   13. devant lui   14. autour, tout autour   15. à côté

CORRECTION DE L'EXERCICE QUI SUIT LA SECTION XXIII :

1. à   2. à . . . de   3. —   4. à   5. de   6. de   7. de   8. d'   9. —, à
10. d'   11. de   12. —   13. —   14. de   15. —   16. à   17. de   18. à
19. à   20. —   21. à   22. de   23. de   24. à   25. de . . . de   26. en
27. à . . . au . . . en   28. —, à . . . à . . . — . . . à   29. — . . . à   30. à . . . à   31. aux   32. à   33. à . . . —   34. d'   35. de   36. du   37. de
38. au . . . à . . . au   39. de   40. de

Table des principaux auteurs cités

Les numéros se rapportent aux pages de ce livre.

Alain-Fournier, *Miracles,* 124-6
Augé, Claude et Paul, *et al., Nouveau Petit Larousse illustré,* 9
Bailly, René, *Dictionnaire des synonymes,* 9
Banville, Théodore de, "Ballade des pendus," 160
Baudelaire, Charles, "L'Albatros," 138
———, "Correspondances," 148
———, "Sonnet" (*Les Fleurs du mal*), 172-3
Bertrand, Aloysius, *Gaspard de la nuit,* 122-3
Bourget, Paul, *Le Disciple,* 285-6
Burke, Kenneth, *The Philosophy of Literary Form,* 149-50
Camus, Albert, *L'Étranger,* 270
Cayrou, Gaston, Pierre Laurent, et Jeanne Lods, *Grammaire française à l'usage des classes de 4e, 3e, 2e, et 1re suivie des éléments de versification,* 28
Chateaubriand, François-René de, *Le Génie du christianisme,* 38, 100-101
Claudel, Paul, "Ballade," 148-9
Cocteau, Jean, *Les Enfants terribles,* 169
Conklin, Edwin Grant, *Evolution and the Bible,* 120-21
Constant, Benjamin, *Adolphe,* 107-8
Cranston, Philip E., "When you are very old . . ." (traduction), 40
Cressot, Marcel, *Le Style et ses techniques,* 35
Delattre, Pierre, *Advanced Training in French Pronunciation,* 32
Desbordes-Valmore, Marceline, "Les Roses de Saadi," 146
Dickens, Charles, *A Tale of Two Cities,* 41
Duval, Georges, *Roméo et Juliette* (traduction), 17, 60-61
Flaubert, Gustave, *L'Éducation sentimentale,* 34
———, "La Légende de Saint Julien l'Hospitalier," 55 (adaptation), 271-2
———, *Madame Bovary,* 274
———, *Salammbô,* 274-5
Galichet, Georges, *Grammaire française expliquée,* 9

344   TABLE DES PRINCIPAUX AUTEURS CITES

———, *Méthodologie grammaticale,* 9
Gide, André, *La Porte étroite,* 167-9
Grammont, Maurice, *Petit Traité de versification française,* 129
Grevisse, Maurice, *Le Bon Usage, cours de grammaire française et de langage français,* 12, 32
Heredia, José-Maria de "Les Conquérants," 151
Hugo, Victor, "Les Djinns," 153-6
———, *Les Travailleurs de la mer,* 114-15
La Bruyère, Jean de, *Les Caractères,* 115-16
La Fayette, Mme de, *La Princesse de Clèves,* 76-7, 285, 286
Lawrence, D. H., *Lady Chatterley's Lover,* 99
Letourneur, Pierre, *Roméo et Juliette* (traduction), 17, 58-9
Lisle, Leconte de, "L'Albatros," 172
Littré, Émile, *Dictionnaire de la langue française,* 9
Malraux, André, *La Condition humaine,* 170-71
Maupassant, Guy de, *Contes de la Bécasse,* 165-6
Michelet, Jules, *Jeanne d'Arc,* 38, 164-5
Montégut, Émile, *Roméo et Juliette* (traduction), 17, 59-60
Morier, Henri, *Dictionnaire de poétique et de rhétorique,* 105
Musset, Alfred de, "La Nuit de mai," 140-41
Nerval, Gérard de, "Chanson gothique," 147
———, "El Desdichado," 105
Page, Curtis Hidden, "When you are very old . . ." (traduction), 39
Pascal, Blaise, *Les Pensées et opuscules,* 110-12
Poe, Edgar Allan, "The Black Cat," 75
———, *The Poetic Principle,* 162
Ponge, Francis, "Le Papillon," 171
Prévost, L'Abbé, *Histoire du Chevalier des Grieux et de Manon Lescaut,* 79-80
Proust, Marcel, *A la recherche du temps perdu,* Tome VI: *Albertine disparue,* 84-5
Racine, Jean, *Andromaque,* 145
———, *Bérénice,* 284
Rimbaud, Arthur, *Les Illuminations,* 272-3
Robbe-Grillet, Alain, *La Jalousie,* 87, 166-7
Ronsard, Pierre de, "Quand vous serez bien vieille . . ." 39
Rousseau, Jean-Jacques, *Correspondance,* 285
Roustan, M., *La Dissertation littéraire* (adaptation), 119-20
Saint-Exupéry, Antoine de, *Terre des hommes,* 38
Sartre, Jean-Paul, *La Nausée,* 170
Shakespeare, William, *Romeo and Juliet,* 17, 57-8
Shelley, Percy Bysshe, *A Defence of Poetry,* 137
Siegfried, André, *L'Âme des peuples,* 117-18
Stendhal, *Le Rouge et le noir,* 271
Stevenson, Robert Louis, *The Strange Case of Dr. Jekyll and Mr. Hyde,* 18-19
Tejada-Flores, G. R., "When yore gitten old . . ." (traduction), 40
Thoreau, Henry David, *Walking,* 108-9
Verlaine, Paul, "Colloque sentimental," 146
Villon, François, "Ballade des pendus," 157-8
Vinay, J. P., et J. Darbelnet, *Stylistique comparée du français et de l'anglais,* 18
Voiture, Vincent, "Rondeau," 147
Voltaire, *Le Blanc et le noir,* 270
———, *Zadig ou la Destinée, histoire orientale,* 81-3
Wilde, Oscar, *The Picture of Dorian Gray,* 61-2
Zola, Émile, *Thérèse Raquin,* 3-4, 20-22, 42-5, 63-5

Index

à (prep.), 307-9
   words using, to introduce the infinitive, 307-8
   to indicate a place or direction, 308
   to indicate manner and means, 309
   to indicate possession with *être*, 309
about (prep.), 292
Accent:
   final, 32-4
   d'insistance, 34
   fixe (dans la poésie), 143
   mobile (dans la poésie), 143
acquérir, 236
Adjectifs:
   définition des, 14
   déterminatifs, 14
   propriétés des, 14
   qualificatifs, 14; *place des*, 92-6
   see also Adjectives
Adjectives:
   possessive, 53, 179, 201
   forms of, 190
   plural of, 190
   placement of, 192-4
   used as adverbs, 195
   comparison of, 197
   agreement of, 202
   repetition of, 202
   demonstrative, 203
   interrogative, 214
   indefinite, 218-23
   using *à* to introduce infinitive, 308
   using *de* to introduce infinitive, 311
   see also Adjectifs
Adverbes:
   définition des, 15
   de manière, 15
   propriétés des, 15
   qui qualifient, 15
   de quantité, 15
   de temps, 15
   d'affirmation, 16
   d'interrogation, 16
   de lieu, 16
   de négation, 16
   see also Adverbs
Adverbs:
   of quantity, 182
   form of, 195
   of location, 196
   position of, 196
   of time, 196
   comparison of, 197
   inversion with, 197
   preceding infinitives, 197
   indefinite, 218-23
   see also Adverbes
after (prep.), 293
Age, expressing, 303
Agent:
   with *faire faire* construction, 258
   with passive voice, 287-90
Alexandrin, 130
aller, conjugation of, 232-5

INDEX

also, 74
among (prep.), 293
Analyse de la composition du mot, 51
Analyse de la phrase, 47
Anaphore, 105
Antithèse, 104
Apostrophe, 106
Apposition, 47, 178, 180
Articles, 13
   see also Definite articles; Indefinite articles; Partitive articles
as (prep.), 293-4
asseoir, 236
at (prep.), 294
autre, 218-19
avec, plus noun to replace adverb, 180
avoir, conjugation of, 232-5

Ballade, 148
battre, 236
because of (prep.), 294
before (prep.), 294
behind (prep.), 295
between (prep.), 295
boire, 236
by (prep.), 295-6

Cacophonie, 30
ce, as subject of *être,* 205, 207
ceci, cela, 205
cesser, 267
Césure, 132
chaque, 219
Chiasme, 107
Clauses, *see Propositions*
Comparaison (dissertation), 118-20
Comparaison (figure), 103
Comparison:
   of adjectives, 197
   of adverbs, 197, 198
   with *que,* 198
   see also *Comparaison*
Compléments:
   de nom, 48
   d'agent, 49
   circonstanciel, 49
   d'objet, 49
Composition, *see Rédaction*
Composition du mot, 51
Compound tenses, 231-2, 236, 254
Compte des syllabes, 129
conclure, 236-7

Conditional of verbs:
   forms of, 224-5, 235
   perfect, 231, 254
   use of, 249
Conditionnel, see Conditional
conduire, 237
Conjonctions, see Conjunctions
Conjunctions:
   with future tense, 248
   with *passé antérieur,* 253
   calling for subjunctive, 278
   corresponding to prepositions, 304
connaître, 237, 262
Consonants, *see Consonnes*
Consonnes, 29
   dentales, 29
   labiales, 29
   palatales, 29
   semi- , 29
Contraction of definite article, 179
Conversational past tense, 231, 236, 251-2, 270-74
coudre, 237
courir, 237
couvrir, 237
craindre, 237
croire, 238
croître, 238
cueillir, 238

davantage, 199
de (prep.), 309-12
   adjectival phrase with, 180
   with noun, equivalent to English adjective, 180, 311
   as short form of the partitive, 182
   with certain adjectives and verbal expressions, 183
   with passive construction, 183
   with *rien, quelque chose,* etc., 184
   used instead of *que* with amounts, 199
   with superlatives, 200
   words using, to introduce the infinitive, 309-11
   in comparisons, 311
   indicating possession, 311
   expressing manner, 312
Décasyllabe, 130
Definite articles, 178-81
   forms of, 178
   contraction of, with *à* and *de,* 179
   with parts of body, 179
   repetition of, 179

INDEX

use of, 179
to indicate time, 180
omission of, 180
with price, 180
with languages, 181
with nouns in enumerations, 181
with *en* to express possession by things, 202
Demonstrative adjectives, 203
Demonstrative pronouns, 204
with *de* to express possession, 205
depuis, with present tense, 247
Dérivation des mots:
impropre, 24
propre, 24
devoir, 238, 258-9
dire, 238
Disjunctive pronouns, 210-11
to express possession, 202
Dissertation, plan pour la, 116-18
Distique, 145, 146
dont, 213
dormir, 238
Durée des sons, 33
during (prep.), 296

écrire, 239
Effets d'intensité, 104
Élision, 133
en:
to indicate possession by things, 202
with expressions of quantity, 209
to replace *de* plus a pronoun, 209
to replace partitive *de*, 209
with present participle, 256
as preposition, 313
Enjambement, 133
ensuite, 72
entendre, 290
envoyer, 239
Épiphonème, 106
Épithète, 48; place de l', 93-6
Épitrope, 107
Espèces des mots, 10-16
être, conjugation of, 232-5
Euphémisme, 104
-ever expressions, 278-9
Évolution des mots et des formes, 5-6
Évolution des sons, 8

faire, 239, 266, 290
faire faire construction, 257-8
falloir, 239, 259-60

Faux-amis, 96-8
Feminine adjectives, 190
Feminine nouns, 186-8
Figures de mots, 102
Figures de pensée, 102
Figures de rhétorique, 102-7
Fonctions des mots, 47-50
nominales, 47
verbales, 47, 49
attribut, 50
for (prep.), 296
Forme dans la poésie, 144-9
former, the, 204
from (prep.), 296-7
fuir, 239
Futur, see Future of verbs
Future of verbs:
forms of, 223-4, 235
perfect, 231, 254
use of, 248-9

Gradation, 106
Gradation régressive, 106
Groupe phonétique, 32
Groupe rythmique, 32, 36

haïr, 239
Hémistiche, 132
Historical present, 248
History of the French language, 5-9
Hyperbole, 104
Hypothetical constructions, 282-3

Imparfait, see Imperfect
Impératif, see Imperative
Imperative of verbs:
with object pronouns, 208
forms of, 227-8, 235
expressed by subjunctive, 279
Imperfect of verbs:
indicative forms, 228, 235
subjunctive forms, 230, 236
use of, 250, 270-74
in (prep.), 298-9
Indefinite articles, 177-8
forms of, 177
no distributive function of, 177
omission of, 177
use of, 177
Infinitives:
adverbs preceding, 197
to replace English "-ing" forms after verbs of sensual perception, 256

348 INDEX

Infinitives (*continued*)
  with negation, 266
  instead of subjunctive, 281
Intensité, effets d', 104
Interrogation rhétorique, 106
Interrogative adjectives, 214
Interrogative pronouns, 215-16
  inflected forms of, 216
into (prep.), 299
Intonation, 35-7
Inversion of word order:
  with adverbs, 197, 263
  of a noun subject, 224
  with *on* and *ce*, 264
  in parenthetic expressions, 264
  in questions, 264
  after quotations, 264
Irregular verbs, 232-45

jamais, 266

laisser, 290
Langue française, la, 5-9
latter, the, 204
le, used when English equivalent is omitted, 208
lire, 240
Litote, 104

Masculine adjectives, 190
Masculine nouns, 185, 186
même, 219-20
mentir, 240
Métaphore, 103
Métonymie, 104
Mètre, 130-31
mettre, 240
Mots:
  sens des, 8
  espèces des, 9
  signification des, 9
  valeur grammaticale des, 9
  fonction des, 10
  propriétés des, 10
  composés, éléments des, 26
  composition des, 51
  see also *Vocabulaire;* Word order
mourir, 240

naître, 240
ne:
  in comparisons, 199
  used without *pas*, 267
  used with verbs of doubt and certain conjunctions with the subjunctive, 276
ne . . . aucun, 265
ne faire que, 266
ne . . . guère, 265
ne . . . jamais, 265
ne . . . nul, 265
ne . . . nullement, 265
ne . . . pas, 265
ne . . . personne, 265
ne . . . plus, 265
ne . . . point, 265
ne . . . que, 182, 265
ne . . . rien, 265
near (prep.), 299
Negation, 16, 265-7
  with infinitive, 266
  position of words, 266
ni . . . ni, 180, 266
n'importe, 219
Noms:
  définition des, 10
  genre des, 10
  nombre des, 10
  propriétés des, 10
  see also Nouns
Nouns:
  omission of article with, in enumerations, 181
  plural, preceded by adjective, 182
  gender of, 185-8
  number of, 188-9
  compound, plural of, 189
  see also *Noms*

Object pronouns, 207-10
  placement of, 208
Objects, see *Compléments*
Octosyllabe, 130-31
offrir, 240
on, with active verb to replace passive, 288
on (prep.), 299-300
only, modifying verb, 266
Onomatopée, 31, 105
Order, word, see Word order

INDEX

Ordre grammatical, modification de l', 90
  see also Word order
oser, 267
où, 214
out of (prep.), 300
outside of (prep.), 300
ouvrir, 240-41
Oxymoron, 104

Participe, see Participle, past and present
Participle, past, 231
  as adjective, 53, 251
  agreement of, 251
  use of, 257
Participle, present, 228, 235
  as adjective, 255
  and English progressive forms, 255
  use of, 255-7
  as verb, 255
  and *en*, 256
partir, 241
Partitive articles, 181-4
  forms of, 181
  use of, 182-4
Parts of speech, 10-16
pas un, 182
Passé antérieur, see Past anterior tense
Passé composé, see Conversational past tense
Passé défini, see Past definite tense
Passé simple, see Past definite tense
Passé surcomposé, 253
Passive voice:
  with *de*, 183
  conjugated with *être*, 232
  agreement of past participle with, 251
  use of, 287-90
  avoiding, 288-9
Past anterior tense, 231, 253
Past definite tense:
  forms of, 229-30, 236
  uses of, 252-3, 271-4
Past participle, *see* Participle
Pause, 132
peindre, 241
Perfect forms of verbs, 231-2, 254
Personal pronouns, 16
Personnification, 104

Phrase, la:
  intonation dans, 37
  analyse de, 47
  proposition dans, 67
  modification de l'ordre grammatical dans, 90
  rôle de la sonorité dans, 95
Place de l'adjectif qualificatif, 92
plaire, 241
pleuvoir, 241
plupart, la, 183
Pluperfect tense, 231, 236, 253
Plural of adjectives, 190
Plural of nouns, 188
plus, 266
plusieurs, 183, 220
Plus-que-parfait, see Pluperfect tense
Poème:
  en prose, 122
  dramatique, 145
  à forme fixe, 145
  à forme non fixe, 145
Poésie, introduction à la, 128-36, 142-9
Poetics and poetry, *see Poème; Poésie*
Possession:
  with definite article, 179
  by things, 202
  expressed with *être*, 203
Possessive adjectives, 53, 179, 201-2
Possessive pronouns, 202-3
  agreement of, 203
pouvoir, 241, 260-62, 267
Précision de l'expression, 50-57
Préfixes:
  d'origine latine, 25, 26
  d'origine grecque, 26
prendre, 241-2
Prepositional expressions, 303
Prepositions, 292-313
  conjunctions corresponding to, 304-5
  replaced by adverb, 305-6
  absence of, before infinitives, 312-13
Présent de l'indicatif, see Present tense
Present participle, *see* Participle
Present tense:
  indicative forms, 225-7
  subjunctive forms, 228-9, 235
  use of indicative, 247
  general use of subjunctive, 276-9
Présent historique, 248

350 INDEX

Probability:
   expressed by conditional, 249
   expressed by conditional perfect, 254
   expressed by future perfect, 254
produire, 242
Pronoms, see Pronouns
Pronouns:
   personal, 16
   reflexive, 179
   disjunctive, 202, 210-11
   possessive, 202-3
   demonstrative, 204-5
   subject, 206
   object, 207-8
   relative, 212-13
   interrogative, 215-16
   in indirect questions, 216
   indefinite, 218-23
   order of, with *faire faire* construction, 258
Pronunciation, *see* Intonation; Sons
Propositions, 67-72
   simples, 67-8
   complexes, 68-72
   indépendantes, 68-9
   principales, 70-71
   subordonnées, 70-71
   rapports entre diverses propositions, 71-2
propre, used to emphasize ownership, 202
Propriétés:
   des mots, 10
   des verbes, 12
   des adjectifs, 14
   des adverbes, 15
puis, 72

Quantity, expressions of, 182
Quatrain, 145, 147
que, placement in *ne . . . que,* 265
quelconque, quiconque, 220
quelque, quelqu'un, etc., 220-21
qui, que, ce qui, ce que, 212-13
quoi, as relative pronoun, 213, 214

recevoir, 242
Récit, exemples de, 114-16
Rédaction, conseils pour la, 113-20
Reflexive pronouns, to indicate possession, 179

Reflexive verbs, 232
   agreement of past participle in, 251
   used instead of passive, 288
Relative pronouns, 212-14
   inflected forms of, 213
repentir, 242
Répétition des sons, 30-31
   à éviter, 52
résoudre, 242
Rhétorique, 102-7
Rhyme, *see* Rime
Rhythm, *see* Rythme
Rime, 133-5
   genres de, 133
   dispositions de, 134
   qualités de, 134
   intérieure, 135
rire, 242
Rondeau, 147
Rythme, 34-5
   dans la poésie, 142-4

sans, plus noun to replace adverb, 180
savoir, 242-3, 262, 267
Sens des mots, 8-10
Sentence, *see* Phrase
sentir, 243
servir, 243
si:
   clauses with present, imperfect, and pluperfect, 254-5
   subjunctive with, in literary style, 282-3
since (prep.), 75, 301
so, 74
Sonnet, 148
Sonorité, dans la phrase, 95
Sons, 8, 28-32
   classification des, 28-30
   puissance évocatrice des, 28
   répétition des, 30
   reproduction des, 31
sortir, 243
souffrir, 243
Strophe, 144
Subjonctif, see Subjunctive
Subjunctive:
   forms of present, 228-9, 235
   forms of imperfect, 230, 236
   forms of perfect or past, 231
   forms of pluperfect, 232
   general use of, 276-9, 282-3

INDEX

  used as imperative, 279
  sequence of tenses with, 280-83
  use of infinitive instead of, 281-2
  examples of use of, 284-6
suffire, 243
Suffixes:
  origines des, 24
  classification des, 25
  d'origine latine, 26
  d'origine grecque, 27
suivre, 243
Sujet, fonction verbale, 49
Syllabes, le compte des, 129
Synecdote, 103

tel, 221
temps, 73
Temps composés des verbes, 231-2, 254
tenir, 244
Tenses, 12, 223-45, 247-57
  sequence of, with subjunctive, 280-83
Tercet, 145, 146
then, 72
thus, 74
time, 73
to (prep.), 301
tout, 221-3
toward (prep.), 301-2
Traduction, la, et ses difficultés, 17-18, 38-41, 57-61, 72-5, 96-9

under (prep.), 302
until (prep.), 302

vaincre, 244
valoir, 244
venir, 244
  ——— *de* in imperfect, 250
Verbes:
  définition des, 11
  modes des, 12
  nombre des, 12
  pronominaux, 12
  propriétés des, 12
  temps des, 12
  see also Verbs

Verbs:
  summary of forms of, 223-45
  intransitive, 232
  irregular, 232-45
  reflexive, 232
  synopses of, 235-45
  use of tenses, 247-57
  see also *Verbes*
Versification, 129-35
vêtir, 244
vivre, 244
Vocabulaire:
  évolution, 6
  emprunts, 7
  dérivation, 24
  see also *Mots*
Voice, *see* Passive voice
voir, 245, 290
Voix passive, see Passive voice
vouloir, 245, 262
Vowels, *see Voyelles*
Voyelles, 28, 29
  nasales, 28
  orales, 28
  semi- , 29

when, 74
whose, expressing possession, 217
with (prep.), 302-3
without (prep.), 303
Word order:
  modification of, 90
  with adjectives, 92-6
  inverted, 197, 224, 263-4
  with *faire faire* construction, 257-8
  with verbs of sensual perception, 257
Words, *see Mots; Vocabulaire*

y, 209-10
  to express motion to a place, 209
  to replace *à* plus a pronoun referring to a thing, 209
  as equivalent of *sur, dans, sous, en,* etc., 210
  replaced by *là,* 210

lecture P. 110-112.
Plan pour une dissertation.
I Introduction
II Développment. 1ier aspect - Thèse
              2e   " - Antithèse
              3e   "   Synthèse

III Conclusion
       l'épiphonème.

    une page -- - sujet du texte
             - choisir thèse des
               examples de Pascal
             - antithèse
             - arrive à une synthèse
   Conclusion de Pascal.